Rob Herwig

350 Ziergehölze in Farbe

BLV Verlagsgesellschaft München Wien Zürich

CIP-Kurztitelaufnahme der Deutschen Bibliothek

Herwig, Rob:
350 [Dreihundertfünfzig] Ziergehölze in Farbe /
Rob Herwig. [Übers. u. Bearb.: Gisela Zinkernagel]. –
München: BLV Verlagsgesellschaft, 1986.
   Einheitssacht.: Driehonderd en vijftig bomen,
heesters en coniferen ⟨dt.⟩
   ISBN 3-405-13194-4

NE: Zinkernagel, Gisela [Bearb.]

Übersetzung und Bearbeitung:
Gisela Zinkernagel

Fotos: Rob Herwig
Titelfotos: Rob Herwig

Titel der holländischen Originalausgabe:
350 bomen, heesters en coniferen
© 1985 Zomer & Keuning Boeken B.V., Ede

Deutschsprachige Ausgabe:
© 1986 BLV Verlagsgesellschaft mbH, München

Satz: Typodata, München
Druck: Koninklijke Smeets BV, Weert, Holland
Buchbinder: R. Oldenbourg, München

ISBN 3-405-13194-4

VORWORT

Unter Gehölzen verstehen wir verholzende Pflanzen, die Jahr für Jahr an der gleichen Stelle stehen und im Prinzip immer größer werden.

Gehölze bilden den Rahmen eines jeden guten Gartens, sofern man eine solche Abgrenzung haben möchte. Mit ihrer Hilfe werden Akzente gesetzt und Räume gebildet, denen dann Stauden und andere Blumen zugeordnet werden können. So wurde es wenigstens während der letzten hundert Jahre als richtig angesehen, aber gilt dies auch noch für die Handtuchgärten, die wir – leider – immer häufiger antreffen?

Im großen und ganzen schon. Es ist natürlich unsinnig, einen kleinen Garten mit einem Wald von Eichen und Birken zu umschließen, dazwischen noch Koniferen zu setzen und eine Rasenböschung mit ausgesucht schönen Solitärs zu bepflanzen. Häufig sieht man leider auch riesige Bäume in kleinen Vorgärten: Ich fand sogar einmal eine Kastanie in einem Gärtchen von nicht einmal 3 m Tiefe!

Doch können wir, nach sorgfältiger Überlegung, auch in kleinen Gärten Gehölze verwenden. Vor allem solche, die zu Hecken geschnitten werden können. Die Hainbuche z. B. kann bei einer Breite von nur 50 cm zu einer 2 m hohen Hecke gezogen werden. Ferner bin ich der Ansicht, daß in jeden Garten, sei er auch noch so klein, ein Baum gehört. In einen kleinen Garten z. B. würde ein Essigbaum oder ein Blasenbaum passen, um nur einige zu nennen; manche Baumarten bilden auch »Fastigiata« oder »Columnaris«-Formen aus, was bedeutet, daß alle Zweige straff nach oben wachsen und die Bäume sich so schmal entwickeln, daß sie wenig Platz einnehmen. Denken wir ferner an die Vielzahl von sehr niedrig wachsenden Gehölzen, die Bodendecker und Heidepflanzen und besonders die Kletterpflanzen – sie sind ausgezeichnet geeignet für kleine Gärten. An Mauern und Pergolen klettern sie empor und beanspruchen dabei auf dem Boden fast keinen Platz, alle die Kletterrosen-, Clematis- und Geißblattarten.

Es ist mitunter schwierig, bestimmte Sträucher und Bäume zu beschaffen, denn natürlich können die Gartencenter nur eine begrenzte Auswahl anbieten. In besonderen Fällen sollten Sie sich an die nächstgelegene Baumschule oder direkt an den »Bund deutscher Baumschulen, Bismarckstr. 49, 2080 Pinneberg« wenden. Dort werden Sie mit Sicherheit erfahren, wer die von Ihnen gewünschten Pflanzen liefern kann.

Ich wünsche Ihnen Erfolg bei der Beschaffung der Gehölze und viel Freude an ihrem Wachsen und Gedeihen.

Rob Herwig
Lunteren im Frühjahr 1985

Die Mustergärten in Lunteren/Holland

Wenn sie einmal sehen wollen, was man alles mit Hilfe geschickter Gestaltung und Bepflanzung in kleinen Gärten erreichen kann, dann sollten Sie zwischen dem 1. Mai und dem 1. Oktober die »Rob Herwig Modeltuinen« in Lunteren besuchen. Folgen Sie den grünen Hinweisschildern »Modeltuinen« aus dem Stadtzentrum gegenüber der Sparkasse etwa 6 km weit. Die Gärten sind von 9 bis 18 Uhr geöffnet, täglich außer Sonntag. Von den bekanntesten holländischen Gartenarchitekten sind dort etwa ein Dutzend Mustergärten angelegt, genau so, als würden sie bei Ihnen zu Hause liegen. Neben einer originellen Gestaltung ist viel Wert auf eine ansprechende Bepflanzung gelegt worden. Außer vielen Gehölzen finden Sie auch zahlreiche Stauden. Aus einem tragbaren Casettenrecorder können Sie während des Rundganges allerlei Wissenswertes erfahren.

INHALT

Genista aetnensis

EINFÜHRUNG

Was verstehen wir unter Gehölzen?

Gehölze sind verholzende Pflanzen, die nicht wie die Stauden jeden Winter bis auf den Boden zurückfrieren, sondern mit ihren oberirdischen Pflanzenteilen den Winter unbeschadet überstehen. Bäume, Sträucher und Koniferen sind Gehölze.

Wir sollten zunächst versuchen, eine grobe Unterteilung vorzunehmen und zwar in Nadel- und Laubholzarten. Nadelholzarten, gewöhnlich auch Koniferen genannt, bilden keine Blätter aus, sondern Nadeln, die sehr verschiedene Formen haben können. Es gibt allerdings auch einige Arten, bei denen der Unterschied zu Laubgehölzen nicht sehr groß ist, z. B. bildet der Gingkobaum Blätter aus, obwohl er zu den Nadelhölzern gehört.

Des weiteren können wir eine Unterscheidung zwischen wintergrünen und laubabwerfenden Gehölzen machen, letztere verlieren ihre Blätter im Herbst. Beide Typen kommen sowohl bei den Laub- als auch bei Nadelholzarten vor. Bekannte laubabwerfende Koniferen sind zum Beispiel *Larix* und *Metasequoia*.

Betrachten wir die Form der Gehölze, so wird ein weiterer Unterschied deutlich: Sofern ein einzelner Stamm ausgebildet wird, sprechen wir von einem Baum; kommen jedoch mehrere Triebe aus dem Boden, haben wir es mit einem Strauch zu tun. Bisweilen sind die Übergänge zwischen beiden Formen gleitend.

Wie wachsen Gehölze?

Gehölze bilden holzartige, mehrjährige Triebe aus, die von einer Borke umgeben sind. Darunter liegt die Bastschicht, durch die der Nährstofftransport erfolgt und das Kambium, das nur aus einer einzigen Zellenschicht besteht, die nach außen hin den Bastteil und nach innen den Holzteil des Stammes bildet.

Das junge Holz innerhalb des Kambiums nennen wir das Splintholz, durch das überwiegend der Wassertransport nach oben erfolgt. Weiter nach innen wird das Holz immer härter, bis wir zum sogenannten Kernholz gelangen. Durch dieses erfolgt kein Stofftransport mehr, es dient einzig und allein der Festigkeit des Stammes oder Astes.

Winterhärte von Gehölzen.

Da die oberirdischen Teile der Gehölze im Herbst nicht absterben, sind sie im Winter dem Frost und den austrocknen-

Winterschutz für eine Hochstammrose.

und für *Helianthemum*.

den Winden schutzlos ausgesetzt. Ob ein Gehölz winterhart ist, hängt von seinen natürlichen Eigenschaften ab. Die meisten in diesem Buch besprochenen Gehölze vertragen tiefe Temperaturen, jedoch gibt es auch einige – und leider sehr schöne –, die bei strengem Frost geschädigt werden. Dies bedeutet, daß die oberirdischen Teile gelegentlich bis zum Boden zurückfrieren, im folgenden Frühjahr jedoch aus den Wurzeln wieder austreiben. Bei niedrigen Sträuchern ist das nicht sehr bedeutsam, ein Baum jedoch, der häufiger zurückfriert, hat keine Chance, sich seiner Eigenart entsprechend zu entwickeln, das heißt, die Winterhärte sollte bei Bäumen größer sein als bei Sträuchern.

Kronenform eines Hochstammes.

Ausbildung eines Strauches.

Gehölze erfrieren meistens nicht wirklich, sondern sie vertrocknen. Die Ursache hierfür ist, daß die Wurzeln aus dem fest gefrorenen Boden keine Feuchtigkeit mehr aufnehmen können. Da eine Verdunstung durch Zweige – und bei Immergrünen auch durch Blätter – immer stattfindet, die Wassernachlieferung jedoch gestört ist, müssen die Pflanzen verdursten. Besonders in Wintern mit wenig Schnee und viel Sonne und Wind sind die Ausfälle durch Austrocknen z. B. bei Kirschlorbeer, Feuerdorn oder Rhododendren sehr hoch.

Derartigen Frostschäden können wir vorbeugen, indem wir widerstandsfähigere Arten verwenden oder geschütztere Standorte schaffen. Dies vor allem, indem wir den Boden bedeckt halten (mit Laub, Stroh, Rindenkompost oder ähnlichen Substanzen), so daß der Frost nicht so leicht in den Boden eindringen kann. »Saubere Gärtner«, die im Herbst alles Laub fortkehren, haben meist größere Frostschäden, als die »unordentlichen«.

Verwendung von Gehölzen

Im größeren Garten werden Gehölze entlang der Grenzen verwendet, um einen Sichtschutz zu bilden, den Wind abzuhalten und ein günstigeres Kleinklima für die anderen Pflanzen zu schaffen. Je größer der Garten ist, desto kräftiger können die Gehölze entlang der Grenze sein, weiter nach innen werden sie kleiner, edler und zarter.

In einem Reihenhausgarten von 5 mal 8 m Größe kann und braucht man so natürlich nicht vorzugehen. Das schützende Kleinklima wird dort vielleicht durch die umgebende Bebauung geschaffen oder durch den Nachbarn, der allen Warnungen zum Trotz doch eine Kastanie oder eine Blauzeder in sein Gärtchen gepflanzt hat. Lassen wir ihn, und profitieren wir davon, daß er uns Wind- und Sichtschutz bietet, auf den wir, müßten wir ihn selber erst schaffen, viel länger warten müßten.

In einem kleinen Garten ist eigentlich ein kleiner Baum gerade groß genug. Eine Aralie oder ein Essigbaum werden häufig gepflanzt, aber wenn Sie dieses Buch durchblättern, finden Sie auch noch andere Beispiele. Als Unterpflanzung eignen sich niedrige Gehölze, zu denen natürlich auch die verschiedenen Heidearten gehören.

Vor einer Hecke zur Begrenzung eines Gartens von 5 × 8 m Größe muß ich Sie ernstlich warnen. Auch eine kleine Hecke wird im Laufe der Jahre 0,8−1 m breit und ihre Wurzeln entziehen der angrenzenden Fläche die Nährstoffe; so kann es kommen, daß Sie nach und nach fast die Hälfte Ihres Grundstückes an die Hecke verlieren. Besser wäre es, eine fest gebaute Abgrenzung zu errichten, eine Mauer oder einen Holzzaun etwa, und diese mit Kletterpflanzen zu begrünen. Beinahe alle Kletterpflanzen sind Gehölze, sie bringen Abwechselung durch Austrieb, Blüte und Blattfärbung, und ihr Platzverbrauch ist sehr gering.

Viele Gärten haben eine Größe, die liegt zwischen der eines Reihenhausgartens und der eines Landgutes, bei etwa 800 m^2. In solchen Fällen können wir gut mit Gehölzen arbeiten. Eine lockere Anpflanzung mit diesen Gewächsen und einige nicht zu große Bäume als Solitäre schaffen den Rahmen. Der Boden wird mit niedrigen Gehölzen bepflanzt, und im Vordergrund können

Eine Pergola ist ideal für Kletterpflanzen.

Rhododendron vertragen Schatten.

zierende Sträucher, auch immergrüne, schattenverträgliche, gesetzt werden. Auf der sonnigen Seite des Gartens könnte ein Rosengarten, ein Heide- oder ein Steingarten angelegt werden, ganz wie es Ihren Vorstellungen entspricht.

Auch eine Kombination von Gehölzen mit Stauden, ein- und zweijährigen Pflanzen und Blumenzwiebeln ist sehr gut möglich und hilft Ihnen, einen reinen Strauch- oder Koniferengarten zu vermeiden, der nicht wie ein Privatgarten, sondern wie eine öffentliche Grünanlage oder wie ein Friedhof wirken würde.

Der Zierwert von Gehölzen

Bei Sommerblumen und Stauden achten wir besonders auf die Blüten. Bei Gehölzen gibt es jedoch mehr interessante Aspekte und Formen. Zum Beispiel sind da die äußerst früh blühenden Sträucher, *Jasminum nudiflorum*, *Hamamelis*-Arten und *Viburnum farreri*, die uns schon im Februar den nahenden Frühling ankündigen.

Dann kommt der Laubaustrieb, der bei vielen Gehölzen sehr hübsch ist, denken wir nur an Ahorn-Arten oder viele Koniferen-Arten. Im Sommer bringen die Gehölze mit ihren Blüten oft wochenlang Farbe in den Garten, dann folgt der Fruchtschmuck, der z. B. bei

Kleine Gehölze in einem Steingarten.

Cotoneaster-Arten oder Zieräpfeln sehr dekorativ sein kann. Im Herbst erfreuen uns viele Gehölze wie Kirschen, Ahorn, Amberbaum und manche andere dann mit der herrlichen Färbung ihrer Blätter.

Ich kann hier längst nicht alle auffallenden Vorzüge unserer Gehölze aufzählen, mögen diese wenigen Punkte genügen, um einen Eindruck zu vermitteln, wie vielfältig und ansprechend diese Pflanzengruppe ist.

Wo kauft man Gehölze?

In jedem Gartencenter, denken Sie vielleicht. Das stimmt zwar, doch hat nicht jeder Betrieb eine große Auswahl an Gehölzen, es gibt meist nur die normalen Arten, die am häufigsten verkauft werden können, damit der Umsatz möglichst groß ist. Das ist schade für Sie, der Sie nicht dasselbe pflanzen möchten, was Sie im Garten Ihres Nachbarn stehen sehen. Wenn Sie spezielle Wünsche haben, sollten Sie sich in den Gartencentern erkundigen, ob man Ihnen bestimmte Pflanzen besorgen kann. Falls das nicht möglich ist, versuchen sie herauszubekommen, von welcher Baumschule das Gartencenter seine Gehölze bezieht oder wenden Sie sich direkt an eine Baumschule in Ihrer Nachbarschaft, und bitten Sie dort darum, daß man Ihnen die gewünschte Pflanze besorgt. Die meisten deutschen

Herbstfärbung von *Nyssa sylvatica*.

Baumschulen arbeiten zusammen und helfen sich gegenseitig mit Pflanzen aus, die sie selber nicht anziehen. Sollten Sie auch auf diesem Weg keinen Erfolg haben, wenden Sie sich an den Bund deutscher Baumschulen (Adresse im Vorwort) und bitten Sie um Adressen von Erzeugern oder Händlern der von Ihnen gesuchten Pflanzen. Es gibt nämlich Spezialbaumschulen für Heidepflanzen, alte Rosen, neue Rosenzüchtungen, Obstbäume, Ziergehölze, Solitärgehölze und vieles mehr, und es ist (bei einiger Hartnäckigkeit) möglich, jede gewünschte Pflanze zu beschaffen – und sei es aus dem Ausland.

Der Gehölzschnitt

Viele Gartenbesitzer, die Gehölze in ihren Gärten haben, werden nach einigen Jahren von der Frage gequält: Wie muß ich sie schneiden?

Tatsache ist, daß es hierüber die verschiedensten Ansichten gibt, und daß es schwierig ist, sich für eine zu entscheiden. Durch die zunehmende Bebauung und Versteinerung unserer Umwelt, wird der Abstand zur Natur immer größer. Dies zeigt sich in dem Bedürfnis oder der Notwendigkeit, die sich natürlich entwickelnde Formen durch Schnitt in gewisse Grenzen zu zwängen.

Gehölzschnitt ist manchmal, aber nicht immer nötig. Schwierig ist er nicht, sofern Sie über die entsprechenden Werk-

zeuge verfügen, d. h. eine Rosenschere und eine Baumsäge. Ich kann Ihnen dann innerhalb von 5 Minuten erklären, worauf es ankommt.

Der Formschnitt

Vor allem bei jungen Bäumen und Sträuchern sollten wir früh genug auf eine schöne Wuchsform achten. Ein Baum oder Strauch wird nämlich nicht unbedingt von selber schön. So kann er schief wachsen, zu viele Kronenäste ausbilden, Zweige können schräg durch die Krone hindurch wachsen, sich reiben usw. Schauen wir uns einen natürlichen Wald an: viele Pflanzen sind auch unterdrückt und verkümmert – die Natur geht eben nicht sparsam mit ihrem Material um!

Formschnitt bei *Fothergilla*.

Geschnittene Kletterrose.

Formschnitt bei einem Zierapfel.

Das Ergebnis: eine lichte Krone.

Schlechter Kronenaufbau bei *Metasequoia*.

Lockere Krone nach dem Schnitt

Verjüngungsschnitt

Es gibt einige Sträucher, die sollte man immer wieder schneiden, um ihre Blühfähigkeit zu erhalten und zu steigern, z. B. Rosen oder Spiersträucher. Dieser Rückschnitt kann entweder sehr stark sein, das bedeutet, daß alle Triebe des Vorjahres dicht über dem Boden abgeschnitten werden, oder weniger stark, dann werden nur die abgeblühten Zweige herausgenommen. Selbstverständlich muß dabei eine ansehnliche oder passende Strauchform erhalten bleiben.

Bevor wir mit dem Schneiden beginnen, müssen wir noch eine Unterscheidung treffen zwischen Gehölzen, die am einjährigen und solchen, die am zweijährigen Holz blühen. Blühen am einjährigen Holz bedeutet, daß die Blüten an den Trieben erscheinen, die im gleichen Jahr ausgebildet worden sind. Rosen z. B. treiben im Frühjahr aus und entwickeln ihre Triebe, an deren Ende sich die Knospen bilden. Die Blüten öffnen sich dann etwa am 21. Juni (längster Tag). Auch so können Sie übrigens feststellen, ob ein Gehölz am einjährigen Trieb blüht: Die Blüten erscheinen stets erst zum oder nach dem 21. Juni! Blühen am zweijährigen Holz bedeutet, daß die Blütenknospen bereits im Herbst angelegt sind. Sie brauchen sich, wenn der Winter zu Ende ist, nur noch zu öffnen. Danach entwickeln sich die Zweige und an ihnen die Blütenknos-

Bei einem fachkundig herangezogen Hochstamm, den Sie in einer Baumschule kaufen, wird der Formschnitt gleich durchgeführt: der Mitteltrieb muß gerade nach oben durchlaufen, die Seitenäste sollten in etwa gleichem Abstand rund um den Stamm angeordnet sein und alle in einem Winkel von 30–60° nach außen weisen.

Steht ein Baum einige Jahre in Ihrem Garten, dann gibt es sicher etwas zu korrigieren: Vielleicht hat er zu viele Seitenäste oder eine zu dichte Krone, vielleicht wachsen einige Zweige nicht nach außen, sondern nach innen. All dies sollten Sie jährlich überprüfen. Später, wenn der Baum groß ist, brauchen Sie dann nicht mehr so häufig einzugreifen.

Ein Beispiel zur Veranschaulichung des Gesagten: In meinem Garten standen zwei prächtige Kastanien, die der frühere Besitzer des Bauernhofes vor etwa 50 Jahren gepflanzt hatte. Von Formschnitt hatte er nichts gewußt. Einer der Bäume bestand aus drei kräftigen Stämmen, die an der Basis dicht zusammenstanden. Ich hatte sogleich bemerkt, daß sich in der Mitte Wasser sammelte, und der Baum dort schon angefault war und zwar so stark, daß eine Sanierung nicht mehr möglich war. Bei einem kräftigen Sommersturm ist der Baum dann auch auseinandergebrochen und unglücklicherweise auf das Strohdach des Wohnhauses gefallen. Die Ursache des ganzen Schadens: schlechter Formschnitt in der Jugend!

Frühjahrsschnitt bei *Spiraea × bumalda*

pen für das nächste Jahr. Alle Gehölze, die am zweijährigen Holz blühen, öffnen ihre Blüten also vor dem 21. Juni. Die Forsythie ist ein gutes Beispiel dafür, aber auch die Obstbäume, der Goldregen, die Rhododendren blühen am zweijährigen Holz.

Wenn man sich diesen Sachverhalt vergegenwärtigt, ist das Schneiden der Gehölze auf einmal gar kein Problem mehr. Alle, die am einjährigen Holz, also nach dem 21. Juni blühen, kann man im zeitigen Frühjahr kräftig zurückschneiden, ohne daß man dabei Blüten verliert. Im Gegenteil, durch den Schnitt wird die Anlage von Blüten gefördert.

Sehr viele Blütenanlagen verliert man dagegen, wenn man im Herbst, Winter

Rosenhochstamm vor dem Frühjahrsschnitt

... und danach.

oder Frühjahr die Gehölze zurückschneidet, die am zweijährigen Holz blühen. Das bedeutet nicht, daß Sie keine Zweige herausschneiden dürfen, die Sie im Winter in der Wohnung zum Blühen vortreiben möchten! Aber der richtige Zeitpunkt zum Schnitt solcher Gehölze ist die Zeit nach ihrer Blüte. Ganz allgemein sollte man sich bei ihnen jedoch auf den Formschnitt beschränken und dabei die charakteristische Form des Strauches oder Baumes erhalten.

Schnittechnik

Bisher haben Sie Grundsätzliches über den Gehölzschnitt erfahren, nun noch einige Worte über die Technik des Schneidens. Wenn Sie einen Zweig abschneiden oder absägen, so wird die Pflanze immer versuchen, so dicht wie möglich an der Schnittstelle wieder auszutreiben. Austreiben tun die sogenannten Augen, das sind Blattknospen, die bei manchen Pflanzen sehr auffallend und bei anderen fast unsichtbar sein können. Von der Lage des jeweiligen Auges hängt es ab, in welche Richtung der neue Trieb wachsen wird. Um einen guten Strauch- oder Kronenaufbau zu erhalten, schneiden wir am besten einen Zweig über einem Auge ab, das auf der Unterseite des Zweiges nach außen weist. Der neue Trieb wird sich bogenförmig von unten nach oben entwickeln und nicht in den Strauch oder die Krone hineinwachsen.

Rosen sollten Sie im März schneiden. Lassen Sie 3–5 vorjährige Triebe stehen, und kürzen Sie diese auf 3–5 Augen ein, dann werden sich die Büsche gut entwickeln. Das oberste Auge sollte jeweils nach außen zeigen, und die Triebe sollten so angeordnet sein, daß sie möglichst gleichmäßig in alle Richtungen weisen.

Wenn Sie beim Schnitt einmal einen Fehler machen, ist das in der Regel kein großer Schaden für ein Gehölz, es hat ein sehr großes Regenerationsvermögen.

Die Zahl der Gehölze, die nach der Blüte geschnitten werden können, ist

Immer kurz über einem Auge schneiden.

recht groß. Es gibt zwei Gründe dafür, daß dieser sommerliche Schnitt immer häufiger angewendet wird: einmal erhöht er die Blühwilligkeit der Pflanze, zum zweiten erhält man auf diese Weise die Pflanzen in einer Größe, die den zunehmend kleiner werdenden Gärten angepaßt ist.

Spezielle Hinweise auf Besonderheiten beim Gehölzschnitt finden Sie bei den Beschreibungen der einzelnen Pflanzen.

Der Heckenschnitt

Strenge Hecken, für die übrigens nur einige Gehölze geeignet sind (z. B. Buche, Hainbuche, Liguster, Weißdorn, Lebensbaum, Stechpalme), müssen wenigstens einmal im Jahr geschnitten werden, um in Form zu bleiben.

Es ist selbstverständlich, daß mit dem Schneiden bald nach dem Pflanzen begonnen wird. Die einzig richtige Form für Hecken ist eine trapezförmige, d. h. sie soll unten etwas breiter sein als oben. So wird vermieden, daß die Pflanzen aus Lichtmangel unten verkahlen. Zum Schnitt wird gewöhnlich eine Heckenschere verwendet. Fixieren Sie bitte die Richtung auch mit einer Schnur, damit die Hecke nicht krumm und schief wird. Schneiden Sie vor allem auch nicht zu wenig ab, sonst wird sie im Laufe der Jahre immer breiter.

Schnitt einer Ligusterhecke.

Kunstvoller Formenschnitt.

Heckenschnitt von Hand

Zu groß gewordene Hecken kann man auch bis ins alte Holz zurückschneiden, sie werden wieder austreiben. Ich selbst schneide Hecken Anfang Juni und ein zweites Mal im Herbst. Letzteres ist besonders wichtig bei Koniferenhecken, damit sie im Winter unter der Schneelast nicht auseinanderbrechen.

Das Pflanzen von Gehölzen

Bevor Sie Gehölze pflanzen, sollten Sie sich über ihre zukünftige Größe im Klaren sein und einen entsprechenden Pflanzabstand wählen. Häufig wird zu recht über die Blaufichte im winzigen Vorgarten gespottet, und man fragt sich, ob dieser Garten wohl in den nächsten 50 Jahren wachsen soll! Wenn Sie irgendwelche Zweifel über die zu erwartende Größe eines Gehölzes haben, gehen Sie am besten in einen botanischen Garten und sehen Sie sich die Pflanzen in ausgewachsenem Zustand an.

Nun einige Worte über das Pflanzen selbst. In großen Gärten müssen wir uns mit der Auswahl der Gehölze nach den Bodenverhältnissen richten. In kleinen Gärten spielt die natürliche Bodenart keine so große Rolle: Normalerweise ist sie durch den Bodenabtrag, die Baufahrzeuge und den Mutterbodenauftrag nach der Bauzeit vollkommen verändert. Gräbt man dann noch um, ent-

steht daraus ein allgemeiner Gartenboden, wie man ihn fast überall gebrauchen kann, und wie er für die meisten Gartenpflanzen geeignet ist. Er sollte ausreichend viel Humus enthalten, durchlässig sein, einen pH-Wert zwischen 5 und 6, sowie ein reges Bodenleben haben. An Hand von Bodenproben kann man untersuchen oder prüfen lassen, wie der Boden beschaffen ist.

Wenn Sie den Boden nicht im ganzen Garten verbessern können oder wollen, sollten Sie die Pflanzgruben der einzelnen Gehölze mit dem Erdsubstrat füllen, das die jeweilige Pflanze benötigt. Rhododendren zum Beispiel lieben einen sauren und feuchten Boden, Rosen dagegen einen trockeneren und kalkhaltigen. Ich möchte Ihnen wirklich empfehlen, die Pflanzlöcher sehr groß zu machen und alle Steine, Schutt und anderen Unrat herauszugraben. Diese großen Löcher füllen Sie dann wieder voll mit gutem Mutterboden, den Sie den speziellen Bedürfnissen mancher Gehölze eigens anpassen sollten.

Im allgemeinen sollte sich die Pflanzerde zur Hälfte aus der Erde, die Sie ausgegraben haben und zur anderen Hälfte aus Torf, Lauberde und verrottetem Stallmist verschiedener Herkunft zusammensetzen. Das Gehölz wird in die Pflanzgrube und in diese Erde gesetzt und zwar so tief, wie es vorher in der Baumschule gestanden hat (man kann das am Stamm, bzw. der Rinde

ganz gut erkennen). Dann wird das Pflanzloch mit Erde gefüllt und alles so kräftig angetreten, daß im Wurzelbereich keine Hohlräume bleiben (sanfte Pflanzer sind schlechte Pflanzer!) Das anschließende Wässern muß lange und gründlich erfolgen, so daß die Wurzeln in einem regelrechten Erdbrei stehen.

Bäume müssen in der Regel in den ersten Jahren nach dem Pflanzen an einem Pfahl angebunden sein, damit sie fest stehen und gut anwurzeln können. Der Pfahl sollte auf der Seite des Baumes stehen, von der der Wind am häufigsten weht. Bevor Sie nun das Pflanzloch mit Erde füllen, wird der Pfahl in den festen Untergrund geschlagen. Dann wird der Baum gepflanzt und ge-

Pflanzen eines Baumes mit Baumpfahl.

Aufbinden des Ballenleines

wässert und anschließend so angebunden, daß er etwa 5−10 cm vom Pfahl entfernt zu stehen kommt.

Wird ein Gehölz mit Ballen geliefert, dann bedeutet dies, daß diese Pflanzenart nicht leicht anwächst. Achten Sie beim Kauf darauf, daß die Pflanze einen »echten« Ballen hat, d. h. die Erde an den Wurzeln fest und gut durchwurzelt ist; ein »Kunstballen« ist so gut wie nichts wert, hier hat der Gärtner nur ein wenig Erde um die Wurzeln herumgelegt und das Ganze mit Ballenleinen zusammengebunden.

Die Pflanzzeit

Laubabwerfende Gehölze ohne Ballen können verpflanzt werden, sobald sie das Laub abgeworfen haben, das ist in der Regel Ende Oktober der Fall. Den ganzen Winter hindurch kann ebenfalls gepflanzt werden, ausgenommen in den Zeiten, in denen der Boden gefroren ist.

Immergrüne Gehölze, wozu die meisten Koniferen gehören, sollten mit Ballen geliefert werden. Im Prinzip kann man diese Pflanzen das ganze Jahr hindurch pflanzen, wenn sie einen guten Ballen haben. Besonders günstig sind jedoch die Monate Mai und September. Wählen Sie Tage mit regnerischem, kühlem Wetter für diese Arbeiten, denn dann ist die Verdunstung am

geringsten. Sehr günstig für das Anwachsen ist auch eine Reduzierung der oberirdischen Blattmassen, d. h. ein Rückschnitt der Gehölze nach dem Pflanzen.

Frischgepflanzte Gehölze müssen Sie während des ersten Jahres stets im Auge behalten. Bei Frost, trockenen und starken Winden können sie leicht verdörren. Auch sonniges und heißes Wetter gefällt ihnen nicht sehr gut – am wohlsten fühlen sie sich an trüben, regnerischen Tagen. Ein schützendes Kleinklima kann man durch Aufstellen von Tuch- oder Mattensegeln schaffen.

Schädlinge und Krankheiten

Die häufigste Ursache für das Auftreten von Krankheiten ist einmal, daß die Pflanze an einem Standort steht, der ihr nicht zusagt und zum zweiten, daß Sie vergessen haben, ihr beizeiten zu Essen und zu Trinken d. h. Dünger und Wasser zu geben. Pflanzen Sie eine Rose an eine feuchte, schattige Stelle, können Sie beinahe darauf warten, daß sie krank wird! Vergessen Sie sie zu düngen – Sie werden nur wenige Blüten sehen! Setzen Sie einen Rhododendron auf kalkhaltigen Boden in die volle Sonne, und Sie werden erleben, daß er entweder vertrocknet oder von Schädlingen befallen wird!

In der Natur gilt das Gesetz des Stärkeren, und im Garten haben wir es immer noch mit diesem Gesetz des Dschungels zu tun. Schwache Pflanzen haben kein ausreichend stabiles, natürliches Abwehrsystem und werden deshalb von den Krankheitserregern befallen. Der moderne Gärtner kann natürlich zu seiner Giftkammer laufen und eine Menge erfolgversprechender Mittel hervorholen, aber damit bekämpft er nur die Symptome, die Ursachen kann er nicht beseitigen. Dies gilt ganz allgemein, aber es gibt auch Ausnahmen. So wird das Pfaffenhütchen auch dann von der Gespinstmotte befallen, wenn es ausgezeichnet ernährt wurde, und manche altmodischen Rosen bekommen leicht

Mehltau, auch wenn sie optimal stehen. Es gilt immer wieder zu entscheiden, ob eine Bekämpfung der Schädlinge tatsächlich notwendig ist oder ob die Pflanze mit dem Schädling leben kann, ohne allzugroßen Schaden zu nehmen. Falls Sie beschlossen haben eine Bekämpfung vorzunehmen, versuchen Sie es immer erst mit einem harmlosen Mittel, z. B. mit Schmierseifen-Brühe oder Pyrethrum-Mitteln, die gegen Läuse und Weiße Fliege in den Anfangsstadien ihrer Population recht wirkungsvoll sind. Bei stärkerem Befall bitte nur zugelassene Mittel anwenden.

Das Düngen

Keine Pflanze kann ohne Nährstoffe leben! Sie holt sich diese größtenteils aus dem Boden. Nun sind manche Böden reicher an verfügbaren Nährstoffen als andere. Auf gutem Lehmboden werden so viele Nährstoffe frei, daß ein Nachdüngen meist überflüssig ist; aus sandigen Böden werden die mineralischen Dünger sehr leicht ausgewaschen, so daß eine jährliche Düngung kein Luxus ist.

Wenn Sie eine Bodenanalyse machen lassen, bekommen Sie in der Regel auch einen Düngeplan mitgeschickt, manchmal sogar zwei: einen, der auf mineralischer Düngung basiert, und einen zweiten, der organische Dünger

Kletterrose, mit Stallmist gedüngt.

Richtiges Düngen wird belohnt.

vorsieht. Manche Menschen haben einen Widerwillen gegen mineralische Dünger – das ist unbegründet, denn, richtig angewendet, stehen sie den organischen Düngern (Blut- und Knochenmehl, Hornspäne, Guano, Kompost, u. a.) in nichts nach.

Gehölze haben eine große Wuchskraft, und deshalb brauchen sie auch relativ viel Nährstoffe. Dies sollte man besonders bei Heckenpflanzen beachten. Wenn diese nicht ausreichend gedüngt werden, wandern die Wurzeln auf ihrer Nahrungssuche in die angrenzenden Beete und entziehen den vorgepflanzten Stauden die Nährstoffe. So kommen Sie vom Regen in die Traufe! Schnell wirkende Dünger, wie die Mineraldünger, müssen angewendet werden, wenn das Wachstum beginnt, d. h. etwa im Mai. Langsamwirkende, wie Stallmist, Hornspäne, Knochenmehl, u. a. sollten schon einige Monate früher ausgebracht werden, damit im Boden erst die verschiedensten Umwandlungsprozesse stattfinden können, welche die Nährstoffe in ihre pflanzenverfügbare Form überführen.

Geben Sie jedoch nach August keinen Dünger mehr an die Pflanzen, damit das Wachstum etwa Ende September abgeschlossen ist und der Strauch nicht mit weichen Trieben in den Winter geht. Diese unausgereiften Triebe würden unweigerlich erfrieren, und der Zuwachs, den Sie durch das Düngen gefördert haben, wäre wieder verloren.

Gehölze selber vermehren

Je teurer ein Gehölz ist, desto schwieriger ist seine Vermehrung. Am Preis können Sie also bereits sehen, ob Ihre eigenen Vermehrungsbemühungen mehr oder weniger erfolgreich sein werden. Nun haben einige Menschen stets mehr Glück als andere, und so kann es durchaus sein, daß ein Liebhaber oder Amateur bei der Vermehrung schwieriger Gehölze mehr Glück hat als ein Fachmann. Die gebräuchlichsten Methoden der Gehölzvermehrung sind:

a) Säen   d) Stecken
b) Teilen   e) Veredeln
c) Absenken

Säen ist nicht die einfachste und schnellste Methode, um Gehölze zu vermehren, aber manchmal die einzig mögliche. Sie ist nur brauchbar bei reinen Arten, Sorten fallen im allgemeinen nicht echt aus, d. h. die Sämlinge können z. T. ganz anders aussehen, als die Mutterpflanzen. Auch besteht die Gefahr spontaner Mutationen.

Gehölzsamen muß oft lange liegen, bis er keimt. In Baumschulen werden die Samen über längere Zeit in feuchtem Sand frostfrei gelagert, stratifizieren nennt man das. Im Frühjahr wird das Saatgut an hellen, warmen Plätzen ausgesät und keimt dann recht schnell. Es gibt jedoch auch Samen, die noch ein weiteres Jahr ruhen, bevor sie auflaufen! Gehölze durch Samen heranzuziehen, kann eine sehr zeitraubende Angelegenheit sein.

Teilen ist bei weitem die einfachste Methode der Vermehrung, und sie bringt auch sehr gute Resultate. Leider ist sie nur möglich bei Gehölzen, die mit mehreren Trieben aus dem Boden kommen. Im Herbst oder Frühjahr werden derartige Gehölze aus dem Boden genommen, und mit der Hand oder einem scharfen Spaten wird das Wurzelwerk oder der Ballen in mehrere Teile geteilt. Sie können relativ klein sein, wichtig ist nur, daß jedes ein Stück Wurzel und einige oberirdische Blattknospen hat. Auf ein gesondertes Anzuchtbeet gepflanzt und im ersten Winter mit Reisig abgedeckt, werden sie sich bald zu kleinen Sträuchern entwickeln.

Absenken klingt vielleicht etwas rätselhaft, ist jedoch eine durchaus gebräuchliche Art der Gehölzvermehrung. Sie kann bei fast allen Gehölzen angewendet werden, die biegsame Zweige haben. In einen oder mehrere dieser Zweige, wird kurz über einem Auge ein flacher Schnitt in die Rinde geführt, dann werden die Zweige in eine flache Mulde gelegt, mit einem Haken im Bo-

Das Teilen von *Pachysandra*.

Absenken von *Clematis* im Herbst.

Steckholz von *Ribes*.

den verankert und wieder mit Erde bedeckt. Der Herbst ist die günstigste Zeit, um diese Arbeiten durchzuführen. Es dauert meist ein Jahr, bis sich aus der Wunde Wurzeln entwickelt haben und Sie den Zweig abtrennen und als neue Pflanze einsetzen können.

Steckhölzer oder Stecklinge kann man entweder im Winter oder im Sommer machen. Wir beginnen mit der ersten Methode, da sie einfacher und in Baumschulen gebräuchlicher ist.

Steckhölzer werden von gut verholzten, ausgereiften, einjährigen Trieben geschnitten, und zwar im Oktober oder Dezember. Es werden möglichst gerade Zweige ausgewählt, die in 15−20 cm lange Stücke geschnitten werden. Man kann, wenn sie gut ausgereift sind, auch die obersten Spitzen verwenden. Andernfalls verwendet man nur das gut entwickelte, reife Holz darunter. Die Hölzer werden während des Winters in feuchtem Sand frostfrei bei etwa +5°C gelagert, sie dürfen also auf keinen Fall austrocknen, aber auch nicht schimmeln oder verfaulen. Wenn man ganz sicher gehen und Ausfälle vermeiden will, kann man die Steckhölzer im Herbst mit einem schimmelverhindernden Fungizid gießen. Im Frühjahr zeigen sie noch keine oder nur wenig Wurzeln, wenn sie dann aber auf einem Beet ausgepflanzt oder eingetopft und warm gestellt werden, geht die Wurzelbildung sehr rasch vor sich und nach weiterer

vier Wochen beginnen die Reiser auszutreiben.

Stecklinge sind etwas schwieriger herzustellen, aber für viele immergrüne und auch laubabwerfende Gehölze ist es die einzige Art der Vermehrung. Sie wird in den Monaten Juni, Juli oder August vorgenommen. Von den Trieben, die in dem gleichen Jahr gewachsen sind, werden die Spitzen in 5−15 cm Länge abgeschnitten. Der Schnitt muß kurz unter einem Blattansatz durchgeführt werden und zwar so, daß unter dem Blattansatz noch etwa 1 mm vom Stengel stehen bleibt. Das unterste Blatt (wenn die Blätter sehr dicht stehen auch die untersten 2−3 Blätter) wird sorgfältig dicht am Stengel abgeschnitten. Hat der Steckling recht große Blätter, empfiehlt es sich, die Blattspreiten ungefähr um die Hälfte einzukürzen, damit die Verdunstungsfläche nicht so groß ist. Der Steckling wird dann in ein Sand-Torf-Gemisch gesteckt und gut angegossen. Das Problem ist nun, eine gleichbleibende, ausreichende, aber nicht zu hohe Luftfeuchtigkeit zu halten, denn die Blattflächen verdunsten Wasser. Die Wurzeln, die das Wasser liefern sollten, sind jedoch noch nicht vorhanden. In Baumschulen werden in den großen Vermehrungshäusern Wasservernebelungsanlagen eingesetzt. Im Kleinen können sie sich dadurch helfen, daß Sie Ihre Stecklinge mit einer Glasplatte oder Folie abdecken, allerdings müssen Sie dabei eine Lüftungsmöglichkeit vorsehen, sonst schimmeln die Pflanzen, sicherheitshalber können Sie auch ein Fungizid anwenden. Eine Beschleunigung der Wurzelbildung erreichen Sie, wenn Sie ein Bewurzelungspulver verwenden. Nach dem Schneiden wird der Steckling mit der Schnittfläche in das Pulver getaucht und nach kurzer Trockenzeit in den Boden gesteckt. Eine Erwärmung des Bodens, durch eine Bodenheizung etwa, beschleunigt die Wurzelbildung ebenfalls. Sie sollten sich aber nicht verlocken lassen, Rhododendren auf diese Weise vermehren zu wollen (das geht unter Umständen

bei einigen Sorten durch Absenken), aber Koniferen sind auf diese Weise zu vermehren, auch wenn es dabei viele Ausfälle geben wird. Machen Sie also auf jeden Fall einige Stecklinge mehr, als Sie Pflanzen brauchen werden!

Veredeln ist gebräuchlich, bzw. notwendig bei allen Pflanzen, die schlechte Wurzelbildner sind. Es wird dabei die »edle« Pflanze auf eine weniger edle, aber wüchsigere Unterlage gebracht. Zwei verschiedene Pflanzen werden also miteinander verbunden. Zu verschieden dürfen sie allerdings nicht sein: Sie können keine Rose auf einen Rhododendron veredeln! Eine gewisse Familienzugehörigkeit muß schon vorhanden sein, damit die beiden Teile zusammenwachsen.

Es gibt verschiedene Arten des Veredelns: das Okulieren, häufig bei Rosen angewendet, bedeutet, daß ein Auge der edlen Pflanze unter die Rinde der Unterlage geschoben wird, dort anwächst und im nächsten Jahr die oberirdische Entwicklung der Pflanze übernimmt; das Kopulieren und das Pfropfen, meist bei Obstbäumen angewendet, besteht darin, daß zwei Zweige oder Äste so miteinander verbunden werden, daß sie zusammenwachsen.

Das Veredeln ist nicht so schwierig, wie es sich anhört, aber man lernt es nicht aus Büchern und das ist auch der Grund dafür, daß ich hier nicht weiter darauf eingehe.

Hacken zwischen Gehölzen.

Weitere Pflegemaßnahmen

Frischgepflanzte und kleine Gehölze können durch Unkraut genauso in ihrem Wachstum beeinträchtigt werden wie alle anderen Pflanzen. Deshalb ist es nötig, während der ersten Jahre nach der Pflanzung allen unerwünschten Bewuchs im Bereich der Gehölze zu beseitigen. Man hat festgestellt, daß Gehölze sich in einem sauber gehaltenen Boden tatsächlich besser entwickeln als in einem verunkrauteten.

Bei größeren Sträuchern und sogenannten waldartigen Pflanzungen ist eine Unkrautbekämpfung nicht so notwendig, sie setzen sich selber durch und unterdrücken durch Schatten und Laubfall einen Großteil der lästigen Unkräuter. Alle zarteren Gehölze dagegen, die Bodendecker, Rosen und Steingartenpflanzen etwa, müssen von Unkraut befreit werden, sonst bleiben sie zu schwach.

Die Bekämpfungsmaßnahmen werden im kleinen Garten sicher manuell mit Hilfe entsprechender Hacken oder Schaufeln durchgeführt. Es gibt zwar auch chemische Vernichtungsmittel, aber ich würde raten, auf ihren Gebrauch in kleinen Hausgärten zu verzichten. Eine sehr gute Methode das Unkraut unter größeren, nicht kriechenden Gehölzen zu unterdrücken, ist das Mulchen. Dies ist nichts anderes, als daß man den Boden mit organischem Material abdeckt, z. B. mit abgemähtem Gras, Rindenmulch, gehäckseltem Stroh oder ähnlichen Substanzen. Die Abdeckschicht darf nicht zu dünn sein, da sonst das Unkraut hindurchwächst. Sie muß auch jedes Jahr neu aufgebracht werden, damit angeflogener Samen wieder bedeckt wird und nicht keimen kann. Nach meiner Erfahrung ist Mulchen in dreierlei Hinsicht ideal: man hat stets eine Möglichkeit, sein Rasenmähgut unterzubringen, man fördert die Bodenstruktur, erhält die Bodenfeuchtigkeit und das Hacken gehört der Vergangenheit an. Ein anderer wichtiger Punkt ist das Wässern. Sicherlich müssen die Pflan-

Zu fest angebundene Kletterpflanze.

zen sich weitgehend selbst das Wasser suchen. Aber ich kann nicht verstehen, wie ein Gartenbesitzer in einem trockenen Sommer so konsequent sein kann, daß er zusieht, wie seine Pflanzen vertrocknen! Natürlich sollte man nicht immerzu sprengen, aber wenn es wochenlang trocken ist, muß man den Regner aufstellen und den Pflanzen helfen – besonders auf sandigen Böden.

Auch das Anbinden von Kletterpflanzen verdient unsere Aufmerksamkeit. Längst nicht alle von ihnen sind selbsthaftend wie der Wilde Wein. Meist sind es Schlingpflanzen, die sich durch kreisende Bewegungen ihrer Blätter oder Ranken an Haken oder anderen Vorsprüngen festzuhalten versuchen. An glatten Wänden führen die Eigenbewegungen zu keinem Ziel und wenn Sie ihnen nicht helfen, werden die Pflanzen niemals die Mauer bewachsen können.

Ich bin kein Freund davon, allerlei Rank- oder Klettergerüste an Mauern anzubringen, da solche Gebilde selten dekorativ sind und außerdem unterhalten und gepflegt werden müssen. Lieber verwende ich ein paar kleine Messingschraubhaken, die ich in der Mauer festdübele. Sie werden im Laufe der Zeit schwarz und fallen nicht mehr auf. An diesen Haken befestige ich bei Bedarf die Triebe der Kletterpflanzen, indem ich sie mit Kunststoffbändern oder kunststoffummanteltem Draht an-

Anbinden eines Triebes

binde. Es empfiehlt sich, diese Stellen von Zeit zu Zeit zu kontrollieren. Wenn nämlich der Bindedraht zu fest gebunden war, oder das Dickenwachstum des Triebes dazu geführt hat, daß der Draht eingewachsen ist, dann stirbt der ganze Trieb ab.

Über die Pflanzennamen

Die Gehölze stehen in diesem Buch nach lateinischen, d. h. botanischen Namen geordnet. Dies hat Vor- und Nachteile. Suchen Sie einen deutschen Pflanzennamen, so müssen Sie im Register nachschauen. Manchmal gibt es sogar zwei deutsche Namen für die gleiche Pflanze. Um die dadurch entstehende Vewirrung zu vermeiden, sollte man die botanischen Namen verwenden.

Nun werden auch die botanischen Namen gelegentlich geändert (durch die internationale Kommission für Nomenklatur), was dazu führt, daß z. B. der Knöterich, eine sehr bekannte Kletterpflanze, die früher unter dem Namen *Polygonum* überall gehandelt wurde, vor einiger Zeit den Namen *Bilderdykia* bekam. Mittlerweile hat man jedoch herausgefunden, daß *Fallopia* der richtige Name ist. In Baumschulkatalogen finden Sie jedoch immer noch den Namen *Polygonum aubertii*. Ich gebe stets den neuesten Namen an, erwähne jedoch auch den älteren.

Gehölze von A−Z

Abelia

Ziemlich unbekannter Strauch, der zur Familie der Geißblattgewächse gehört und sehr nahe mit der Kolkwitzie verwandt ist. Er wächst buschig mit überhängenden Zweigen und blüht sehr lange.
Standort und Verwendung: In kalten Gebieten nicht winterhart. Nur in wintermilden Lagen an geschützten Stellen zu verwenden.
Boden: Normale Gartenerde.
Vermehrung: Im Sommer Stecklinge schneiden und an einem warmen Ort bewurzeln lassen.

Abelia × grandiflora syn. *A. rupestris* var. *grandiflora.* Eine Hybride aus *A. chinensis* und *A. uniflora,* die wegen ihrer langen Blütezeit wertvoll ist: sie blüht von Juli bis September, wenn sie an einem warmen, geschützten Ort steht. In günstigen Lagen ist *Abelia* halb wintergrün.

Abelia × grandiflora

Abies balsamea var. *hudsonia*

Abies

Tanne

Stattliche, wintergrüne Koniferen, von denen es jedoch auch einige kleine Arten gibt.
Die Tannen sind daran zu erkennen, daß die Nadeln abfallen und einen ganz glatten Stengel hinterlassen und, daß die Zapfen aufrecht auf den Zweigen stehen und wenn bei Samenreife die Schuppen abfallen, die nackte Achse stehenbleibt.
Standort und Verwendung: Die Zwergformen vertragen sonnige bis halbschattige Plätze. Sie sind gut geeignet für Steingärten. Die großen Tannen gehören in weiträumige Gärten oder Parks, entweder als Solitärs oder als Hintergrund für andere Gehölze. Eine Tannen-Art, die in der Größe zwischen den Zwergen und den Riesen liegt, ist *Abies koreana.* Sie wird wegen ihres regelmäßigen Wuchses und des reichen Zapfenschmuckes häufig gepflanzt. Die Farbe der Nadeln variiert von tief dunkelgrün bei *Abies nordmanniana* bis zu stahlblau bei *A. pinsapo.* Um die jeweilige Farbe gut zur Wirkung kommen zu lassen, sollten geeignete Pflanzen zugeordnet werden.

Abies koreana

Abies lasiocarpa var. arizonica

Boden: Am geeignetesten sind normale bis leicht saure Böden. *A. grandis* und *A. pinsapo* vertragen etwas Kalk, *A. cephalonica* ist kalkliebend.

Vermehrung: Arten durch Saat, die Gartenformen durch Steckhölzer bzw. Veredlung.

Abies × arnoldiana. Eine Kreuzung zwischen *A. koreana* und *A. veitchii*. Wird mitunter verwechselt mit der Koreatanne, wächst jedoch schneller und ist für kleine Gärten nicht geeignet.

Abies balsamea, Balsamtanne. Ein 15−25 m hoher und 4−6 m breiter Baum mit kegelförmigem Wuchs. Die Nadeln sind nach vorne gerichtet und tragen zwei weiße Streifen an der Unterseite. Zerreibt man sie, duften sie sehr aromatisch. Die grauen Zweige sind kurz behaart. Die Zapfen können 7 cm lang werden. Die Sorte 'Nana' ist eine kugelförmige Zwergform, mit dicht zusammenstehenden, radial angeordneten Nadeln, Höhe 80 cm. Die Varietät *hudsoniana* wird 1 m hoch und 1,25 m breit.

Abies cephalonica, Griechische Tanne. Kegelförmiger Baum, 10−20 m hoch. Die Zweige sind kahl, hellbraun und die 2 cm langen, dunkelgrünen Nadeln radial angeordnet und stehen leicht nach vorne. Die 12−15 cm langen Zapfen haben leicht vorstehende Deckschuppen.

Abies concolor, Grautanne. Ein Baum von 20−25 m Höhe und 4−5 m Breite, der fast zylindrisch wächst. Die Äste stehen horizontal ab, die gelbgrünen Zweige sind fast kahl. Die bis 6 cm langen, graugrünen Nadeln sind häufig leicht nach oben gekrümmt und nach hinten gerichtet. Die Zapfen, erst grün, dann braun, werden 10−12 cm hoch. Die Sorte 'Argentea' hat auffallend weißliche Nadeln; bei 'Candicans' sind die Nadeln blaugrau, zur Zeit des Austriebs wirken sie fast weiß.

Abies grandis, Riesentanne. Ein 30−90 m hoher Baum, der nur 4−6 m breit wird. Der pyramidal wachsende Baum hat olivgrüne Zweige. Die Nadeln sind fast in einer Ebene angeordnet, sind 3−5 cm lang und haben auf der Unterseite zwei weiße Streifen. Dieser Baum ist ausgesprochen windfest und bevorzugt nährstoffreiche Böden.

Abies homolepis, Nikkotanne. Bis 25 m hoher, breitzylindrisch wachsender Baum mit kahlen, braunen Zweigen und rundlichen Knospen, die stark mit Harz verklebt sind. Die Nadeln sind oberseits glänzend dunkelgrün und tragen an der Unterseite zwei breite weiße Streifen. Sie sind höchstens 3,5 cm lang, stumpf und teils nach vorne, teils nach oben gerichtet.

Abies koreana, Koreanische Tanne. Wuchs aufrecht, kegelförmig, 7−10 m hoch, langsam wachsend, in der Jugend Winterschutz erforderlich. Zweige waagerecht abstehend, Nadeln dunkelgrün, unterseits weiß, büschelig angeordnet. Zapfenbildung reichlich, von braunvioletter Farbe.

Abies lasiocarpa arizonica, Korktanne. Mittelhoher, 10−15 m hoher Baum, typisch ist die rahmweiße, korkartige Rinde, Nadeln 4 cm lang, blauweiß. Zapfen etwa 7 cm lang, purpurbraun. Ein Solitärgehölz für luftfeuchte, sonnige Lagen.

Abies nordmanniana, Nordmanns-Tanne. Etwa 25−30 m hoher und 4−6 m breiter Baum mit glänzend grünen, 2−3 cm langen Nadeln an graubraunen Zweigen. Die Nadeln sind leicht nach vorne geneigt und tragen an der Unterseite silbrigweiße Streifen. Die etwa 15 cm hohen Zapfen bilden sich erst an alten Bäumen. Die Nordmannstanne kann in kalten Wintern sowohl unter intensiver Sonneneinstrahlung als auch unter starken Nord- oder Ostwinden leiden.

Abies pinsapo, Spanische Tanne. Ein 10−15 m hoher und 5−7 m breiter Baum. Die spitzen, wachsartig überzogenen Nadeln stehen radial rund um die Zweige, sie sind relativ dick. Die Zapfen sind braun, etwa 10−12 cm lang. 'Aurea' hat erst gelbliche, später hellgrüne Nadeln, bei 'Glauca' sind sie blaugrün.

Abies procera, Silber-Tanne. Bis 20 m hoher, kegelförmig wachsender Baum mit stumpfen, stark nach vorne gerichteten blaugrünen Nadeln. 'Glauca' hat blaugraue Nadeln und wird nicht über 5 m hoch.

Abies pinsapo 'Glauca'

Acer cappadocicum

Acer

Ahorn

Zur Gattung Ahorn gehören hunderte von Arten und Unterarten, verschieden in Wuchsform, Blattfärbung oder Rindenmaserung. Die Farbe der Blätter kann sich im Laufe des Jahres sehr verändern. Im Frühjahr tragen viele Arten hübsche Blütenbüschel, manchmal so viele, daß man die Zweige fast nicht mehr sieht. Später erscheinen dann die geflügelten Samen, die »Nasenzwicker«, die wie eine Art Hubschrauber durch die Luft schwirren. Ein wichtiges Kennzeichen aller Ahorne ist die gegenständige Anordnung der Blätter.

Standort und Verwendung: Ahorn ist sehr verschieden in Größe und Habitus, so daß sein Anwendungsgebiet vielseitig ist. Die hohen Arten sind auffallende Solitärs in großen Gärten und Parks, während die kleinen japanischen Arten noch im winzigsten Stadtgarten gepflanzt werden können. Ganz allgemein gedeihen sie in Sonne und lichtem Schatten gleich gut, nur der Feldahorn verträgt so viel Schatten, daß wir ihn als Unterpflanzung größerer Gehölze gebrauchen können. Dieser Ahorn verträgt auch das Schneiden gut, so daß er auch als

Acer cissifolium

Acer japonicum 'Aureum'

Heckenpflanze geeignet ist. Wesentlich anspruchsvoller sind die Japanischen Ahorne, die einen gegen Kälte und Wind geschützten Platz brauchen. Dasselbe gilt auch für den Eschenahorn und den Silberahorn. Beide Arten sind raschwüchsig, werden aber nicht sehr alt (30–50 Jahre). Wenn wir kugelförmige Bäume brauchen, können wir statt der Kugelakazie den Kugelahorn verwenden. Viele Ahorn-Arten sind als Allee-Bäume geeignet. Ein regelmäßiger Schnitt ist bei Ahorn nicht nötig, es genügt, wenn man bei Bedarf abgestorbene oder sich kreuzende und reibende Äste entfernt.

Boden: Die meisten Ahorn-Arten lieben humose, frische, gut dränierte Böden. *Acer campestre, A. palmatum* und *A. rubrum* vertragen etwas Kalk. *Acer palmatum* und seine vielen Varietäten und Formen verlangen im Vergleich zu anderen Ahornen einen ausgesprochen feuchten Boden. Teichufer (aber nicht in kalten Senken) sind ideale Standorte für sie. Der Boden kann ruhig sauer sein.

Vermehrung: Die Arten durch Säen (die Samen sind nur etwa ein halbes Jahr lang keimfähig), durch Steckholz oder durch Absenken, Unterarten und Formen durch Veredelung, Stecklinge oder Absenker.

Acer campestre, Feldahorn. Etwa 15 m hoher und 6 m breiter Baum. Er ist sehr widerstandsfähig, wächst schnell, sowohl in der Sonne als auch im Schatten. Die Zweige sind anfangs braunrot, später mit kräftigen Korkleisten bedeckt. Das 3–5-lappige Blatt ist derb, dunkelgrün und im Herbst gelb gefärbt. Die geflügelten Früchte hängen in Doldentrauben bis in den Winter hinein.

Acer callipes. Bis 6 m hoch und 3 m breit, mäßig stark wachsend. Stamm und Zweige sind hell gestreift. Im Mai erscheinen grünweiße Blüten. Das Blatt verfärbt sich im Herbst karminrot.

Acer cappadocicum syn. *A. laetum*. Wird bis 15 m hoch und 7 m breit. Blätter im Austrieb rot, bis zum Herbst sich gelb verfärbend. Im Mai/Juni erscheinen gelbe Blütentrauben. Bei der Sorte 'Aureum' ist das Blatt zunächst bronzefarben, später gelb. Der Baum entwickelt sich breit, bis zu einer Höhe von 8 m.

Acer cissifolium syn. *Negundo cissifolium*. Breit ausladender Baum oder Strauch bis 6 m Höhe. Das 3-teilige Blatt verfärbt sich im Herbst orangerot. Reiche, auffallende Blüte im Mai.

Acer ginnala, Feuerahorn. Etwa 4–6 m hoher Baum oder Strauch mit malerischer, breit unregelmäßiger Krone. Im Mai reiche Blüte, grüngelb. Früchte rotgrün, bis in den Winter haftend. Die unregelmäßig gelappten Blätter sind oberseits glänzendgrün, unterseits stumpf. Sie verfärben sich im Herbst leuchtend gelb oder purpurrot.

Acer griseum. Prächtiger Solitärbaum mit stark abschilfernder, zimtfarbener Rinde an Stamm und Ästen. Die Blätter sind graugrün mit graufilziger Unterseite, sie verfärben sich im Herbst purpurrot. Reichlich gelbe Blüten im Mai. Der Baum erreicht eine Höhe von 12 m und eine Breite von 5 m.

Acer japonicum, Japanischer Ahorn. Kleiner Baum oder Strauch von 5 m Höhe und 3 m Breite mit lockerem, dekorativem Habitus. Das zartgrüne Blatt ist 9–13-lappig, meist bis zur Hälfte eingeschnitten und doppelt gezackt. Die Herbstfärbung ist dunkelrot. Im Mai erscheinen dunkelrote Blütentrauben. Die Sorte 'Aconitifolium' kann noch etwas breiter werden. Typisch ist das lichtgrüne, sehr tief eingeschnittene Blatt, das bronzefarben austreibt und sich im Herbst rotorange verfärbt. 'Aureum' hat ein goldgelbes, wenig tief eingeschnittenes, rundliches Blatt und bildet dichte, kleine Büsche.

Acer negundo syn. *Negundo aceroides*, Eschenahorn. Wird 15 m hoch und 8–10 m breit. Die Zweige sind bläulich bereift, die Blätter hellgrün, groß, unpaarig gefiedert. Die Pflanze ist zweihäusig, die männlichen Blüten sitzen in Büscheln zusammen auf den Zweigen, die weiblichen hängen in Trauben. Blütezeit: April. Nach dem Laubfall im Herbst bleiben die Früchte noch lange am Baum hängen. 'Crispum' hat leicht verformte, krause Blätter. Bekannter sind 'Variegatum' mit weißbunten Blättern und 'Aureovariegatum' mit gelbbunten Blättern. 'Auratum' hat hellgelbe Blätter.

Acer palmatum syn. *A. polymorphum*, Japanischer Fächerahorn. Es sind 5–7 m hohe und 2–3 m breite Sträucher oder kleine Bäume mit sehr zierlichem Wuchs und dünnen Zweigen. Sie benötigen einen geschützten Standort. Auch dort können sie in strengen Wintern noch zurückfrieren, treiben aber meist im Frühjahr wieder durch. Die lichtgrünen, tief eingeschnittenen Blätter sind 5–9-lappig und verfärben sich im Herbst sehr schön. Braunrote Blütentrauben erscheinen im Juni. Alle Sorten mit sehr fein geteiltem Blatt benötigen unbedingt einen schattigen Standort. Die bekanntesten Sorten sind: 'Atropurpureum', dessen bis zur Hälfte eingeschnittenes Blatt vom Austrieb bis zum Herbst dunkelbraunrot ist. Der Strauch kann etwa 3 m hoch werden. 'Corallinum' wird 2 m hoch und 1 m breit. Das hellgrüne Blatt ist tief eingeschnitten und zeigt eine schöne Herbstfärbung. Die Rinde ist korallenrot. Im Juni erscheinen rote Blüten. 'Dissectum' hat einen sehr gedrungenen Wuchs und wird höchstens 2 m hoch und breit. Das Blatt ist so tief eingeschnitten, daß es farnartig wirkt. Im Herbst färbt sich das sattgrüne Laub leuchtend orange. 'Dissectum Garnet' und 'Dissectum Atropurpureum' haben ebensolche fein zerteilten Blätter, nur sind sie ganzjährig braunrot, bzw. rot gefärbt. Alle Dissectum-Formen sind geeignet für Steingärten.

Acer palmatum 'Atropurpureum'

Acer palmatum 'Dissectum'

Acer platanoides 'Globosum'

Acer tegmentosum

Acer pensylvanicum syn. *A. striatum*, Schlangenhaut-ahorn. Bis 8 m hoher und 6 m breiter Baum mit weißge-streifter Rinde. Die gelben Blütentrauben erscheinen im Mai. Die Herbstfärbung ist leuchtendgelb.

Acer platanoides, Spitzahorn. Mächtiger, 20–30 m hoher Baum mit breit ausladender Krone. Er wächst schnell und verträgt auch noch etwas Schatten. Das frischgrüne Blatt ist 5-lappig zugespitzt und verfärbt sich im Herbst leuchtend gelb. Gelbgrüne, aufrechtstehende Blütenbü-schel erscheinen im April, vor den Blättern. 'Drummon-dii' hat weißgerändertes, hellgrünes Laub. Gelegentlich müssen Zweige, die in die Krone wachsen, herausge-schnitten werden. 'Globosum' ist der Kugelahorn, das Blatt ist während des Austriebs rotgrün, später grün. Bildet ohne Schnitt abgeflachte, kugelige, dichte Kro-nen, langsamwachsend. 'Reitenbachii' wird etwa 15 m hoch und hat im Austrieb grünrotes, später bis zum Laubfall schwarzrotes Laub. Dekorativer Einzelbaum mit lockerer, ausladender Krone. 'Schwedleri', Höhe bis 20m, sehr guter Alleebaum. Blätter im Austrieb rot, bis zum Herbst braungrün werdend. Blüte zusammen mit dem Blattaustrieb rot mit gelben Staubfäden, sehr zie-rend.

Acer pseudoplatanus, Bergahorn. Hoher Baum, der 25–35 m erreicht. Krone dicht. Blätter groß, gelappt, stumpfgrün, etwas rauh. Ausgezeichneter Alleebaum mit regelmäßigem Kronenaufbau. Blüten sind unbedeu-tend, gelbgrün, in hängenden Trauben im Mai.

Acer rubrum, Rotahorn. Raschwüchsiger Baum von 15–20 m Höhe mit lockerem Kronenaufbau. Blüte schon im März/April, vor dem Blattaustrieb, rot. Blätter 3–5-lappig, dunkelgrün mit blauschimmernder Unter-seite. Herbstfärbung orange bis karminrot. Sehr dekora-tiver Einzelbaum für sonnige Plätze.

Acer rufinerve, Rotnerviger Ahorn. Kleiner, oft mehr-stämmiger Baum bis 10 m hoch. Rinde hellgrün mit zahlreichen, fast weißen Längsstreifen. Blätter 3-lappig, im Sommer grün, im Herbst goldorange. Junge Triebe und Blätter bläulich bereift. Prächtiges Einzelgehölz für etwas geschützte Lagen.

Acer saccharinum syn. *A. dasycarpum*, Silberahorn. Schnellwüchsiger Baum bis 30 m Höhe und 15 m Breite. Die Krone ist locker, breitausladend und neigt beson-ders in der Jugend zu Windbruch. Die 5-lappigen, tief eingeschnittenen Blätter sind hellgrün und auf der Unterseite silbergrau. Schöne, gelbe Färbung im Herbst. Dekorativer, oft mehrstämmig gezogener Einzelbaum für weiträumige Anlagen. Die Sorte 'Wieri' hat einen malerischen, breit ausladenden Kronenaufbau, Höhe bis 30 m, Seitenäste locker herabhängend. Blatt tiefer zer-teilt und zarter als bei der Art. Eleganter Einzelbaum.

Acer tegmentosum. 9 m hoher und 4 m breiter, kleiner Baum mit hellgrünen Zweigen, im Alter hell gestreift.

Actinidia

Strahlengriffel

Laubabwerfende Kletterpflanze mit ungeteiltem Blatt. Die Pflanzen sind zweihäusig, d. h., wenn Sie Früchte ernten wollen, benötigen sie eine männliche und eine weibliche Pflanze.

Standort und Verwendung: Zur Bepflanzung von Mauern und Pergolen an sonnigen oder halbschattigen Plätzen. Blüht am zweijährigen Holz, also niemals im Frühjahr schneiden.

Boden: Humose Gartenerde.

Vermehrung: Aussaat oder Steckholz.

Actinidia arguta. Ist eine 2−3 m hoch windende Pflanze mit kräftiggrünen, ovalen, gesägten Blättern an roten Stielen. Im Mai erscheinen die weißen, duftenden Blüten. Früchte gelbgrün, 2 cm lang, beerenartig, eßbar. Gilt bei uns als die winterhärteste Art.

Actinidia kolomikta. Diese Art klettert nur 2 m hoch. Die duftenden, weißen Blüten erscheinen im Mai. Die Blätter der männlichen Pflanzen haben mitunter weißrote Flecken. Früchte blauschwarz, eßbar.

Actinidia kolomikta

Aesculus hippocastanum

Aesculus

Kastanie

Mächtige, laubabwerfende Bäume mit großen, handförmig geteilten Blättern, hübschen Blütenkerzen und stacheligen Früchten.

Standort und Verwendung: Schöne Solitäre für große Gärten und Parks. Auch als Alleebaum geeignet. Die niedriger bleibende Art *A. parviflora* kann auch in kleineren Gärten gepflanzt werden. Alle benötigen sie einen sonnigen bis halbschattigen Platz.

Boden: Sollte humos sein.

Vermehrung: Durch Säen oder Veredeln

Aesculus × carnea. Ein bis 20 m hoher und 12 m breiter, lockerkroniger Baum, der im Mai zahlreiche rubinrote Blüten trägt. Er hat wenige, fast stachellose Früchte, sie werden nur selten ausgebildet.

Aesculus hippocastanum, Roßkastanie. Wird 20 bis 25 m hoch und 15 m breit. Blatt- und Blütenknospen im Frühjahr klebrig. Blätter 7-teilig, Blüten im Mai, weiß mit gelbroten Flecken. Früchte groß, zahlreich und sehr stachelig.

23

Ailanthus altissima

Ailanthus

Götterbaum

Großer, laubabwerfender Baum mit sparrigem Wuchs. Die riesigen, gefiederten Blätter treiben spät aus. Er wächst schnell und wirkt sehr dekorativ.
Standort und Verwendung: Schöner Solitärbaum für sonnige und halbschattige Plätze. In rauhen Lagen etwas frostempfindlich. Als Pionierpflanze geeignet, kein Wildverbiß.
Boden: Er stellt keine besonderen Ansprüche. Flachwurzler, daher schwierig zu unterpflanzen.

Ailanthus altissima syn. *A. glandulosa*. Bis 20 m hoher und 10 m breiter Baum mit breiter, sparrig verzweigter Krone. Die Zweige sind behaart und verfärben sich an Schnitt- oder Bruchstellen orange. Die Fiederblätter werden bis 60 cm lang und bestehen aus 13–25 Blättchen, jedes 7–12 cm lang. Im Juni erscheinen unangenehm riechende, gelblichgrüne Blütenrispen, später gefolgt von grünbraunen Fruchtständen.

Akebia quinata

Akebia

Akebie

Hübsche Schlingpflanzen mit zierlichem, handförmigem Blatt und rotbraunen Blüten. In milden Wintern bleibt das Laub lange haften. Junge Pflanzen benötigen Winterschutz, alte sind vollkommen winterhart.
Standort und Verwendung: Dekorative Kletterpflanze für sonnige oder halbschattige Plätze. Kann 10 m hoch und 5 m breit wachsen.
Boden: Humushaltiger Gartenboden.
Vermehrung: Durch Absenker oder Stecklinge.

Akebia × quinata. Die bekanntere der beiden Arten mit 5-teiligem, handförmigem Blatt. Die Blättchen sind kurzgestielt und lederartig. Die Blütezeit liegt im April/Mai; die Pflanze hängt dann voller duftender, purpurbrauner Blütentrauben, gefolgt von den nierenförmigen, blauvioletten Früchten.
Akebia trifoliata. Wie der Name schon besagt, hat diese Akebie ein 3-geteiltes Blatt. Sie bleibt etwas niedriger als die vorige Art. Blüten erscheinen im Mai und sind kastanienbraun.

Alnus

Erle

Laubabwerfende Bäume mit regelmäßig aufgebauter, lockerer Krone. Sie gehören zu den Lichtholzarten, d.h., sie vertragen nur wenig Schatten. Kennzeichnend sind die früh blühenden Kätzchen, die gestielten Zapfen und Knospen.

Standort und Verwendung: Piniergehölze auf Rohböden, als Windschutzhecken und auch als Einzelbäume an frischen bis feuchten Plätzen zu verwenden.

Boden: *A. glutinosa* liebt nasse, saure und wasserzügige Böden. *A. incana* verträgt mehr Trockenheit.

Alnus glutinosa, Schwarzerle. Raschwüchsiger Baum, bis 20 m Höhe und 6 m Breite. Blätter oval, derb dunkelgrün. Verrottet schnell zu gutem Humus. Kätzchen einhäusig, Früchte als Zäpfchen, 3–5 zusammensitzend, gestielt. Gutes Stockausschlagvermögen.

Alnus incana, Grauerle. Bis 15 m hoch. Stamm und Äste hell- bis silbergrau, Blätter grün, unterseits silbrig. 'Aurea' hat im Austrieb gelbe, später grüngelbe Blätter und hübsche rötliche Blütenkätzchen.

Alnus incana 'Aurea'

Amelanchier

Felsenbirne

Frühblühende Sträucher oder kleine Bäume, die nach der reichen Blüte vor dem Blattaustrieb im April/Mai im Frühjahr im Herbst eine sehr schöne Blattfärbung zeigen. Alle *Amelanchier* wachsen buschig und mehrtriebig aus dem Boden.

Standort und Verwendung: Als Solitär oder in Gehölzgruppen sowohl in sonnigen, als auch in halbschattigen Lagen.

Boden: Geringe Ansprüche an die Bodenart, kalkarme, mäßig feuchte Böden bevorzugt.

Amelanchier canadensis syn. *A. oblongifolia.* Strauch bis 6 m Höhe. Blätter im Austrieb bronzefarben, später grün. Blütentrauben weiß, aufrechtstehend; Früchte schwarz, eßbar. Herbstfärbung orangerot.

Amelanchier laevis. Strauch bis 3 m Höhe. Austrieb bronzefarben, Blätter später blaugrün. Blüten weiß, in hängenden Trauben. Früchte braun, eßbar. Herbstfärbung orangerot.

Amelanchier canadensis

Amorpha fruticosa

Amorpha

Bastardindigo

Wenig bekannte Sträucher aus der Familie der Schmetterlingsblütler. Zur Blütezeit werden sie stark von Insekten angeflogen. Nach strengen Wintern müssen sie bis zum Boden zurückgeschnitten werden.
Standort und Verwendung: Auf einem sonnigen Beet, am Gehölzrand.
Boden: Normaler Gartenboden, verträgt Trockenheit.
Vermehrung: Steckholz oder Saat. Aussaat im Frühjahr mit der ganzen Schote.

Amorpha canescens. Langsam wachsender Halbstrauch, bis 1 m hoch; Blätter feingefiedert, graugrün. Blüten im Juli in 10−15 cm langen, dichten violettblauen Ähren.
Amorpha fruticosa. Locker verzweigter Strauch mit frischgrünen Blättern, Höhe bis 3 m. Rotviolette Blüten erscheinen im August, auffallend sind die gelben Staubgefäße.
Amorpha nana. Ist im Habitus wie *A. canescens,* nur hat sie violette Blüten mit orangefarbenen Staubgefäßen.

Aralia elata

Aralia

Aralie

Die Sträucher, die zu dieser Gattung gehören, haben wenig verzweigte Äste. Die Einzelblätter sind groß, langgestielt und doppelt gefiedert. Die weißen Blüten stehen in Trugdolden am Triebende.
Standort und Verwendung: Gut geeignet als Solitär in kleinen Gärten. Macht zahlreiche Wurzelschößlinge, wenn die Wurzeln beschädigt werden. Für sonnige und halbschattige Plätze gleich gut geeignet.
Boden: Nährstoffreicher, durchlässiger Boden.
Vermehrung: Im Herbst Ausläufer von der Mutterpflanze abtrennen und auspflanzen.

Aralia elata syn. *Dimorphantus elatus,* Teufelsspazierstock. Dekorativer, baumartiger Strauch bis 5 m Höhe, kann im Sommer 3 m breit werden, da die Blätter sehr ausladend sind. Die Unterseiten der Blätter sind graugrün, die Blattnerven bestachelt. Im August/September cremeweiße Blüten, später schwarze Früchte. Es sind zwei bunte Formen bekannt: 'Variegata' mit weißem und 'Aureovariegata' mit gelbem Blattrand.

Araucaria

Araukarie

Wintergüner Nadelbaum mit fast horizontal abstehenden Zweigen und schuppenförmigen, dunkelgrünen Blättern.

Standort und Verwendung: Die Araukarie ist ein sehr auffälliger Baum und nur als Solitär zu verwenden. Sie wächst sehr langsam, kann im Laufe der Zeit jedoch 20 m hoch werden. Allerdings erreicht sie diese Höhe nur in wintermilden Küstenregionen oder anderen sehr geschützten, warmen Plätzen. Besonders in der Jugend benötigt sie einen Frostschutz (z. B. Schilfmatten oder Stoffsegel).

Boden: Gut dränierter, humusreicher und saurer Boden.

Vermehrung: Saat und Stecklinge.

Araucaria araucana syn. *A. imbricata*. Auffallend dunkelgrüne Konifere mit schlangenartigen Zweigen, die dicht besetzt sind mit dreieckigen, dicken und zugespitzten Blättern. Der Baum beginnt erst im Alter von etwa 30 Jahren Zapfen auszubilden. Vor dieser Zeit kann er nur mit Hilfe von Stecklingen vermehrt werden.

Araucaria araucana

Aristolochia

Pfeifenwinde

Kletterpflanze mit großen, ungeteilten Blättern und pfeifenförmigen Blüten, die wir kaum sehen, da sie unter dem Laub verborgen sind.

Standort und Verwendung: Zum Beranken von Pergolen, Bäumen, Wänden und Mauern im Halbschatten und Schatten. Die Pfeifenwinde hält sich nicht selbst, sondern muß angebunden werden. In den ersten Jahren wächst sie langsam.

Boden: Nahrhafte, genügend feuchte Böden.

Vermehrung: Saat oder Absenker.

Aristolochia macrophylla syn. *A. durior, A. sipho*. Kann bis 10 m hoch winden. Das herzförmige, auffallende Blatt ist umso dunkler, je mehr die Pflanze im Schatten steht. Im Juni erscheinen die versteckt angeordneten, braungrünen Blüten. Die Pfeifenwinde benötigt immer eine Rankhilfe.

Aristolochia macrophylla

27

Aronia melanocarpa

Aronia

Zwergvogelbeere

Wenig bekannte Sträucher, dic zur Familie der *Rosaceae* gehören. Es ist schade, daß sie nur so selten angepflanzt werden, denn ihre kleinen Apfelfrüchte haben einen hohen Zierwert. Im Frühling erscheinen Massen weißer Blüten, gefolgt von roten und schwarzen Früchten. Im Herbst färben sich die Blätter tiefrot.

Standort und Verwendung: In Gehölzgruppen, auch Windschutzhecken, die niedrigen Arten sind zur Einzelstellung in kleinen Gärten geeignet.

Boden: *A. melanocarpa* braucht trockenen, die anderen Zwergvogelbeeren feuchteren Boden.

Aronia melanocarpa syn. *Mespilus arbutifolia* var. *melanocarpa, Sorbus melanocarpa, Pyrus melanocarpa*. Diese Zwergvogelbeere blüht im Mai/Juni, die schwarzen Beeren fallen im Herbst ab. Der Strauch wird nur 1 m hoch und neigt zur Wurzelausläuferbildung.

Aronia prunifolia syn. *A. floribunda, Mespilus prunifolia, Pyrus floribunda*. Der Strauch wird 4 m hoch. Blütezeit Mai/Juni. Die Früchte sind rot.

Arundinaria pumila

Arundinaria

Bambusgras

Exotisch wirkende Pflanzen, die in unseren Breiten im Sommer ganz gut wachsen, jedoch längst nicht alle winterhart sind. Sie stammen aus Ost-Asien und können dort 10 m hoch werden, bei uns erreichen sie selten 3 m Höhe und die auf dem Foto abgebildete Art wird nur 60 cm hoch.

Standort und Verwendung: Sehr geeignet für Gräsergärten, Anlagen, in denen viel Stein verwendet wurde und bei Wasserbecken. *Arundinaria pumila* eignet sich auch gut als Bodendecker auf feuchten Böden.

Boden: Nährstoff- und humusreich.

Vermehrung: Man kann die Pflanzen teilen oder die bewurzelten Ausläufer abschneiden und neu einpflanzen.

Arundinaria pumila syn. *Bambusa pumila, Pleioblastus pumilus, Sasa pumila,* Zwergbambus. Wintergrüner, bis 40 cm hoher, wuchernder Bambus mit unterirdischen Ausläufern. In strengen Wintern kann das Laub gelb werden.

Aucuba

Aukube

Wintergrüne Ziersträucher, die mit wenig Licht auskommen, ein dekoratives Blatt besitzen und leuchtende rote Beeren tragen. Leider ist die Aukube nicht 100 %ig winterhart, weshalb wir genau überlegen müssen, welchen Platz wir ihr geben. Sorgen Sie dafür, daß sie im Winter vor Morgensonne geschützt steht, dann ist das Problem zumindest in allzustrengen Wintern gelöst.

Standort und Verwendung: Abgesehen von ihrer mangelnden Winterhärte ist die Aukube eine robuste Pflanze, die noch an Plätzen gedeiht, die für andere Pflanzen zu dunkel sind. Auch in Gehölzpflanzungen ist sie gut zu gebrauchen.

Boden: Wächst am besten in nährstoffreichen, feuchten Böden.

Vermehrung: Stecklinge.

Aucuba japonica. Wintergrüner Strauch, der in 10 Jahren 2−3 m hoch werden kann. Unauffällige Blüten im März/ April, gefolgt von roten Beeren. Die Sorte 'Variegata' hat gelbgefleckte Blätter.

Aucuba japonica 'Variegata'

Berberis

Berberitze

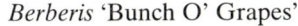

Berberis 'Bunch O' Grapes'

Zu der umfangreichen Gattung der Berberitzen gehören laubabwerfende und wintergrüne Arten. Alle sind mehr oder weniger dornig. Es gibt Sträucher darunter, die sehr schön blühen und fruchten und sich im Herbst prächtig verfärben. Es sind sehr dekorative Gartenpflanzen.

Standort und Verwendung: Wegen der großen Verschiedenheit der Berberitzenarten, können wir geeignete Pflanzen für den kleinen und auch für den großen Garten finden. Einige lassen sich gut als Heckenpflanzen verwenden und bilden, besonders wegen ihrer Dornen, eine fast undurchdringliche Barriere. Sie können als freiwachsende Pflanzung oder als geschnittene Hecke gebraucht werden. Sehr gut geeignet dafür ist *B. thunbergii* mit ihren vielen Sorten. Schneiden Sie Hecken stets so, daß sie nach oben schmaler werden, damit die Pflanzen unten nicht verkahlen. Häufig werden Berberitzen als Gruppenpflanzen verwendet, aber sie sind auch als Solitärpflanzen sehr attraktiv. Es gibt auch eine Gruppe, die sehr viel Schatten verträgt und die man unter Bäumen (nicht allzu dunkel!) oder an der Nord-

Berberis darwinii

Berberis × media 'Parkjuweel'

seite von Gebäuden pflanzen kann. Ein Beispiel hierfür ist *B. verruculosa*. Allerdings sind Blüten- und Fruchtansätze im Schatten nicht so zahlreich. Niedrige Sorten, wie *Berberis × media* 'Parkjuweel' können als Bodendecker gebraucht werden, Sorten mit starkem Beerenbesatz als Vasenschmuck. Sie halten sich sehr lange, z. B. die Sorte 'Bunch O-Grapes'. Nicht alle Berberitzen kommen problemlos durch den Winter. Es empfiehlt sich, diese mit Laub oder Reisig abzudecken ('Bunch O-Grapes', *B. dictophylla, B. wilsoniae*).

Boden: Die meisten Arten stellen kaum Ansprüche an den Boden. Nur die wintergrünen Arten bevorzugen einen nährstoffreichen, humosen Boden.

Vermehrung: Die botanischen Arten säen wir direkt nach der Samenreife im November. Gartensorten werden durch Steckholz, Teilen oder Absenken vermehrt.

Berberis **'Bunch O-Grapes'**. Laubabwerfender, kompakt wachsender Strauch, der ungefähr 1 m hoch und 2 m breit wird. Blüht im Juni gelb, Früchte in großen Doldentrauben. Der Wuchs ist zunächst aufsteigend, später überhängend.

Berberis buxifolia syn. *B. dulcis*. Wintergrüner Strauch, bis 2 m hoch, der langgestielte, hängende, gelbe Blüten bildet. Die Früchte sind groß und blau. Verliert auf allzu sonnigen Plätzen im Winter das Laub. Bekannt ist die Sorte 'Nana', die nur 30−50 cm hoch wird und breitbuschig wächst. Verträgt Schnitt sehr gut. Blüten orangegelb im Mai.

Berberis candidula. Wintergrüne, bis 50 cm hohe und 1,5 m breite Berberitze. Die gelben Blüten hängen einzeln, die Früchte sind dunkelblau, bereift. An den gelblichen Zweigen sitzen die glänzendgrünen, stacheligen Blätter, am Rand leicht eingerollt, Unterseite weiß. Ältere Blätter werden im Herbst gelb. *B. candidula* kann in Heide- oder Steingärten gepflanzt werden. 'Amstelveen' ist eine sehr zuverlässige Sorte, die etwa 1 m hoch wird, sehr winterhart ist und ziemlich rasch wächst.

Berberis darwinii. Wintergrüner, 1,5−3 m hoher Strauch mit dunkelgrünem, auf der Unterseite lichtgrünem Blatt und reicher Blüte im April/Mai. Die gelben Blütentrauben hängen in dichten Büscheln. Die Pflanze kann in strengen Wintern Frostschäden erleiden.

Berberis gagnepainii **var.** *lanceifolia*. Wintergrüner, aufrechtwachsender Strauch, 1,5−2 m hoch. Die schmalen, langen, dunkelgrünen Blätter werden im Winter braungrün. Blüten im Mai, goldgelb in Büscheln mit 3−10 Einzelblütchen; später blauschwarze, bereifte Früchte. Winterhart, etwas düster wirkend.

Berberis hookeri. Aufrechter, dichtbuschiger, wintergrüner Strauch (1,5 m hoch). Blätter groß, grob gesägt, glänzend dunkelgrün, unten weiß. Blüten goldgelb, Früchte 1 cm lang, eiförmig, schwarzpurpur, hell bereift.

Berberis × *hybridogagnepainii*. Eine Hybride, die aus der Kreuzung zwischen *B. gagnepainii* var. *lanceifolia* und *B. verruculosa* entstanden ist. Kompakter Wuchs, glänzend grünes, stacheliges Blatt. Schöne Sorten sind 'Chenault', bis 1,5 m hoch und breit, Blätter mattgrün, unterseits weiß, blaubereift. Purpurbraune Herbstfärbung. 'Wallich's Purple' ist auch wintergrün, wird nicht ganz so breit. Die jungen Blätter sind braunrot, sie heben sich gut von den älteren glänzend grünen ab. Blattunterseite blaugrün. Sehr winterhart.

Berberis julianae. Wintergrüner, bis 2 m hoher und breiter Strauch mit sehr langen Dornen. Das glänzende, dunkelgrüne Blatt verfärbt sich im Herbst gelb bis rot. Blüte im Mai/Juni, reingelb; Beeren blau. Sehr winterhart.

Berberis koreana. Aufrechter, laubabwerfender Strauch, bis 1,5 m Höhe mit mattgrünem Laub, das sich im Herbst leuchtendrot färbt. Nach den gelben Blüten im Mai erscheinen die hellroten, glänzenden Beeren, die lange am Strauch haften. Kein Zwischenwirt für Getreiderost. 'Red Tears' ist geeignet für trockene Böden.

Berberis linearifolia. Wintergrüner, aufrechter Strauch, 1 m hoch, das glänzendgrüne Blatt hat einen eingerollten Rand. Im Mai erscheinen große, in Büscheln hängende, orangefarbene Blüten. Diese Berberitze ist in unserem Klima nicht winterhart.

Berberis × *media*. Halbimmergrüne Hybride zwischen *B.hybridogagnepainii* 'Chenault' und *B thunbergii*. 'Parkjuweel' ist die bekannteste Sorte, sie wird 1 m hoch und 2 m breit. Das glänzend dunkelgrüne Blatt fällt in milden Wintern nicht ab. Die Blüten sind unscheinbar.

Berberis × *mentorensis*. Ein halbimmergrüner, schmalwachsender Strauch (bis 1,5 m hoch) mit mattgrünem Blatt, das sich im Herbst gelegentlich gelb und rot färbt.

Berberis × *ottawensis*. Laubabwerfende Berberitze, entstanden aus einer Kreuzung von *B. thunbergii* und *B. vulgaris*. Wird häufig mit der erstgenannten Art verwechselt. Sie erreicht 2 m Höhe und 3 m Breite und hat braunrote, gefurchte Zweige. Die im Mai erscheinenden, gelben Blüten tragen auffallend orangerote Kelchblätter. Früchte rot. Die Sorte 'Superba' wird genausogroß, wächst kräftig und hat braunrote Blätter, die sich im Herbst leuchtend rot verfärben, im Schatten werden sie mehr grün. × 'Red Chief' hat ebenfalls sommergrüne, tief dunkelrote Blätter, wird bis 4 m hoch.

Berberis sieboldii. Laubabwerfender Strauch, 1 m hoch und 2 m breit. Blüte gelb im Mai, Früchte glänzendrot. Sehr hübsche Herbstfärbung.

Berberis × *stenophylla*. Zierlicher, wintergrüner Strauch mit überhängenden Zweigen, entstanden aus einer Kreuzung von *B. darwinii* und *B. empetrifolia*. Wird bis 2 m hoch und 3 m breit. Blüht im Mai mit zahlreichen orangegelben Blüten und trägt später schwarze, blaubereifte Früchte. Blätter sehr schmal, 2−3 cm lang. Der

Berberis sieboldii

Berberis × *stenophylla*

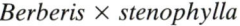

Berberis thunbergii 'Atropurpurea'

Strauch gedeiht am besten in sonnigen, windgeschützten Lagen, verträgt keine Staunässe. Schöne Einzelpflanze.

Berberis thunbergii. Locker aufrechtwachsender Strauch von 2 m Höhe und Breite. Die sommergrünen Blätter färben sich im Herbst scharlachrot. Im Mai, zusammen mit dem Blattaustrieb erscheinen die gelben Blüten einzeln an den Zweigen aufgehängt, ebenso später die leuchtendroten, glänzenden Beeren. Bekannte Sorten sind 'Atropurpurea' mit braunroten Blättern, gelben Blüten und zahlreichen roten Beeren und die Zwergform 'Atropurpurea. Nana', 30 cm hoch.

Berberis verruculosa. Dunkelgrünes Blatt mit blaugrauer Unterseite, wintergrün. Alte Blätter färben sich im Herbst rot. Blüten gelb, Früchte dunkelviolett.

Berberis vulgaris. Laubabwerfender, bis 2 m hoher und breiter einheimischer Strauch. Blüten gelb, Früchte hellrot. Gilt als Zwischenwirt für den Getreiderost.

Berberis wilsoniae. Sommergrüne Berberitze von 1 m Höhe und 2 m Breite. Zweige bogig überhängend und stark mit Dornen besetzt. Blüten klein, hellgelb; Früchte korallenrot, bereift, lange haftend. Das stumpf-graugrüne Blatt färbt sich im Herbst rot. Benötigt Winterschutz. *B. wilsoniae subcauliatata* ist frosthärter und wird etwa 2 m hoch, Blüte gelb im Juni, Früchte orange.

Betula costata

Betula

Birke

Sommergrüne Bäume mit lichter Belaubung, die zu allen Jahreszeiten hübsch anzusehen sind. Auffallend sind die weiße, abblätternde Rinde, die frischgrünen Blätter im Frühling, die nach einem Mairegen herrlich duften, und die leuchtendgelbe Herbstfärbung. Ganz allgemein sind es schnellwachsende, lichthungrige Bäume mit einem relativ flachliegenden Wurzelwerk.

Standort und Verwendung: Die meisten Birkenarten sind nur für größere Gärten, Parks und Alleen in Grünanlagen geeignet. Nur die Kupferbirke und die Trauerbirke sind im kleinen Garten zu gebrauchen. Birken sind schöne Solitärbäume, aber auch in Gruppen gepflanzt sind sie sehr wirkungsvoll. Pflanzen Sie sie jedoch immer in die volle Sonne. Wegen ihres raschen Wachstums werden sie häufig in Windschutzpflanzungen verwendet, *B. pendula* ist ein trockenheitverträgliches Pioniergehölz, *B. nigra* und *B. nana* gedeihen noch ausgezeichnet in feuchten Lagen. Birken dürfen nicht im Frühling geschnitten werden, da sie dann »verbluten«.

Boden: Birken haben keine speziellen Bodenansprüche.

Vermehrung: Aus Saat, nur die Sorten von *B. pendula* werden veredelt.

Betula albosinensis, Kupferbirke. Etwa 6–8 m hoher, lockerer Baum mit kupferfarbener, abrollender Rinde. Die gelblichgrünen, herzförmigen Blätter färben sich im Herbst gelb. Eine besonders im Winter auffallende Birke zur Einzelstellung.

Betula alleghaniensis, Gelb-Birke. Ein 15 m hoher Baum mit anfänglich schmaler, später breiter Krone. Das elliptische, 8–12 cm lange Blatt ist im Sommer gelbgrün, im Herbst leuchtend gelb. Die sich ablösende Rinde ist graugelb. Parkbaum, nicht für kleine Gärten geeignet.

Betula costata. Breitausladender Baum (15 m hoch und 10 m breit), der sich schon am Grund verzweigt. Die cremegelbe Rinde löst sich kaum. Junge Zweige braun. Ovale, abstehende Fruchtkätzchen erscheinen nach den gelbgrünen Blüten im Mai. Der Baum wächst schnell.

Betula ermanii, Goldbirke. Mittelgroßer Baum (15 m hoch) mit ausladender Krone. Schnellwüchsig. Das gelbgrüne, früh austreibende Blatt ist 5–10 cm lang mit ausgezogener Spitze, im Herbst orangegelb. Rinde gelblichweiß, abrollend.

Betula jacquemontii syn. *B. utilis* var. *jacquemontii*. Bis 12 m hoher und 8 m breiter Baum, der sich schon unten verzweigt, mit weißer abrollender Rinde. Lederartiges, dunkelgrünes Laub mit schöner gelber Herbstfärbung. Schnellwüchsig.

Betula lenta, Zuckerbirke. Etwa 20 m hoher Baum mit schmaler Krone. Das Blatt ist eiförmig, 6–12 cm lang, glänzend grün, im Herbst verfärbt es sich goldgelb. Die Rinde ist dunkel-rotbraun, rissig, aber nicht abblätternd. Als Parkbaum geeignet.

Betula maximowicziana. Mittelgroßer, ausladender Baum, bis 15 m Höhe. Blätter spät austreibend, herzförmig, 8–14 cm lang, Herbstfärbung goldgelb; Rinde orangegrau, dünn abschilfernd.

Betula nana, Nordische Zwergbirke. Ausgebreitet niederliegender Strauch von 1 m Höhe. Zweige braun, Blätter fast kreisrund, klein, graugrün, im Herbst gelb. Für Felsgärten und Moorbeete geeignet.

Betula nigra, Schwarzbirke. Meist mehrstämmig wachsender, mittelgroßer Baum (15 m Höhe) von lockerem Wuchs. Rinde an jüngeren Ästen gelbbraun, in Fetzen kraus aufrollend, alte Stämme dunkel und tief gefurcht. Das saftig grüne Laub treibt spät aus, Herbstfärbung tiefgelb.

Betula papyrifera, Papierbirke. Ein großer, stark aufrecht wachsender Baum bis 20 m Höhe, oft mehrstämmig, mit zunächst rötlicher, später blendend weißer Rinde. Steht der Baum im Schatten anderer Bäume, bleibt die Rinde braun. Blätter groß, stumpf dunkelgrün, im Herbst gelb.

Betula jacquemontii

Betula nigra

Betula pendula 'Youngii'

Betula pendula syn. *B. alba*, *B. verrucosa*, Sandbirke, Weißbirke. Ein 20−30 m hoher heimischer Baum. Rinde weiß, ablösend, wird mit zunehmendem Alter dunkel und rissig. Zweige zunächst aufrecht, später hängend, Oberfläche rauh. Die Blätter sind dreieckig, hellgrün, im Herbst tiefgelb. Die Sandbirke ist gut geeignet als Pionier- und Windschutzgehölz.

Die Sorte 'Dalecarlica' wird nur 7−10 m hoch, hat einen zierlichen Wuchs und ein sehr fein geschlitztes, glänzendgrünes Blatt. 'Fastigiata', die Säulenbirke wächst straff aufrecht und hat leicht gedrehte Zweige (7−12 m hoch). 'Purpurea' wird 7−10 m hoch und hat dunkelrotes Laub, das im Herbst bronzegrün wird. 'Tristis' ist eine Hängeform mit durchgehendem Mitteltrieb, sie ist starkwachsend und erreicht eine Höhe von 20 m. Eine niedrige Birke ist die Sorte 'Youngii' (Hängebirke) mit sehr stark hängenden Zweigen und schirmförmiger Krone (Höhe 4 m, Breite 6 m).

Betula pubescens syn. *B. alba*, Moorbirke. Die einjährigen Triebe sind zart behaart und fühlen sich weich an. Sie stehen straff aufrecht, fast nie überhängend. Der heimische Baum wird 20 m hoch, hat eine grauweiße, abschilfernde Rinde und kommt besonders auf feuchten Standorten vor.

Broussonetia papyrifera

Broussonetia

Papiermaulbeerbaum

Sommergrüner, zweihäusiger Strauch oder kleiner Baum mit herzförmigen oder tief eingeschnittenen Blättern. Er stammt aus Ostasien, ist aber in Südeuropa und den Vereinigten Staaten eingebürgert. Verträgt maximal bis −15°C, muß also in strengen Wintern abgedeckt werden.

Standort und Verwendung: In einer sonnigen oder halbschattigen Gehölzpflanzung sollten Sie ein männliches und ein weibliches Exemplar pflanzen, wenn Sie die leuchtenden Früchte bekommen möchten.

Boden: Er stellt keine besonderen Ansprüche.

Vermehrung: Stecklinge.

Broussonetia papyrifera. Erreicht in seiner Heimat 13 m Höhe, bei uns jedoch nur 4 m. Besonders bei jungen Pflanzen, wie auf dem Foto, sind die am Rand gesägten Blätter tief eingeschnitten. Das große Blatt ist auf der Unterseite zart behaart. Die weiblichen Blüten erscheinen im Mai und werden gefolgt von orangeroten Früchten.

Buddleja

Sommerflieder

Attraktive Spätsommerblüher mit überhängendem, ausladendem Wuchs. Höhe zwischen 2 und 4 m.

Standort und Verwendung: Geeignet für warme, sonnige Plätze in Garten und Park. Die *B. davidii*-Sorten passen in den kleineren Garten, *B. alternifolia* kann auch zwischen einer Gehölzpflanzung oder über einer Mauer hängend verwendet werden.

Boden: Trockene oder mäßig feuchte, durchlässige und nährstoffreiche Böden. Jedes Jahr düngen.

Vermehrung: Die Arten aus Samen, die Sorten durch Stecklinge, *B. alternifolia* durch Veredeln.

Buddleja alternifolia. Der bis zu 3 m hohe Strauch stammt aus NW-China. Wuchs breit, mit überhängenden Zweigen. Es ist die einzige *Buddleja* mit wechselständigen schmal-lanzettlichen Blättern. Durch die dünnen, langen Zweige wirkt der Strauch sehr grazil. Im Juni erscheinen am vorjährigen Holz kleine Büschel von hell-lila Blütenröhren, die wie aufgereiht auf den Zweigen sitzen. Rückschnitt nicht im Frühjahr, sondern, wenn nötig, nach der Blüte. Der Strauch ist winterhart.

Buddleja davidii syn. *B. variabilis.* Aus der aus China eingeführten Art sind im Laufe der Jahre zahlreiche schöne Sorten entstanden. Der Sommerflieder wird 2–3 m hoch und blüht am einjährigen Holz von August bis tief in den Herbst hinein. Er sollte jedes Frühjahr bis auf 30 cm Höhe über dem Boden zurückgeschnitten werden (erst im Frühling, damit Sie den Winter über nicht auf eine kahle Stelle schauen!). Am Ende der neuen Triebe erscheinen die 10–25 cm langen, duftenden Blütenrispen, die zahlreiche Schmetterlinge anlokken. Die lanzettlichen, großen Blätter sind dunkelgrün, unten graufilzig und haften sehr lange. Einige wichtige Sorten sind: 'Black Knight' mit schwärzlich-violetten Blüten. 'Cardinal' mit tief purpurroten Blüten von Juli bis Oktober. 'Empire Blue', blaueste aller Sorten, relativ kleiner Strauch. 'Fascination' hat 30 cm lange, purpurrosa Blüten. 'Peace' ist weiß und sehr kräftig und 'Royal Red' die roteste aller Sorten.

*Buddleja-***Nanhoensis**-**Hybriden.** Das ist der neue Name für eine Gruppe von Pflanzen, die aus Kreuzungen zwischen *B. davidii* var. *nanhoensis* und Sorten der gewöhnlichen *B. davidii* entstanden sind. Es sind ausgebreitet oder niederliegend wachsende Sträucher mit dünnen Zweigen, die meist nicht höher als 1 m werden. Die ursprüngliche Farbe ist purpurviolett, aber bei 'Nanho Purple' ist sie dunkler. Die Blüten haben einen kleinen, orangefarbenen Schlund. Es werden noch weitere Sorten gezüchtet.

Buddleja alternifolia

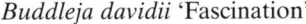
Buddleja davidii 'Fascination'

Buxus sempervirens 'Suffruticosa'

Buxus

Buchsbaum

Wintergrüne Sträucher, die sich gut in allerlei Formen schneiden lassen. Die Blätter verbreiten einen eigenartigen Duft, besonders wenn die Sonne darauf scheint. Die unauffälligen Blüten werden eifrig von Bienen besucht. Die Pflanze ist giftig.

Standort und Verwendung: Für sonnige und halbschattige Plätze in nicht zu trockenem Boden. Als Einzel- oder Heckenpflanze zu gebrauchen.

Boden: Normale Gartenerde.

Vermehrung: Stecklinge oder Absenker.

Buxus sempervirens **var.** *sempervirens* syn. *B. sempervirens* var. *arborescens*. Ein 3—6 m hoher, baumartiger Strauch mit gelbgrünem, etwas gewölbtem, lederartigem Blatt, beiderseits glänzend. 'Handswothiensis', Höhe 2—3 m Blätter am Rand nach oben gewölbt, unterseits blaugrün. 'Aureovariegata' wird nur 2 m hoch und hat gelbgefleckte Blätter. 'Suffruticosa', der Einfassungsbuchsbaum wird auch ungeschnitten nicht über 1 m hoch, Schnitt im Frühjahr durchführen.

Callicarpa bodinieri var. *giraldii*

Callicarpa

Schönfrucht

Sommergrüne Sträucher, die besonders wegen ihres hübschen Beerenschmuckes gepflanzt werden. Nach dem Laubfall im Herbst bleiben die Beeren meist noch hängen. In wintermilden Gebieten kann *Callicarpa* 2—3 m hoch werden. In strengen Wintern frieren sie bis auf den Boden zurück, treiben im folgenden Jahr höchstens 1 m hoch durch und blühen dann etwas später.

Standort und Verwendung: An einem sonnigen, geschützten Platz vor einer Gehölzpflanzung, in Hausnähe.

Boden: Normale, nährstoffreiche Gartenerde, möglichst durchlässig.

Vermehrung: Aus Samen, durch Absenker, Steckholz und Stecklinge.

Callicarpa bodinieri **var.** *giraldii* syn. *C. giraldii*. Aufrecht wachsender Strauch, Blüten im Sommer unscheinbar lila. Auffallend sind die kugelrunden, lila-violetten Früchte von September bis Oktober. 'Profusion' hat rotviolette Früchte, sehr reichfruchtend.

Calluna

Besenheide

Die Gattung ist in fast ganz Europa nur mit einer Art vertreten. Von dieser gibt es allerdings so viele Zuchtformen, daß wir damit mehrere Seiten füllen könnten. Die gewöhnliche Besenheide ist bei uns heimisch und alle großen Heiden (Lüneburger Heide z. B.) bestehen aus ihr. Sie blüht im August/September, aber die Blütezeit der Kultursorten variiert sehr. Einige blühen schon im Juni, andere noch im November/Dezember. Außer durch ihre Blütenfarbe, fallen manche Sorten auch durch Blattfärbung auf. Um dem Verkahlen der Pflanzen vorzubeugen, müssen sie regelmäßig geschnitten werden, und zwar im zeitigen Frühjahr. Bedenken Sie, daß auf den hübschen großen Heideflächen Schafe für den Schnitt sorgen!

Standort und Verwendung: Zuerst nennen wir natürlich den Heidegarten, der in letzter Zeit so modern geworden ist. Aber auch in der freien Landschaft und als Bodendecker in Parks ist sie geeignet, besonders die Wildart. Die Besenheide sollte nur an sonnigen Stellen verwendet werden, je schattiger es wird, desto weniger blüht sie, und desto weniger farbenprächtig ist das Laub.

Boden: In Europa, besonders dort, wo der Atlantik das Klima beeinflußt, kommen große, geschlossene Heideflächen vor, nur dann und wann unterbrochen von Gräsern, Birken und Wacholderbüschen. Der Boden ist arm, humos, durchlässig und kalkfrei. Unser Gartenboden sollte von gleicher Beschaffenheit sein, wenn wir beabsichtigen einen Heidegarten anzulegen. Gegebenenfalls müssen wir ihn mit Nadelstreu, Rindenkompost oder Sand verbessern. Wenn Ihr Boden jedoch aus kalkhaltigem Lehm besteht, sollten Sie besser darauf verzichten, Heide anzupflanzen.

Vermehrung: Absenker oder Stecklinge. Stecklinge schneidet man im August, etwa 7 cm lang. Die untersten Blätter werden abgestreift und die Stecklinge mit 1 cm Entfernung in eine Mischung aus Topferde und scharfem Sand (zu gleichen Teilen) gesteckt. Mit einem zugelassenen Mittel zur Verhütung von Schimmelbildung angießen und frostfrei, mit einer Plastikfolie abgedeckt überwintern lassen (gelegentlich prüfen, ob der Boden noch feucht, nicht naß (!) ist). Im Frühjahr etwas Bodenwärme geben. Die bewurzelten Stecklinge später auspflanzen.

Calluna vulgaris. Etwa 30–50 cm hoher Strauch mit dunkelgrünen, winzigen, den Stengeln anliegenden Blättchen; Wintergrün. Blütezeit und Blütenfarbe sind variabel, letztere reicht von purpurrosa bis weiß. Das große Sortiment von Gartensorten wächst ständig. Ich

Calluna vulgaris 'Alba Erecta'

Calluna vulgaris 'Golden Rivelet'

Calluna vulgaris 'H. E. Beale'

Calluna vulgaris 'Multicolor'

habe einige besonders empfehlenswerte Sorten zusammengestellt:

'Alba Erecta' wird 50 cm hoch, das Laub ist hellgrün und die weißen Blüten blühen im August/September.

'Alba Plena', 40 cm hoch, ausgebreitet, Blätter graugrün, Blüten weiß, gefüllt im August/September.

'Alportii', stark aufrechtwachsend, über 60 cm hoch, Blüten violett-rot im August/September.

'Aurea', kompakt wachsend, bis 30 cm hoch, Laub im Sommer gelblich, im Winter bräunlich, Blüten blaßrosa, August/September.

'Carmen', Höhe 40 cm, Laub dunkelgrün, Blüte rot im August/September.

'County Wicklow', gedrungener Wuchs bis 25 cm Höhe, gefüllte rosa Blüten im August/September.

'Cuprea', zierliche, bis 25 cm hohe Form mit gelber, im Winter bronzefarbener Belaubung, Blüten hellviolett im August/September.

'C. W. Nix', stark verzweigt, aufrechtwachsend, 60 cm hoch, Laub braungrün, Blüten dunkelviolett im August/September.

'Foxi Nana', kompakter, kugelförmiger Wuchs, 15 cm hoch, Laub dunkelgrün, Blüten purpur von Juli bis September.

'Golden Rivelet', flacher Wuchs, 20 cm hoch, Laub gelb, im Winter bronzefarben, Blüten hellviolett im August/September.

'H. E. Beale', Wuchs aufrecht, bis 60 cm hoch, Blätter braungrün, Blüten reinrosa gefüllt im September/Oktober.

'J. H. Hamilton', nur 25 cm hoch, breitwachsend, Blätter dunkelgrün, Blüten lachsrosa gefüllt im August/September.

'Long White', aufrecht 70 cm hoch, Blüten weiß in langen Rispen im September/Oktober, Schnittblume.

'Mullion', Wuchs dicht rasenförmig, 10 cm hoch, Blätter graugrün, Blüten violettrosa im August/September.

'Peter Sparkes', wird 60 cm hoch, Blätter braungrün, Blüten reinrosa, gefüllt im September/Oktober.

'Sunset', 30 cm hohe ausgebreitet wachsende Sorte, Laub bronzegelb, Blüten rosa im August/September.

Calycanthus

Gewürzstrauch

Sommergrüne Sträucher mit aromatisch duftenden Blättern und samtig, braunroten, endständigen und würzig duftenden Blüten.

Standort und Verwendung: Für sonnige oder leicht beschattete Plätze im Gehölzbeet oder als Solitär geeignet. Ein Schnitt ist kaum nötig, wird jedoch vertragen.

Boden: Bevorzugt humose, etwas feuchte Böden.

Vermehrung: Durch Stecken von weichem, halbreifem oder hartem Holz, durch Absenken und Säen.

Calycanthus floridus. Ein 2 m hoher und 1,5 m breiter, etwas sparrig wachsender Strauch mit braungrünen Trieben, die wie die eirunden, großen Blätter bei Verletzung aromatisch duften. Die dunkelrotbraunen Blüten erscheinen im Juni/Juli und duften stark.

Calycanthus occidentalis. Erreicht etwa dieselbe Größe wie *C. floridus,* hat etwas spitzere Blätter und blüht rotbraun von Juni bis August. Die schnell verblühenden Blüten sind nicht so zahlreich wie bei der vorgenannten Art.

Calycanthus occidentalis

Camellia

Kamelie

Prächtige, immergrüne Ziersträucher, die leider nicht ausreichend winterhart sind. Nur an wenigen, sehr geschützten Plätzen können sie im Freiland gehalten werden. Allgemein ist es sinnvoller, sie als Kübelpflanzen zu behandeln und im Winter ins Haus zu nehmen.

Standort und Verwendung: Als Solitärgehölze an halbschattiger Stelle über einem Teppich immergrüner Bodendecker, auf den die abgeblühten Blumen fallen können. Schutz gegen Ost- und Nordwinde ist wichtig. Möglichst für hohe Luftfeuchtigkeit sorgen. Die Blüten halten sich lange im Wasser.

Boden: Sauer, nährstoffreich und feucht.

Vermehrung: Absenker und Stecklinge.

Camellia japonica. In China und Japan werden diese Sträucher bis 10 m hoch, bei uns höchstens 1 m. Die Blüten erscheinen zwischen Januar und April, sie sind weiß, rosa oder rot, halbgefüllt oder gefüllt. Im Winter etwa 6 Wochen lang bei 8−10°C hell und trocken halten, um die Blütenbildung zu fördern.

Camellia japonica

Campsis radicans

Campsis

Trompetenblume

Kletterpflanze mit zierlich geteilten Blättern und auffallend gefärbten, trompetenförmigen Blüten.
Standort und Verwendung: Kletterpflanze für eine geschützte Südwand. Obwohl sie mit Haftwurzeln klettern kann, ist es empfehlenswert, eine senkrechte Stützhilfe zu geben. In den ersten Jahren bilden sich meist keine Blüten. In dieser Zeit schneiden wir häufig zurück, damit die Pflanze unten nicht kahl wird. Später schneiden wir in jedem Frühjahr auf die Höhe des Vorjahres zurück. Das bedeutet nicht, daß Blüten abgeschnitten werden, denn die Trompetenblume blüht am einjährigen Trieb.
Boden: Nährstoffreich, trocken bis frisch.
Vermehrung: Stecklinge oder Absenker.

Campsis radicans syn. *Bignonia radicans*. Eine 8–10 m hoch kletternde Pflanze mit großen, gefiederten Blättern. An den Zweigen bilden sich Haftwurzeln. Blüten im Juli bis September, orange, innen gelb, 7 cm lang, trompetenförmig.

Carpinus betulus

Carpinus

Hainbuche

Schnellwüchsiger Baum, der das Schneiden sehr gut verträgt und häufig als Heckenpflanze verwendet wird.
Standort und Verwendung: Als Park- und Alleebaum und, da er auch mit wenig Licht zufrieden ist, als Unterpflanzung größerer Gehölze. Vor allem aber ist er geeignet, schnell eine dichte Hecke zu bilden. Bei ausreichender Düngung und richtigem Schnitt können sie in fünf Jahren eine 2 m hohe und 50 cm breite Hecke heranziehen. Sie muß 2 mal im Jahr geschnitten werden.
Boden: Liebt tiefgründige, nährstoffreiche, kalkhaltige Böden.
Vermehrung: Saat und Steckholz.

Carpinus betulus. Bis 20 m hoher Baum, der im Juni hellgrün blüht. Die Blätter sind kräftig grün und auf der Unterseite an den Blattnerven behaart. Das Laub verfärbt sich im Herbst gelb und bleibt auch den Winter über am Baum haften. 'Fastigiata' ist eine veredelte Form mit regelmäßigem, schmal kegelförmigem Wuchs, Höhe etwa 15 m.

Caryopteris

Bartblume

Sommergrüne Sträucher mit aromatisch duftenden Blättern und einer späten, violettblauen Blüte.

Standort und Verwendung: Die Bartblume ist nicht ganz winterhart, so daß sie einen auch gegen austrocknende Winde geschützten Standort braucht. Im Frühjahr kann tief zurückgeschnitten werden, da der Strauch am einjährigen Holz blüht.

Boden: Gut gedüngter, kalkhaltiger, humoser und durchlässiger Boden.

Vermehrung: Stecklinge.

Caryopteris × clandonensis. Breitaufrechter Strauch von 1,5 m Höhe und 1 m Breite. Die kleinen Blätter sind grobgesägt, unterseits graugrün. Die hübschen Blüten erscheinen im September in kleinen blauen Büscheln in den Blattachseln angeordnet. Im Winter Wurzelscheibe abdecken.

Caryopteris incana. 'Heavenly Blue' wird nur 70 cm hoch und trägt tiefdunkelblaue Blüten im August/September. Bodenabdeckung im Winter empfehlenswert.

Caryopteris × clandonensis 'Heavenly Blue'

Castanea

Eßkastanie

Castanea sativa 'Glabra'

Laubabwerfende Bäume mit stark gesägten Blättern. Die männlichen Blüten sind grünlichweiß, sehr lang; die weiblichen etwas kürzer. Die Frucht hat eine stachelige Hülle.

Standort und Verwendung: Schöner Baum für große Anlagen, sollte in der Sonne oder im Halbschatten stehen. Wenn wir den Baum wegen seiner Früchte pflanzen, sollten wir eine glatte Unterpflanzung wählen, damit wir die Kastanien auffinden können (Bodendecker).

Boden: Trocken, humos und tiefgründig (Pfahlwurzler).

Vermehrung: Saat.

Castanea sativa syn. *C. vesca, C. vulgaris.* 15−20 m hoher, 10 m breiter Baum mit fein behaarten Knospen. Die Blätter sind länglich-lanzettlich, glänzendgrün, im Jugendstadium unterseits behaart. Im Juni fallen die weißgrünen, lockeren Blütenstände auf; die eßbaren Früchte sind im September reif. Günstigste Wachstumsbedingungen bei uns in den Weinbaugebieten.

Catalpa bignonioides

Catalpa

Trompetenbaum

Laubabwerfender Baum mit großen Blättern, die spät im Frühjahr austreiben. Die wunderschönen Blüten haben einen aparten Duft.

Standort und Verwendung: Prächtige Solitärs für sonnige warme Plätze. In strengen Wintern besteht bei jungen Bäumen die Gefahr des Zurückfrierens, besonders bei nicht ganz ausgereiften Trieben. Steht die *Catalpa* in einem Rasen, darf sie im Spätsommer nicht mitgedüngt werden.

Boden: Normale, aber nährstoffreiche Gartenerde, die nicht zu naß sein sollte.

Vermehrung: Steckholz.

Catalpa bignonioides. Mittelgroßer Baum mit breiter, schirmförmiger Krone. Höhe 10–15 m. Rundes, bis 20 cm langes, herzförmiges Blatt, das beim Zerreiben unangenehm riecht. Blüten im Juni in langen, aufrechten Rispen, weiß mit gelb-rotem Schlund. Später entwickeln sich die 30 cm langen, gebogenen Fruchtkapseln, die bis in den Winter haften.

Ceanothus-Hybride 'Gloire de Versailles'

Ceanothus

Säckelblume

Laubabwerfendes Gehölz, das spät im Herbst mit fliederähnlichen Blüten überrascht. Es ist nicht absolut winterhart, deshalb sollte ein Wurzelschutz gegeben werden.

Standort und Verwendung: Unbedingt nur an warmen, geschützten Stellen in voller Sonne anpflanzen. Falls die Säckelblume einmal zurückgefroren sein sollte, kann man sie bis 10 cm über dem Boden abschneiden, sie treibt noch im gleichen Jahr durch und entwickelt bis zum Herbst ihre Blüten, da sie am einjährigen Holz blüht.

Boden: Leicht, humos und durchlässig.

Vermehrung: Stecklinge oder Absenker.

Ceanothus americanus. Höchstens 1 m hoch, blüht von Juli bis August mit weißen Blütenbüscheln.

Ceanothus-Hybriden. Von diesen Hybriden ist 'Gloire de Versailles' die widerstandsfähigste. Wird 1 m hoch und 1,5 m breit, Blätter elliptisch, dunkelgrün. Blüten dunkelblau in großen Rispen von Juli bis Oktober.

Cedrus

Zeder

Cedrus atlantica 'Glauca'

Prächtige immergrüne Nadelbäume, die im Laufe der Zeit sehr groß werden können. Im Allgemeinen sind sie ausreichend winterhart.

Standort und Verwendung: Wegen ihrer Größe sind Zedern in kleinen Gärten nicht zu gebrauchen. Sie sind für große Anlagen und Parks geeignet, da sie am schönsten werden, wenn sie sich frei entwickeln können. Pflanzen Sie sie nicht dichter als 5 m an einen Weg heran. Schneiden ist nicht nötig und auch nicht wünschenswert. Pflanzen Sie Zedern in die volle Sonne.

Boden: Durchlässige, sandig-lehmige Böden, ein geringer Kalkgehalt ist günstig.

Vermehrung: Stecklinge oder Saat.

Cedrus atlantica syn. *C. libani* ssp. *atlantica*, *C. libanotica* ssp. *atlantica*, Atlaszeder. Bis 30 m hoher und 10 m breiter, immergrüner Baum mit pyramidalem Wuchs und lockerer Anordnung der Zweige. Wenn er frei steht, bleibt er bis zum Boden mit Zweigen besetzt. Wächst ziemlich schnell. Die Nadeln, 2 cm lang, sind meist blaugrün bis silbergrau und sind ab dem 2-jährigen Holz quirlig an Kurztrieben angeordnet. Die tonnenförmigen Zapfen sind 5−7 cm lang und 3−5 cm im Durchmesser. Die Winterhärte ist an sich ausreichend, aber in strengen Wintern wie 1984/1985 leiden sogar die Atlaszedern (−20°C ist ungefähr die Grenze, bei der die Nadeln erfrieren). Viele Pflanzen haben jedoch im Frühjahr 1985 aus dem alten Holz wieder ausgetrieben. Die Äste stehen immer schräg nach oben, zu den Spitzen hin breiten sie sich waagerecht aus, die Seitenzweige hängen bogig nach unten. Die bekannteste Sorte ist 'Glauca', die Blauzeder, die 10−15 m hoch werden kann. Sie wirkt in der Jugend schlank und schmal, wird jedoch nach 15 bis 20 Jahren sehr breit und ausladend. Die Zapfen brauchen 2−3 Jahre zur Reife. 'Glauca Pendula', die Hängeform entsteht künstlich durch Aufbinden den Mitteltriebes. Höhe deshalb nicht anzugeben. Alle Zweige hängen mähnenartig senkrecht zu Boden.

Cedrus deodara, Himalaja-Zeder. Etwa 15 m hoher Baum mit pyramidalem Wuchs; die Hauptäste stehen waagerecht ab, die Seitenäste hängen herab. Die Nadeln sind dunkelgrün bis graugrün, in Quirlen angeordnet. *C. deodara* und die gelblaubige Sorte 'Aurea' sind bei uns nicht ganz winterhart.

Cedrus libani **ssp.** *libani* syn. *C. libanotica*, Libanon-Zeder. Sehr langsam wachsend, bildet in der Jugend eine breit-pyramidale, später eine flache Krone mit waagerecht abstehenden Ästen. Nadeln zu 30−40 zusammen, dunkelgrün. Bei uns nicht ganz winterhart.

Cedrus deodara

Celastrus orbiculatus

Celastrus

Baumwürger

Laubabwerfende, winterharte Kletterpflanzen, die ihren deutschen Namen nicht zu Unrecht tragen. Sie vermögen ihren »Kletterbaum« so stark zu umschlingen, daß dessen Saftstrom unterbrochen werden kann und der Baum abstirbt.

Standort und Verwendung: Schnellwachsende Kletterpflanze für Mauern, Gerüste, Felsen und abgestorbene oder unwichtige Bäume. Wächst in Sonne und Halbschatten, jedoch nicht an zugigen Ecken.

Boden: Jeder normale Gartenboden.

Vermehrung: Absenken, Säen oder Stecken verholzter Stecklinge im Sommer.

Celastrus orbiculatus syn. *C. articulatus*. Rasch wachsender und 8—10 m hoch windender, anspruchsloser Schlinger. Blüten im Juni, unscheinbar, zweihäusig. Blätter eirund, frischgrün. Zierend sind die Früchte, die im September bis Dezember erscheinen, erbsengroß, gelb und nach dem Aufplatzen orangerote Samen zeigend. Guter Vasenschmuck.

Cephalotaxus harringtonia

Cephalotaxus

Kopfeibe

In seiner Heimat Japan und Korea ein pyramidaler Baum, bei uns nur ein rundlicher Strauch, der eine Höhe von 3—5 m erreichen kann. Wie *Taxus* ist er wintergrün, aber auch giftig. *Cephalotaxus* verträgt Schnitt, meist genügt es jedoch, die Triebspitzen etwas einzukürzen.

Standort und Verwendung: Als Hecke oder niedrige Schutzpflanzung oder zwischen Gehölzpflanzungen. Die Sorte 'Fastigiata' ist eine hübsche Solitärpflanze. Kopfeiben benötigen einen sonnigen oder halbschattigen Standort auf mäßig feuchtem Boden. Sie vertragen keine austrocknenden Winde.

Boden: Normale bis leicht saure Gartenböden.

Vermehrung: Säen oder Stecklinge.

Cephalotaxus harringtonia syn. *C. drupacea* var. *pedunculata*. Die dunkelgrünen, 3—5 cm langen, unterseits silbriggestreiften Nadeln sind an den Zweigen zweireihig angeordnet. 'Fastigiata' wächst säulenförmig, die Nadeln sitzen spiralig um den Zweig herum. Die Früchte sind violett, 3 cm groß und reifen erst nach 2 Jahren.

Ceratostigma

Bleiwurz

Laubabwerfende Halbsträucher, die leider nicht ganz winterhart sind. Doch es lohnt sich, diese Pflanzen häufiger anzupflanzen, da ihre enzianblauen Blüten, die im Spätsommer erscheinen, jedem herbstlichen Gartenbeet ein besonderes Gepräge zu geben vermögen, besonders in kleinen Gärten.

Standort und Verwendung: Diese Kleinsträucher gehören zu derselben Familie, wie die Kübelpflanzen, die Sie vielleicht kennen: der Bleiwurz *Plumbago auricualta*. Hier haben wir es jedoch mit einer richtigen Gartenpflanze zu tun. Sie kann viele Winter überdauern, wenn es uns nur gelingt einige Zweige über die kalte Jahreszeit zu retten. Durch unterirdische Ausläufer verbreitet sie sich immer wieder. Geben Sie ihr einen warmen, geschützten Platz auf durchlässigem Boden. Im Winter muß die Pflanze durch Abdecken mit Reisig gegen Frost geschützt werden. Jeglicher Schnitt sollte sich darauf beschränken, im Frühjahr die zurückgefrorenen Triebe herauszuschneiden. Sie gedeiht gleichermaßen in Sonne und Halbschatten. *C. willmottianum* ist mehr geeignet für eine Gehölzpflanzung oder als Solitär; *C. plumbaginoides* als Einfassungspflanze oder zur Begrünung kleiner Flächen. Letztere erfreut uns nicht nur durch ihre leuchtend blauen Blüten, sondern auch durch eine bunte Herbstfärbung. Beide Pflanzen gehören unbedingt in ein blaues Beet, zusammen mit dem Blau von *Anchusa*, *Delphinium*, *Pulmonaria*, *Veronica* und *Gentiana*.

Boden: Trockene, kalkhaltige Böden, nicht zu nährstoffreich.

Vermehrung: Durch Stecklinge oder Teilen.

Ceratostigma plumbaginoides. Mittlere Höhe 25 cm, kriechender Halbstrauch mit rötlichen Zweigen und ovalen, fein behaarten Blättern, im Sommer kräftiggrün, im Herbst rotbraun. Die enzianblauen Blüten stehen in kleinen endständigen Büscheln und erscheinen im September/Oktober. die Pflanze hat mehr den Charakter einer Staude. In rauhen Lagen ist Winterschutz erforderlich.

Ceratostigma willmottianum. Dieser Strauch wird 80 cm hoch, hat kantige, rötliche Zweige und elliptische, graugrüne Blätter. Die Blüten sind purpurviolett und erscheinen von Juli bis Oktober. Diese Art ist 1908 aus China nach England eingeführt worden. Bei uns ist sie leider auch an geschützten Plätzen nicht immer winterhart, und man muß sie gelegentlich durch eine neue Pflanze ersetzen, wenn man in seinem Garten nicht auf sie verzichten will.

Ceratostigma plumbaginoides

Ceratostigma willmottianum

Cercidiphyllum

Judasblattbaum

Diesen kleinen Baum pflanzen wir vor allem wegen seiner hübschen Verzweigung und dem wechselnden Farbenspiel seiner Blätter. Die Blätter gleichen denen von *Cercis,* aber im Frühling, zur Blütezeit, sieht man den Unterschied zwischen beiden Arten sehr deutlich: *Cercis* blüht überreich, *Cercidiphyllum* nur wenig und unansehnlich.

Standort und Verwendung: Als Solitär oder als Gruppe unter sich auf einem leicht beschatteten Platz.

Boden: Nährstoffreiche, normale bis frische Gartenerde.

Vermehrung: Durch Saat.

Cercidiphyllum japonicum. Aus China und Japan eingeführter, kleinerer Baum mit breit pyramidaler Krone, bis 10 m hoch. Die Blätter sind während des Austriebs rot, im Sommer grün und im Herbst gelb. Die roten Blüten, die zugleich mit den Blättern erscheinen, sind unauffällig, ebenso die rechteckigen Früchte, die kleine, braune Samen enthalten.

Cercidiphyllum japonicum

Cercis siliquastrum

Cercis

Judasbaum

In südlichen Ländern ist *Cercis* ein viel verwendeter Straßenbaum, bei uns ist er dafür nicht winterhart genug. Die Blüten, die auf dem alten Holz vor dem Blattaustrieb erscheinen, haben häufig durch Spätfröste sehr zu leiden.

Standort und Verwendung: An geschützter Stelle in voller Sonne ein guter Solitärbaum. Auch als Spalierbaum zu gebrauchen.

Boden: Nährstoffreiche, etwas kalkhaltige, ausreichend feuchte Böden.

Vermehrung: Durch Aussaat Mitte Mai ins Freiland. Im ersten Winter vor Frost schützen.

Cercis siliquastrum. Mehrstämmiger, kleiner Baum oder Strauch, 3–5 m hoch und 2 m breit. Blüht im April/Mai, vor dem Blattaustrieb mit kleinen purpurrosa Blüten am alten Holz. Die Zweige sind dicht mit Blütenbüscheln besetzt. Danach erscheinen die nierenförmigen, blaugrünen Blätter. Die Früchte sind schotenförmig und haften bis in den Winter.

Cestrum

Hammerstrauch

Wintergrüne Sträucher, die zur Familie der Nachtschattengewächse gehören. Sie sind nicht frostfest, aber problemlos als Kübelpflanze zu überwintern. Leider sind sie noch zu wenig bekannt.

Standort und Verwendung: Die hier beschriebenen Arten benötigen eine Überwinterungstemperatur zwischen 5 und 10°C. Sie müssen also vor Beginn der Nachtfröste ins Haus genommen werden.

Boden: Nährstoffreiche, kalhaltige Erde. Jedes Jahr im Frühling umtopfen.

Vermehrung: Stecklinge.

Cestrum purpureum syn. *C. elegans*. Bis 3 m hoch, buschig aufrecht wachsende Pflanze, mit zierlichem Blatt und hübschen rotvioletten Blütentrauben von April bis September.

Cestrum newellii syn. *Habrothamnus newellii*. Bis 3 m hoher und ebenso breiter Strauch mit roten Blüten von Mai bis September.

Cestrum purpureum

Chamaecyparis lawsoniana 'Albovariegata'

Chamaecyparis

Scheinzypressen

Wintergrüne Nadelgehölze, die sich von den übrigen Zypressenarten dadurch unterscheiden, daß ihre Blätter flach hintereinander, schuppenförmig angeordnet sind. Auch sind die Zapfen kleiner. Scheinzypressen gibt es in einer großen Vielzahl von Formen, Farben und Größen. Sie können Sich selbst die verschiedensten Pflanzen heranziehen, wenn Sie Samen von irgendeiner Scheinzypresse aussäen, die Sämlinge haben eine große Variationsbreite. Besonders von *C. lawsoniana* bestehen zahllose Zierformen: eine der Abweichungen besteht z. B. darin, daß ständig die Jugendblätter erhalten bleiben, die bei den anderen Sorten verschwinden, oder daß neben der normalen Verästelung auch eine doppelreihige Anordnung von Zweigen oder Blättern zu finden ist.

Standort und Verwendung: Zwergformen gedeihen am besten auf sonnigen und halbschattigen Plätzen, gelbbunte Sorten brauchen mehr Sonne als grüne. Aparte Wuchsformen, wie wir sie bei *C. lawsoniana* 'Ellwoodii' (kegelförmig); *C. obtusa* 'Nana Gracilis' (kompakt

Chamaecyparis lawsoniana 'Alumii'

Chamaecyparis lawsoniana 'Ellwoodii'

fächerig); *C. nootkatensis* 'Pendula' (stark hängend) finden, sind ausdrucksvolle Solitärs. Als Hecke können wir *C. lawsoniana* 'Alumii' oder 'Triompf van Boskoop' verwenden. Die Miniatursorten, z. B. *C. pisifera* 'Plumosa Minima' sind für den Steingarten geeignet. Ganz allgemein vertragen die Zwergsorten das Schneiden sehr gut, bei einigen ist es sogar nötig, um einen geschlossenen oder regelmäßigen Wuchs zu fördern. Neben den vielfältigen Verwendungsmöglichkeiten im Garten läßt sich das geschnittene Grün mancher Scheinzypresse auch als Vasenschmuck bzw. zur Binderei gebrauchen. Alle Scheinzypressen enthalten giftige Bestandteile.

Boden: Scheinzypressen bevorzugen humose und nährstoffreiche, gut dränierte Böden, die dennoch genügend feucht sein sollten. Auf sandigen und moorigen Böden gedeihen sie besser als auf Lehmböden.

Vermehrung: Die botanischen Arten aus Samen, die Gartensorten durch Absenker oder Stecklinge. Am günstigsten ist es, die Stecklinge im Sommer zu machen und sie unter einer Vernebelungsanlage bewurzeln zu lassen. Aber auch in einer Kiste, in der durch Abdecken mit einer Glasplatte oder Folie eine erhöhte Luftfeuchtigkeit erzeugt wird, können Sie recht gute Bewurzelungsergebnisse erzielen. Achten Sie später darauf, daß die kleinen Pflanzen während ihres Jugendwachstums weit genug auseinanderstehen und von allen Seiten Licht bekommen, damit sie sich rundum gut entwickeln können.

Chamaecyparis lawsoniana syn. *Cupressus lawsoniana.* Ein 35 m hoher und 10 m breiter Baum mit kegelförmigem Wuchs. An den flachen, braunen Zweigen sitzen spitze, blaugrüne Schuppen mit nach innen gebogenen Enden; die Unterseite ist bläulich gerändert. Der Baum kann im März/April reich blühen, dann sieht er wie mit einem roten Schleier überzogen aus, und schon bei leisestem Wind steigen Wolken von Blütenstaub auf.

Es gibt eine große Anzahl von Kultursorten, von denen wir hier einige nennen:

'Albovariegata', bis 7 m hoher und 4 m breiter Strauch mit kompaktem Wuchs. Das weißbunte Laub entwickelt sich am besten, wenn er an einer gegen große Winterkälte und austrocknende Winde geschützten Stelle steht.

'Alumii' ist eine häufig gepflanzte Sorte, die auch gerne für Hecken verwendet wird. Der Baum wird 15 m hoch bei einer Breite von 5 m. Das dunkelgrüne Laub fühlt sich glatt an und ist im Jugendstadium blaubereift. Schon früh reicher Fruchtansatz.

'Alumii Gold', schmal kegelförmige Konifere, Höhe bis 5 m, Breite 2 m, Blätter dicht anliegend, gelbgrün, im Austrieb goldgelb. Schon früh reicher Fruchtansatz.

'Columnaris' ist weit verbreitet, sehr schmal aufrechter und dichter Wuchs, Zweige aufstrebend, Blätter dunkelgrün, unterseits blaubereift. Zahlreiche Zapfen.

'Columnaris Glauca', säulenförmiger Baum, 8–10 m hoch, Zweige und Äste sehr dünn, Blätter schuppenförmig anliegend, stahlblau, später graublau. Zahlreiche Zapfen.

'Ellwoodii', niedrige, 2,5 m hohe und 1,5 m breite Konifere mit kegelförmigem Wuchs. Äste aufstrebend, Zweige nickend, Blätter nadelförmig graugrün, gut als Schnittgrün zu gebrauchen.

'Ellwood's Gold' gleicht der vorigen, hat jedoch hellgelbes Laub.

'Erecta Aurea', langsam wachsende Form, die 2 m hoch und 2 m breit wird mit goldgelben, schuppenförmigen Blättern. Im Alter reicher Fruchtansatz.

'Filiformis', Konifere mit lockerem, breitkegelförmigem Wuchs. Zweige überhängend, fadenförmig. Wird bis 2,5 m hoch.

'Filiformis Compacta', nur 1,5 m hoch werdend, sehr langsam wachsend. Sonst wie 'Filiformis'.

'Fletcheri', säulenförmige, langsam wachsende Form bis 2,5 m hoch. Laub blaugrün, sich im Herbst rotbraun verfärbend, Spitzen im Austrieb rötlichblau.

'Glauca Argentea', Pyramidal wachsende Form, bis 8 m hoch werdend, Laub blaugrün, herrlich weiß bereift.

'Glauca Spek', aufrechte, etwa 10 m hohe Konifere mit starken Ästen und locker überhängenden Triebspitzen. Blätter schuppenförmig anliegend, sehr schön gleichmäßig graublau. Zapfen sehr zahlreich.

'Golden Wonder', 5–7 m hoher, aufrechter Baum von breit kegelförmigem Wuchs. Blätter weißlichgelb. Geschützter Standort empfehlenswert.

'Intertexta', locker wachsende, bis 10 m hohe Form mit wenig verzweigten, dicken Seitenästen. Die zierlich überhängenden Zweige tragen blaugrüne Blätter.

'Lane', aufrechte, säulenförmige Konifere mit abstehenden Ästen; die zahlreichen Zweige sind dünn. Die Belaubung ist oberseits goldgelb, unten gelbgrün, eine der schönsten gelben Sorten. Wird 5–7 m hoch und 2 m breit.

'Lutea', ebenfalls eine gelblaubige, jedoch mehr hängende Form. Wuchs schmal säulenförmig, bis 7 m hoch.

'Minima Aurea', kegelförmige Zwergkonifere mit dichtem, muscheligem Wuchs bis 1 m Höhe. Die Laubfärbung ist auch im Winter goldgelb.

'Minima Glauca' wächst mehr kugelförmig bis 1 m hoch, Belaubung dunkelblaugrün.

'Nidiformis', Wuchs gleicht einem großen, blaugrünen Vogelnest, wächst langsam und wird bis 1 m hoch und breit.

'Pendula', 10 m hohe Säulenform, deren Seitenzweige bis an den Boden hängen. Blätter dunkelgrün, zahlreiche, rötliche männliche Blüten im Mai.

'Pygmaea Argentea', sehr langsam wachsend, bis 50 cm hoch werdend. Schutz gegen zu starke Sonneneinstrah-

Chamaecyparis lawsoniana 'Intertexta'

Chamaecyparis lawsoniana 'Minima Aurea'

Chamaecyparis nootkatensis 'Pendula'

Chamaecyparis pisifera 'Filifera Aurea'

lung und Frost erforderlich, damit die apart gefärbten Blätter nicht leiden.

'Stewartii', kegelförmige, ziemlich stark wachsende Konifere mit abstehenden Ästen, Laub goldgelb, besonders an den Triebspitzen. Höhe bis 10 m. Hübsch auch als Dekorationsmaterial.

'Triomf van Boskoop', bis 15 m hoch wachsende, kräftige Form mit abstehenden Ästen und überhängenden Triebspitzen. Blätter blaugrün, silbrig bereift. Gut geeignet für Hecken, die auch geschnitten werden können.

'White Spot', schmal aufrechte Säulenform bis 5 m hoch, Blätter dicht anliegend, blaugrün, im Austrieb weiß.

Chamaecyparis nootkatensis syn. *C. nutkaensis, Cupressus nootkaensis.* Ein 30 m hoher Baum von schlankpyramidalem Wuchs, gelbbraune, meist vierkantige Zweige tragen das dunkelgrüne Laub. Es gibt Sorten mit gelben oder blaubereiften Blättern, aber die am häufigsten verwendete Sorte ist 'Pendula', die malerische, bis 10 m hohe Hängeform. Die rund um den Stamm angeordneten Seitenäste stehen waagerecht ab und tragen senkrecht nach unten hängende Zweige. Die Belaubung ist derb, dunkelgrün.

Chamaecyparis obtusa syn. *Cupressus obtusa, Retinispora obtusa.* Breitwüchsiger Strauch bis zu 8 m Höhe und 5 m Breite. Zweige braun, flachgedrückt. Blätter schuppenförmig, stumpf hellgrün und an der Unterseite blau gerändert, wodurch eine Y-Form entsteht. Zapfen bis 1 cm groß.

'Crippsii' wird etwa 2 m hoch, hat einen lockeren Wuchs und gelbes Laub. Frostschutz erforderlich.

'Filicoides' ist sehr dekorativ mit seinen farnartig verzweigten Ästen, Blätter dunkelgrün. Wird 1 m hoch.

'Nana Gracilis' ist wohl die bekannteste Sorte. Wächst sehr langsam, kann 2 m Höhe erreichen. Typisch sind die muschelförmig gedrehten Zweige und das leuchtend moosgrüne Laub.

'Pygmea', bis 75 cm hohe, breit kugelförmige Konifere, für den Steingarten geeignet. Zweige und Blätter bräunlichgrün, im Winter rotbraun.

'Tetragona Aurea' ist eine goldgelbe Form, die 2 m hoch werden kann.

Chamaecyparis pisifera syn. *Cupressus pisifera, Retinispora pisifera.* Etwa 15—20 m hoher, kegelförmig locker wachsender Baum mit glatter, brauner Rinde. Äste waagerecht abstehend, Zweigspitzen überhängend. Blätter schuppenförmig, scharf zugespitzt.

'Boulevard', 3—4 m hoher Zwergbaum, Zweige kurz und dicht verzweigt, Stamm nicht sichtbar. Laub silberblau bis graublau und sehr weich. Liebt schattige, feuchte Lagen.

'Compacta' wird 50 cm breit und hoch. Das bläuliche Laub verfärbt sich im Winter braungrün.

'Filifera', auffallend sind die fadenförmigen Zweige, die die schuppenförmig angeordneten, nadelartigen, grünen Blätter tragen. Wuchs kegelförmig, 5 m hoch.

'Filifera Aurea' wird fast genauso groß, Blätter goldgelb.

'Filifera Nana', buschiger Zwergstrauch von 50 cm Höhe und 1 m Breite. Fadenförmige Zweige, allseits überhängend.

'Nana', kissenförmig wachsende Zwergform von 50 cm Höhe, die für den Steingarten geeignet ist.

'Plumosa Aurea', 4–6 m hoher, kleiner Baum, Äste kurz und dicht verzweigt. Blätter grüngolden.

'Plumosa Minima', bis 80 cm hohe und 1,2 m breite Zwergkonifere mit unregelmäßig kugeligem Wuchs.

'Squarrosa', Wuchs unregelmäßig kegelförmig, bis 6 m hoch, Zweige locker angeordnet, Spitzen überhängend.

Chamaecyparis thyoides syn. *C. sphaeroidaea, Cupressus thyoides.* Wenig bekannter, bis 15 m hoher Baum, schmal säulenförmig wachsend. Die Blätter sind schuppenförmig, dunkelgrün, an der Unterseite blauweiß gerändert, wodurch die Form eines X entsteht. Der Baum trägt früh zahlreiche kleine Zapfen. 'Ericoides' ist eine bronzegrüne Konifere, die dauernd ihre Jugendbelaubung behält, die sich im Herbst und Winter purpurrot verfärbt. Höhe bis 2 m.

Chamaecyparis thyoides 'Ericoides'

Chamaedaphne

Chamaedaphne calyculata var. *nana*

Wintergrüner Strauch, der zur Familie der Heidekrautgewächse gehört. Der Name läßt nicht vermuten, daß er mehr einer *Andromeda* (Lavendelheide) als einer *Daphne* (Seidelbast) ähnelt. Da er aus polaren Regionen stammt, ist er ausreichend winterhart.

Standort und Verwendung: Auf feuchten, sonnigen oder halbschattigen Plätzen im Heidegarten, am besten in kleinen Gruppen. Auch im Moorbeet des Alpinums.

Boden: Humusreich und sauer.

Vermehrung: Durch Aussaat oder Stecklinge.

Chamaedaphne calyculata syn. *Andromeda calyculata, Cassandra calyculata, Lyonia calyculata.* Strauch, 50 cm hoch, ausgebreitet wachsend, Zweige dunkelbraun, geschuppt, leicht überhängend. Das längliche, nach oben stehende Blatt ist an den Rändern braun geschuppt. Die weißen, tonnenförmigen Blüten erscheinen an den Enden der vorjährigen Zweige. Die niedrige Varietät *C. calyculata nana* wächst kompakter, bildet horizontale Zweige und ist für Steingärten geeignet.

Choenomeles-Hybride

Choenomeles japonica

Choenomeles

Zierquitte

Laubabwerfende Sträucher mit dornigen Zweigen, die ihre Blüten am zweijährigen Holz bilden. Ihr Wert liegt in den leuchtend orange-, lachs- oder ziegelroten, auch rosa und weißen Blüten, die vor dem Blattaustrieb erscheinen und in den grüngelben Früchten, aus denen wir Gelee machen können.

Standort und Verwendung: Gehölze für einen sonnigen Platz (im Halbschatten blühen sie nicht so reich). Gut geeignet als Vorpflanzung vor Gehölzen, als locker wachsende Hecke, als Gruppe zur Einzelstellung und für große Pflanzkübel im Freien. Als Bodendecker sind auch die niedrigen Sorten nicht gut geeignet, da *Choenomeles* den Boden nicht genügend beschattet, so daß der Unkrautwuchs auch nicht unterdrückt wird. Sehr wirkungsvoll ist es, sie als Spalier an warmen Mauern zu ziehen. Es ist auch möglich, sie als Hochstämmchen auf Birnenquitte zu veredeln.

Vorsicht bei jeglichem Rückschnitt – nur nach der Blüte schneiden, da Choenomeles am zweijährigen Holz blüht!

Boden: Am besten gedeihen sie in recht trockener, humoser und kalkhaltiger Erde.

Vermehrung: Die Arten aus Samen, die Sorten durch Absenker oder Stecklinge.

Choenomeles-**Hybriden.** Aus Kreuzungen zwischen *C. japonica* und *C. speciosa* entstanden. Sie zeichnen sich durch sehr farbenfrohe Blüten aus. 'Andenken an Carl Ramcke' hat einen breitgedrungenen Wuchs von etwa 1,2 m Höhe, reichblühend April/Mai, zinnoberrot. 'Elly Mossel' ist starkwüchsig, 2 m hoch, Blüten im April, dunkelrot. 'Fascination', 1 m hohe, aber breitere Form mit tiefroten Blüten. 'Nicoline', breit und ausladend wachsend, sehr große, rote Blüten im April/Mai.

Choenomeles japonica syn. *Cydonia japonica, Cydonia maulei, Pyrus japonica.* Niedriger, breit und sparrig wachsender Strauch von 1 m Höhe. Der sehr winterharte Strauch trägt im März/April zahlreiche kleine ziegelrote Früchte, später intensiv duftende, gelbe Quittenfrüchte. Eine hübsche Sorte ist 'Sargentii' mit großen, lachsfarbenen Blüten, Höhe 75 cm.

Choenomeles speciosa syn. *C. lagenaria, Cydonia japonica.* Stark bedornter, bis 2 m hoher Strauch. Die Blätter sind groß, stark glänzend, dunkelgrün. Die scharlachroten Blüten (April/Mai) sitzen überwiegend einzeln an den Zweigen. Früchte groß, oval, gelbgrün, aromatisch duftend. 'Nivalis' ist eine großblütige weiße Sorte und 'Simonii' eine flachwachsende, 50 cm hohe, deren geraniumrote Blüten im März/April erscheinen.

Choisya

Orangenblume

Hiervon gibt es nur eine Art, die aus Mexiko stammt und bei uns nicht winterhart ist.

Standort und Verwendung: An sehr geschützter Stelle in einem Innenhof ist es vielleicht möglich, die Orangenblume im Freien zu kultivieren. In den meisten Fällen ist es sicher besser, sie als Kübelpflanze im Sommer nach draußen zu stellen und im Winter möglichst hell und frostfrei bei +10°C aufzubewahren.

Boden: Nährstoffreiche Blumenerde.

Vermehrung: Zu Beginn des Sommers Stecklinge von halb ausgereiften Trieben machen.

Choisya ternata. Wintergrüner Strauch, der 1 m hoch und ebenso breit werden kann. An den kurz behaarten, graugrünen Zweigen erscheinen lederartige, 3-geteilte Blätter, aromatisch duftend. Die wohlriechenden, weißen Blüten erscheinen im Mai/Juni. Wenn wir die Überwinterungstemperatur im Januar schon etwas erhöhen, blüht die Orangenblume schon im Februar oder März.

Choisya ternata

Cladrastis

Gelbholz

Mehrstämmiger, laubabwerfender Baum, der bei uns nur 7–10 m hoch werden kann. Sein Holz ist sehr spröde.

Standort und Verwendung: Hübscher Solitärbaum mit schöner Herbstfärbung auf sonnigen Plätzen. In Gegenden mit starkem Besatz an Hasen und Rehen sollte man ihn nicht verwenden, da seine Rinde sehr wohlschmeckend ist.

Boden: Nährstoffreiche, lehmige Böden.

Vermehrung: Wurzelstecklinge im Dezember oder Aussaat ab Mitte Mai.

Cladrastis kentukea syn. *C. tinctoria, Virgilia lutea.* Der Baum fällt durch seine glatte Rinde und die beinahe vollständig von Blättern umgebenen Knospen auf. Im Mai/Juni erscheinen die stark duftenden Blütentrauben, die bis 30 cm lang sein können. Die Blüten sind weiß und tragen am Grund einen auffallenden gelben, rotgesprenkelten Fleck. Das Blatt ist ungleich gefiedert, die Einzelblättchen eirund, zugespitzt.

Cladrastis lutea

Clematis alpina 'Willy'

Clematis-Hybride 'Hagely Hybrid' (jackmanii-Typ)

Clematis

Waldrebe

Zu dieser Gattung gehören viele Kletterpflanzen in den herrlichsten Farben, aber auch einige Stauden, die in diesem Zusammenhang nicht erwähnt werden. Die botanischen Arten mit überwiegend kleinen Blüten, stellen kaum besondere Ansprüche, einige von ihnen wuchern so stark, daß wir eher darauf bedacht sein müssen sie einzudämmen, als sie zu pflegen. Die großblumigen Hybriden sind weniger leicht zufriedenzustellen, aber sie belohnen uns für unsere Mühe mit herrlichen Blüten. Sie sollten auf jeden Fall tief gepflanzt werden, damit die Veredlungsstelle sich bewurzeln kann.

Standort und Verwendung: Besonders die großblumigen Sorten werden an Pergolen, Wänden und Zäunen gepflanzt. Sie sind jedoch recht zierlich. Schnellwüchsig und kräftig ist *Clematis vitalba*, die heimische Waldrebe. Diese, sowie *C. montana* und einige andere kleinblumige Wildarten sind wenig empfindlich gegen Trockenheit. Recht unbekannt sind *C. macropetala* und *C. alpina*. Ihre hübschen, glockenförmigen Blüten erscheinen im Mai/Juni, sie sind besonders winterhart und widerstandsfähig gegen Krankheiten. Waldreben lieben einen frischen bis feuchten Boden. Besonders die Wurzelscheibe sollte stets beschattet sein, damit sie nicht austrocknet. Manche Gartenbesitzer legen Dachziegel oder andere Steine darauf – ein kleiner wintergrüner Strauch oder ein Gras wäre eine bessere Lösung. Vermeiden Sie jedoch zu starke Wurzelkonkurrenz. Vor allem die großblumigen Hybriden fühlen sich am wohlsten, wenn die oberirdischen Pflanzenteile in der Sonne stehen. Aber pflanzen sie die Waldrebe lieber an eine Ost oder Westwand als an eine Südwand. Ein sorgfältig ausgewählter Standort und eine Abdeckung mit Fichtenreisig können bei empfindlichen oder frühblühenden Sorten manche Probleme verhindern. Eine *Clematis* wächst am schönsten, wenn sie sich frei entwickeln kann. Für junge Pflanzen sollten wir eine Kletterhilfe aus Schnur oder Baustahlgewebe herrichten, ältere Pflanzen halten sich von selbst. Beim Schneiden müssen wir einen Unterschied machen zwischen den *Clematis*-Arten, die am einjährigen und denen, die am zweijährigen Holz blühen.

Boden: Großblumige Hybriden brauchen einen humosen und sehr nährstoffreichen Boden. Heben Sie ein möglichst großes Pflanzloch aus und füllen Sie es mit verrottetem Stallmist, Lauberde, Kompost und dergleichen. Keine kalkhaltigen Erden verwenden! Im Herbst geben wir zusätzlich eine Düngung aus altem Kuhmist. Die kleinblütigen Sorten sind viel anspruchsloser.

sonders die
...he ist ein
schon
-izid

intensiv duftend.

d) **jackmanii-Typ**, 3–4 m hoch kletternd, Blüten zu dritt an langen Stielen, im Frühjahr auf 60 cm zurückschneiden. 'Jackmanii', Blüten dunkelviolett, von Juli bis Oktober. 'Gipsy Queen', samtig purpur mit dunklen Streifen blühend, von Juli bis Oktober.

e) **viticella-Typ**, bis 4 m hoch kletternd. Die verhältnismäßig kleinen Blüten erscheinen von Juli bis Oktober. 'Lady Betty Balfour', Blüten sehr groß, tief samtig purpur von September bis Oktober, starkwüchsig. 'Ville de Lyon', leuchtend Karminrot, klein- und reichblühend, sehr widerstandsfähig.

Clematis integrifolia. Zierliche, nicht ganz winterharte *Clematis*, die von Juni bis August violettblaue, glockenförmige Blüten trägt, Wuchshöhe 80–150 cm. Eine klei-

Clematis-Hybride 'Nelly Moser' (lanuginosa-Typ)

Clematis integrifolia

Clematis montana 'Rubens'

Clematis vitalba

nere Gartenform ist 'Hendersonii', die nur 25–50 cm hoch wird und violettblau blüht. Ihr großer Vorteil ist, daß man sich keine Mühe mit dem Anbinden zu machen braucht.

Clematis × jackmanii. Entstanden aus einer Kreuzung zwischen *C. lanuginosa* und *C. viticella*. Das Blatt ist meist 3-geteilt, die Blüten sind violettblau; raschwüchsige Pflanze.

Clematis macropetala. Sehr zierliche Kletterpflanze mit doppelt 3-teiligem Blatt und reicher Blüte im Mai/Juni. Leider nur an geschützten Plätzen winterhart. Blüten glockenförmig, violettblau, Wuchshöhe 3 m. 'Blue Bird' hat kräftig blaue Blüten; 'Markhamii' hat lichtrote Blüten.

Clematis montana. Starkwüchsige Kletterpflanze, die bis zu 12 m hoch werden kann. Sie gedeiht auch noch auf trockeneren Standorten oder an einer Nordwand. Die 4-blättrigen Blüten erscheinen im Mai/Juni. *C. montana* blüht weiß, *C. montana* 'Rubens' violettrosa.

Clematis tangutica. Die meisten Waldreben haben weiße, hellrote oder blauviolette Blüten. Diese *Clematis* aber hat zartgelbe, glockenförmige Blüten, die außerdem noch durch ihre sehr späte Blütezeit im August/Oktober auffallen. Genau wie andere spätblühende *Clematis* kann man sie gut mit Rosen kombinieren – wenn die Rosenblüte aufhört, beginnt die *Clematis*-Blüte. *C. tangutica* kann 6 m hoch werden und wächst sehr kräftig. Nach der Blüte fallen die hübschen, fedrigen Samenstände auf.

Clematis vitalba, Gewöhnliche Waldrebe. Sie ist eine kräftige heimische Kletterpflanze, die viel mehr Schatten als alle anderen *Clematis*-Arten verträgt. Sie kann über 10 m hoch werden und wächst schnell. Im Wald überspinnt sie große Bäume und fällt im Juli/August mehr durch den Duft ihrer Blüten als durch die cremeweiße Blütenfarbe auf. *C. vitalba* liebt Kalk. Im Herbst ist die ganze Pflanze überdeckt mit silbrig-weißen, fedrigen Fruchtständen.

Clematis viticella. 3–4 m hoch kletternde Waldrebe, die im August/September mit purpurrosa bis weinroten Blüten bedeckt ist.

Clerodendrum

Losbaum

Kleiner, laubabwerfender Baum, der im Spätsommer
blüht. Die sehr zierenden Früchte folgen bald darauf.
Standort und Verwendung: Hübsche Solitärbäumchen
für kleine Gärten. Empfehlenswert ist ein sonniger,
geschützter Standort.
Boden: Normale, nahrhafte Gartenerde.
Vermehrung: Saat, Wurzelstecklinge oder Stecklinge
von halb ausgereiften Trieben.

Clerodendrum trichotomum. Rundkroniger Baum, bis
4 m hoch. Die eiförmigen, auf der Unterseite flaumig
behaarten Blätter sind bei jungen Pflanzen besonders
groß. Zerreibt man sie, verbreiten sie einen unangenehmen Geruch. Im August/September erscheinen die weißen Blüten mit ihrem hübsch kontrastierenden , roten
Kelch und später die blauen Früchte. Leider erfrieren
die Zweige im Winter, treiben jedoch von unten wieder
durch. *Clerodendrum trichotomum* var. *fargesii* ist winterhärter, jedoch hat sie kleinere Blüten und Blätter.

Clerodendrum trichotomum var. *fargesii*

Clethra

Scheineller

Laubabwerfende Gehölze, die im Spätsommer herrlich
duftende Blüten tragen und sich im Herbst meist farbenprächtig verfärben.
Standort und Verwendung: Auf sonnigen und halbschattigen Plätzen in ziemlich feuchtem Boden. Hübsch wirkt
der Strauch auch am Wasser oder als Vorpflanzung vor
anderen Gehölzen oder am Waldrand. Die Blüte erinnert an die von Flieder.
Boden: Unbedingt nötig ist ein saurer, humoser und
ausreichend feuchter Boden.
Vermehrung: Durch Absenker, Aussaat oder Stecklinge
von weichen oder halbausgereiften Trieben.

Clethra alnifolia. Aufrecht und dicht wachsender
Strauch, 2−3 m hoch. Blätter verkehrt eiförmig, zuge-
spitzt. Die Blüten sind weiß und stehen in aufrechten
Trauben, weithin stark duftend, Blütezeit Juli/August.
Herbstfärbung leuchtend gelb. 'Rosea' hat weißlich
rosafarbene Blüten. Die Fruchtstände bleiben bis in den
Winter hinein stehen.

Clethra alnifolia 'Rosea'

Colutea arborescens

Colutea

Blasenstrauch

Dieser Strauch gehört zu den Schmetterlingsblütlern. Er hat eine sehr lange Blütezeit und fällt besonders durch seine großen, blasig aufgetriebenen Fruchthülsen auf. Kahl gewordene Sträucher treiben nach einem kräftigen Rückschnitt von unten willig wieder durch.

Standort und Verwendung: Für größere Gärten in Gehölzgruppen geeignet, auch in Schutzpflanzungen zu verwenden, da er recht schnell wächst. Er muß unter Umständen nach einigen Jahren herausgenommen werden, um langsamer wachsenden und langlebigeren Pflanzen Platz zu machen.

Boden: Trocken, sonst keine besonderen Ansprüche.
Vermehrung: Aussaat und Steckholz.

Colutea arborescens. Wird 3—4 m hoch und wächst locker, breit aufrecht. Blätter sehr hellgrün, zierlich gefiedert. Blüten gelb, von Juni bis August, blühen zum Teil noch zur selben Zeit, in der sich die zunächst grünen, später braunroten Fruchthülsen bilden. Liebt volle Sonne.

Cornus alba 'Argenteomarginata'

Cornus

Hartriegel

Cornus ist eine Gattung, die sehr verschiedenartige Pflanzenarten hervorgebracht hat. Die laubabwerfenden Sträucher unterscheiden sich durch Rindenfarbe, Blattfarbe, Blüte, Frucht und Wuchshöhe. *Cornus canadensis* und *C. suecica* sind niedrige Bodendecker, beinahe wie Stauden, für den Halbschatten.

Standort und Verwendung: Die meisten Hartriegel gedeihen in Sonne und Halbschatten, nur *C. amomum* braucht volle Sonne. Die Kornelkirsche, *C. mas*, verträgt ebenfalls viel Schatten, blüht dort aber weniger reich. Ganz allgemein stehen die Hartriegel gern in feuchten und leicht sauren Böden. Diejenigen, die weniger gerne feucht stehen sind: *C. kousa, C. mas, C. nuttallii,* und *C. sanguinea. C. mas* kann gut als Heckenpflanze verwendet werden, da er Schnitt sehr gut verträgt. Wegen seiner frühen Blüte (noch vor den Forsythien) und seinen leuchtend roten Früchten ist *C. mas* auch ein hübscher Solitärstrauch. Die anderen Hartriegel-Arten werden als Solitär (*C. controversa, C. florida, C. kousa*) oder in Gruppenpflanzungen (*C. alba, C.*

sanguinea und *C. sericea*) gepflanzt. Alle Vertreter dieser Gruppe sind zu groß für kleine Gärten.

Boden: Hartriegel bevorzugen humusreiche Böden.

Vermehrung: Absenken wird angewendet bei *C. alba*, *C. sericea* und allen Gartenformen. *C. florida*, *C. kousa*, *C. mas* und *C. sanguinea* werden ausgesät. Letztere und *C. sericea* werden auch durch Steckhölzer vermehrt.

Cornus alba syn. *C. tartarica*, Gewöhnlicher Hartriegel. Aufrechtwachsender Strauch mit braunroten Zweigen, Höhe bis 3 m. Blätter groß, elliptisch oberseits grün, unterseits bläulich. Die weißen Blüten erscheinen im Mai/Juni, die weißen bis hellblauen Früchte im August. Von dieser Art gibt es zahlreiche Gartenformen: 'Albomarginata' wird nur 2 m hoch und hat Blätter mit breiten, weißen Rändern. 'Kesselringii' erreicht eine Höhe von 3−5 m und wächst breit aufrecht. Auffallend ist, daß die Rinde tief schwarzbraun ist. 'Sibirica' hat leuchtend-rote Zweige, die besonders im Winter sehr gut zur Geltung kommen. 'Späthii' hat im Austrieb bronzegelbes Laub, das sich später goldgelb gerandet zeigt und im Herbst leuchtendgelb wird.

Cornus amomum. Kompakt wachsender Strauch mit gelbweißen Blüten im Mai/Juni. Die Blüten entwickeln sich zu weißblauen oder blauschwarzen Früchten. An den dunkelroten Zweigen sitzen ovale, grüne Blätter mit hellgrüner Unterseite, hübsche Herbstfärbung.

Cornus controversa syn *C. brachypoda*. Wuchs baumartig, etwa 6 m hoch werdend. Die Äste stehen waagerecht ab, die Zweige sind bereift, die Blätter elliptisch, oberseits grün, unterseits grauweiß. Sehr hübsch und charakteristisch ist der etagenförmige Aufbau des Baumes. Die Blüte erscheint im Juni in Form einer großen flachen, weißen Dolde; Früchte blauschwarz und zahlreich.

Cornus florida, Blumenhartriegel. Breitausladender, kleiner Baum, 4−6 m hoch. Die Blätter sind sattgrün, unterseits weißlich, im Herbst färben sie sich tief scharlachrot. Der Blumenhartriegel blüht im Mai mit auffallend gelbgrünen Blüten, die von 4 weißrosa Hochblättern umgeben sind, sie sind auffallender als die Blüten selbst. Die Früchte sind eiförmig und scharlachrot. 'Rubra'hat rosa Blüten mit roten Hochblättern.

Cornus kousa. Locker wachsender kleiner Baum, mit breit ausladendem Wuchs. Höhe 5−7 m, Breite 3 m. Blätter elliptisch, dunkelgrün, im Herbst scharlachrot. Im Juni blüht der Strauch mit seinen grüngelben Blüten, umgeben von weißlichen Hochblättern. Die kugeligen Früchte erinnern an Erdbeeren.

Cornus mas, Kornelkirsche. Baumartiger Strauch, der besonders in der Jugend langsam wächst, und etwa 7 m hoch wird. Von Februar bis April blüht die Kornelkirsche mit ihren gelben, kleinen, doldenförmigen Blüten. Im August/September erscheinen die eßbaren, roten

Cornus alba, Früchte

Cornus kousa var. *kousa*

Cornus mas

Beeren. *Cornus mas* ist der einzige Hartriegel, der Kalk verträgt. 'Variegata' ist eine Sorte mit weißgeränderten Blättern.

Cornus nutallii. Etwa 3−5 m hoher und breiter Strauch oder kleiner Baum mit eirund-ovalen Blättern, die eine weißte Unterseite haben. Die Pflanze blüht im Mai und fällt dann durch ihre großen weißen Hochblätter auf. Im Herbst verfärbt sich das Laub herrlich bunt.

Cornus sanguinea. Die gewöhnliche Kornelkirsche wird bei uns bis zu 4 m hoch. Sie wächst recht schnell, die Zweige sind sonnenseits rötlich und hängen leicht über. Die grünen, behaarten Blätter färben sich im Herbst leuchtend rot. Im Mai/Juni erscheinen die weißen Blüten, später die schwarzen Früchte. *C sanguinea* ist ausgezeichnet geeignet zur Bodenbefestigung, Böschungsbegrünung und Pionierpflanzung auf leichten Böden.

Cornus sericea syn. *C. stolonifera.* Dichtverzweigter, 3 m hoher und breiter Strauch. Die dem Boden aufliegenden Zweige bewurzeln sich leicht. Blüten weiß im Mai, Früchte später, ebenfalls weiß. Häufig wird die Sorte 'Flaviramea' gepflanzt, die durch ihre gelbe Rinde im Winter auffällt. Besonders hübsch wirkt sie dann, wenn sie mit *C. alba* 'Sibirica' zusammmnengepflanzt ist.

Corylopsis pauciflora

Corylopsis

Scheinhasel

Frühblühende Sträucher mit gelben, duftenden, glokkenförmigen Blüten und haselnußähnlichen Blättern. Wie bei allen *Hamamelis*-Gewächsen, färben sich auch die Blätter der Scheinhasel im Herbst leuchtend gelb.

Standort und Verwendung: Wegen ihrer geringen Größe geeignet für kleine Gärten. Am besten verwendet man sie auf geschützten, halbschattigen Plätzen, so daß die Spätfröste im Frühjahr der Blüte nicht schaden können.

Boden: Durchlässige, humose, kalkarme Böden.

Vermehrung: Durch Absenker und Stecklinge von weichem oder halbausgereiftem Holz.

Corylopsis pauciflora. Breitbuschiger, feinzweigiger Strauch bis 1 m Höhe. Je nach Witterungsverlauf erscheinen schon im März die primelgelben Blüten. Bei Spätfrostgefahr Blüten durch Abdecken schützen.

Corylopsis spicata. Wird höher als *C. pauciflora* und wächst sparriger, die Blütezeit liegt später. Hübsch ist das metallisch glänzende Blatt, das sich im Herbst gelb bis orange färbt.

Corylus

Haselnuß

Wir pflanzen die Haselnuß vorwiegend wegen ihrer Früchte, aber auch wegen ihres aparten Wuchses.

Standort und Verwendung: *Corylus* wächst recht schnell und ist deshalb gut geeignet für Windschutzhecken. Für kleine Gärten sind die Zierformen am ehesten zu gebrauchen.

Boden: Normaler, auch kalkhaltiger Boden.

Vermehrung: Die Arten werden aus Samen, die Sorten durch Absenker oder durch Veredeln auf *C. colurna* vermehrt.

Corylus avellana, Waldhasel. Vom Boden aus mehrstämmiger Großstrauch, von dem es mehrere Zierformen gibt: 'Contorta', die Korkenzieherhasel, deren Zweige und Triebe korkenzieherartig verdreht sind. 'Rotblättrige Zellernuß', Blätter im Austrieb rot, später vergrünen sie, reicher Fruchtansatz.

Corylus colurna, Baumhasel. Bis 20 m hoher Baum für nährstoffreiche Böden.

Corylus maxima 'Purpurea', Bluthasel. Mit beständig schwarzroter, glänzender Belaubung.

Corylus avellana 'Contorta'

Cotinus

Perückenstrauch

Laubabwerfende Ziersträucher, die durch ihre apart geformten und gefärbten Blätter und die duftigen Fruchtstände auffallen. Die Sträucher wachsen locker, ausladend und erreichen eine Höhe von 2–3 m.

Standort und Verwendung: Auf vollsonnigen Standorten wird die Blattfärbung im Sommer und Herbst am intensivsten. Leider ist der Perückenstrauch für kleine Gärten nicht geeignet. Wenn Sie eine buntlaubige Gehölzpflanzung anlegen wollen, so sind die rotlaubigen Sorten von *Cotinus*, zusammen mit weißbunt oder graugrün belaubten anderen Sträuchern, sehr gut dafür geeignet. Dem Verkahlen der Sträucher von unten sollte man durch zeitigen und regelmäßigen Rückschnitt vorbeugen.

Boden: Bevorzugt werden trockene, warme und kalkhaltige Böden in voller Sonne.

Vermehrung: Steckholz und Absenker.

Cotinus coggygria syn. *Rhus cotinus*. Bis 3 m hoher und 2 m breiter Strauch, dessen Zweige bei Verletzung einen

Cotinus coggygria

Cotinus coggygria 'Royal Purple'

unangenehmen Geruch verströmen. Die umgekehrt eiförmigen, stumpfen Blätter sind mattgrün und auf der Blattunterseite blaugrün. Sie verfärben sich im Herbst leuchtend gelb bis dunkelrot. Die großen, 15–20 cm langen, grüngelben Blütenrispen erscheinen im Juni/Juli. Während des Reifens der Früchte strecken sich die rot behaarten Fruchtstiele und geben dem Strauch ein perückenartiges Aussehen. Neben der grünblättrigen Art gibt es zwei rotlaubige Formen, die bei uns verbreitet sind: 'Royal Purple' wächst kräftig, 2–3 m hoch, und hat tief rot gefärbte Blätter mit leicht metallischem Glanz. Im Laufe des Sommers wird die Blattfarbe immer intensiver. Auch 'Rubrifolius' hat eine prächtig dunkelrote Belaubung und rote Fruchtstände. In strengen Wintern können die Zweige zurückfrieren. Der Strauch treibt jedoch von unten gut wieder durch. 'Red Beauty' ist eine Neuzüchtung, die noch nicht sehr verbreitet ist. Die Blätter sind nicht ganz so dunkelrot.

Cotinus obovatus syn. *C. americanus, Rhus cotinus*. Etwa 5 m hoher und 2 m breiter, kleiner Baum, dessen Zweige rot sind. Die grünen Blüten erscheinen im Juni/Juli, die »Perückenbildung« erfolgt wie bei den oben erwähnten Sträuchern. Die großen, bis 15 cm langen grünen Blätter färben sich im Herbst leuchtend orangerot.

Cotoneaster dammeri

Cotoneaster

Zwergmispel

Diese umfangreiche Gattung umfaßt laubabwerfende und wintergrüne Arten, deren Zierwert in ihrem dekorativen Wuchs, in ihrer auffallenden Blatt- und Fruchtfärbung und auch in ihren ansehnlichen Blüten liegt, die viele Bienen anziehen.

Standort und Verwendung: Die niedrigen immergrünen Arten – *Cotoneaster dammeri* ist hierfür ein gutes Beispiel – sind ausgezeichnete Bodendecker. *C. horizontalis* eignet sich sehr gut zur Pflanzung an Mauern, da er sich dicht anschmiegen kann. *C. simonii* läßt sich zu einer strengen Hecke schneiden, andere Arten sind besser für lockere Hecken geeignet. Es gibt auch *Cotoneaster* mit dekorativem Wuchs und reichem Fruchtbehang, die sich besonders zur Einzelstellung eignen, wie z.B. *C. salicifolius* und die *C. Watereri*-Hybriden.

Aus dem vorher Gesagten wird deutlich, wie vielfältig *Cotoneaster* einzusetzen ist. Es ist darum um so bedauerlicher, daß einige Arten offenbar zunehmend anfällig gegen Feuerbrand werden. Von der Verwendung von *C. bullatus, C. praecox, C. salicifolius, C. salicifolius* var.

floccosus und *C. watereri* muß zumindest in öffentlichen Anlagen abgeraten werden, da sie in zunehmendem Maße von dieser Krankheit befallen werden.

Ein anderer Feind des *Cotoneasters* ist der Frost. Besonders die höher wachsenden Arten sind stark gefährdet. Die Schäden, die im Winter 1984/1985 durch Frost und Feuerbrand angerichtet worden sind, haben leider dazu geführt, daß die Bedeutung der *Cotoneaster* als Zier- und Deckstrauch zumindest in Norddeutschland abzunehmen beginnt.

Boden: Zwergmispeln stellen geringe Ansprüche an den Boden, sie bevorzugen jedoch trockenere Standorte.

Vermehrung: Die Arten durch Saat, die Sorten durch Absenken oder Veredeln.

Cotoneaster adpressus. Niedriger, laubabwerfender Strauch von 25–30 cm Höhe. Blätter stumpfgrün, Blattränder wellig. Im Mai erscheinen die rötlichen Blüten; die zahlreichen, hellroten Früchte haften sehr lange.

Cotoneaster bullatus. Raschwüchsiger, sommergrüner Strauch, der bis 3 m Höhe erreicht und dessen rötliche Blüten im Mai/Juni erscheinen. Die Früchte sind kräftig rot, gestielt und sehr auffallend. Das Blatt ist relativ groß, runzlig ledrig, im Herbst leuchtend rot.

Cotoneaster dammeri **var. radicans.** Starkwüchsiger Bodendecker, dessen Laub im Winter grün bleibt. Blätter elliptisch, glänzend, dunkelgrün. Blüten weiß im Mai; Früchte leuchtendrot, einzeln. Die am Boden aufliegenden Zweige bewurzeln sich, die Pflanzen eignen sich auch, um über eine Mauer von oben herabzuwachsen. In strengen, schneelosen Wintern können die Blätter braun werden und die Zweigenden erfrieren. Die Pflanzen regenerieren sich jedoch rasch aus dem alten Holz. 'Coral Beauty' ist eine schnellwüchsige Sorte mit bogig wachsenden Trieben. Sie wird bis 50 cm hoch. Die glänzenden Blätter sind wintergrün, die Früchte orangerot und sehr zahlreich. 'Skogsholmen' wächst noch kräftiger und kann mit seinen aufstrebenden und überhängenden Trieben eine Höhe von 80 cm erreichen. Blätter wintergrün, Blüten und Früchte weniger zahlreich als bei 'Coral Beauty'. Sehr guter Flächendecker, Triebe wurzelnd.

Cotoneaster dielsianus syn. *C. applanatus.* Ein 2–3 m hoher Strauch mit elegant überhängenden Zweigen. Die sommergrünen Blätter sind oberseits dunkelgrün, unterseits graufilzig. Ab September sind die Zweige dicht mit scharlachroten, glänzenden Früchten besetzt. Schnellwüchsig.

Cotoneaster divaricatus. Relativ langsam wachsender Strauch, 2 m hoch. Zweige fächerförmig aufgebaut, breit abstehend. Blätter glänzend grün, im Herbst leuchtend orange. Auf die weißroten Blüten folgen die korallenroten Früchte von August bis Oktober.

Cotoneaster dielsianus

Cotoneaster horizontalis

Cotoneaster salicifolius

Cotoneaster-Watereri-Hybride 'Cornubia'

Cotoneaster franchetii. Wird 1,5–2 m hoch und wächst locker, mit überhängenden Zweigen. Die in milden Wintern grün bleibenden Blätter sind oberseits glänzend, unterseits graufilzig mit schöner, gelbroter Herbstfärbung. Blüte rötlich im Juni; Früchte länglich, orangerot, halten sich lange am Strauch. In ungünstigen Lagen Winterschutz erforderlich.

Cotoneaster horizontalis. Bis 1 m hoher und 1,5 m breiter sommergrüner Strauch. Charakteristisch sind die flach ausgebreitet, fächerförmig angeordneten Zweige. Blättchen rundlich, glänzend dunkelgrün, im Herbst orange verfärbt. Die Blüten sind rötlich, auf den Zweigen sitzend, sehr zierend. Ebenso die leuchtend roten Früchte, die sehr lange haften. Geeignet zur Begrünung von Flächen, Steinpartien und Wänden.

Cotoneaster microphyllus melanotrichus. Ein 30–50 cm hoher Strauch mit niederliegenden, flach gewölbten Zweigen. Blätter wintergrün, dunkelgrünglänzend, mit flach nach unten gewölbtem Rand. Blüten weiß; Früchte rund, rot, lange haftend. Gut geeignet zur Begrünung von Flächen und Trockenmauern.

Cotoneaster multiflorus. Breit ausladender Strauch von 2–3 m Höhe und Breite. Blätter sommergrün, elliptisch, unterseits graugrün. Wegen seiner zahlreichen weißen Blüten im Mai die schönste blühende Art. Früchte scharlachrot, sehr zahlreich. Zur Einzelstellung und für freiwachsende Hecken geeignet.

Cotoneaster praecox. Höhe 60 cm, Wuchs kriechend. Blätter oval, am Rand wellig, im Herbst rot. Aus den weißen Blüten entwickeln sich schon im August rote, kugelige Früchte.

Cotoneaster salicifolius. Ein bis 3,5 m hoher Strauch, dessen relativ dünne Zweige bogig überhängen. Das lanzettförmige Blatt ist wintergrün. Blüten im Juni/Juli, weiß, später rote Früchte. Mehr verbreitet ist *C. s. floccosus* mit zierlicherem Wuchs. Die Blätter sind dunkelgrün, runzlig und glänzend, unterseits wollig. Früchte relativ klein, hellrot, sehr zahlreich. 'Parkteppich' ist eine kleinblättrige, besonders flach wachsende Form, die allerdings nur wenig Früchte bringt. Ausgezeichnet zur Flächenbegrünung geeignet.

Cotoneaster simonsii. Bis 3 m hoher Strauch mit sparrig abstehenden, behaarten Zweigen. Die glänzenden, dunkelgrünen Blätter fallen in milden Wintern nicht ab. Blüten weiß im Mai/Juni, Früchte fast erbsengroß, korallenrot. An geschützten Plätzen eine gute Heckenpflanze.

Cotoneaster-Watereri-Hybriden. Sträucher mit aufrecht ausgebreiteten Zweigen, 3 m hoch. Blätter meist wintergrün, stumpf dunkelgrün. Blüten im Juni, weiß; Früchte rot, zahlreich. 'Cornubia' ist eine dekorative, halbimmergrüne Form mit großen, hellroten Fruchtständen. 'Pendula' ist ebenfalls halbimmergrün, Trauerform.

Crataegus

Weißdorn

Laubabwerfende Bäume oder Sträucher, meist mit bedornten Zweigen und Ästen. Im Frühling erscheinen weiße oder rote Blüten und im Herbst fallen die Herbstfärbung des Laubes und die apfelartigen roten, gelben oder schwarzen Früchte auf.

Standort und Verwendung: Wenn wir *Crataegus* frei wachsen lassen, ist er wegen seines ausladenden Wuchses nur für größere Gärten und Parks geeignet. Am schönsten entwickelt er sich in voller Sonne, wo er auch die meisten Blüten und Früchte bildet.

Weißdorn-Arten können das ganze Jahr über dekorativ wirken: im Winter durch ihren Wuchs, im Frühling durch den frischgrünen Austrieb und die Blüten, im Sommer und Herbst durch die Früchte und Blattfärbung. Sie sind deshalb sehr ausdrucksvolle Solitärpflanzen. Aber auch als Heckenpflanzen, sei es geschnitten oder freiwachsend, sind sie sehr gut geeignet. Von der Verwendung von *C. monogyna* und *C. laevigata* wird derzeit abgeraten, da sie mehr und mehr von Feuerbrand befallen werden.

Boden: Normale Gartenerde, kalkhaltige Böden werden bevorzugt.

Vermehrung: Arten durch Aussäen, Sorten durch Veredeln.

Crataegus coccinea, Scharlachdorn. Strauch, der locker und rasch wächst, 4−5 m hoch. Die abstehenden Äste tragen bis zu 5 cm lange Dornen. Blätter sommergrün, im Herbst leuchtendgelb bis rot. Blüten weiß im Mai; Früchte besonders groß, kugelig, scharlachrot, haften von August bis November. Wertvolles Vogelschutzgehölz, auch zur Einzelstellung geeignet.

Crataegus crus-galli, Hahnendorn. Kleiner Baum bis 6 m Höhe. Krone flach, Zweige und Äste mit starken, bis 8 cm langen Dornen. Auffällig glatte, glänzende Blätter, die sich im Herbst orangerot verfärben. Blüte weiß im Mai/Juni. Die großen, bis 12 mm dicken, stumpfroten Früchte halten sich von August bis Oktober.

Crataegus laevigata syn. *C. oxyacantha.* Sommergrüner Strauch oder kleiner Baum, der bis 5 m hoch wird. Weiße oder rosarote Blüten erscheinen im Mai; die roten Früchte sind relativ klein, aber sehr zahlreich. Die breit eirunden Blätter sind gelappt und klein. 'Alboplena' mit weißen, gefüllten Blüten und 'Paulii' und 'Paul's Scarlet' mit roten, gefüllten Blüten (Rotdorn) sind bekannte Gartenformen.

Crataegus × lavallei syn. *C. carrierei.* Kleiner, dichtkroniger Baum oder Strauch, langsam wachsend. Zweige mit bis zu 5 cm langen Dornen. Blätter glänzend grün,

Crataegus laevigata 'Paul's Scarlet'

Crataegus × lavallei

65

Crataegus monogyna 'Pendula'

sehr lange am Baum haftend. Im Mai rosaweiße, große Blüten. Später erscheinen die orangeroten Früchte, die bis in den Winter am Baum haften.

Crataegus monogyna, Weißdorn. Rasch wachsender, breitbuschiger Strauch, 4−6 m hoch. Zweige bedornt. Das Blatt ist tiefer eingeschnitten als bei *C. laevigata.* Blüte weiß im Mai/Juni in Doldenrispen. Früchte kugelig, gelb-orange. Geeignet für Hecken, auch als Piniergehölz. Die Form 'Stricta' wächst säulenförmig und 'Pendula' ist ein bis 8 m hoher Baum, dessen Zweige locker überhängen.

Crataegus pedicellata. Strauch oder Baum von etwa 5 m Höhe. Die Dornen sind 3−5 cm lang, die Blätter 5−9 cm, breit-eiförmig, dunkelgrün. Im Mai erscheinen die weißen Blüten, später die roten Früchte.

Crataegus × prunifolia, Pflaumenblättriger Weißdorn. Entstanden aus einer Kreuzung zwischen *C. crus-galli* und *C. succulenta.* Stark bedornter, bis 5 m hoher Baum oder Strauch mit olivgrünen, glänzenden Blättern, die sich im Herbst leuchtend gelb färben. Im Mai/Juni weiße Blüten in Doldentrauben angeordnet, später etwa erbsengroße, hellrote Früchte, die in schönem Kontrast zum Laub stehen. Sehr dekorative Heckenpflanze für freiwachsende Hecken.

Cryptomeria japonica 'Elegans'

Cryptomeria

Sicheltanne

Wintergrüne Koniferen, von denen es nur eine Art, aber mehrere Sorten gibt. Es sind wenig bekannte Nadelbäume, die einen geschützten Standort verlangen, um sich zu voller Schönheit entwickeln zu können.

Standort und Verwendung: Geben Sie den Sicheltannen einen sonnigen oder halbschattigen Standort in einem gut dränierten aber dennoch ausreichend feuchtem Boden. Die Art entwickelt sich zu einem ziemlich hohen Baum, der hervorragend als Solitär auf einer ruhigen Rasenfläche zu gebrauchen ist. Auch die niedriger bleibenden Sorten sollte man anpflanzen, denn sie können durch Farbe und Form ihres Laubes sehr zierend wirken. Die klein bleibenden Sorten 'Globosa Nana' oder 'Pygmaea' passen gut in Steingärten oder in kleine Hausgärtchen. Auch zur Bepflanzung von Schalen und Kübeln eignen sie sich hervorragend. Die natürliche Wuchsform von *Cryptomeria* ist so hübsch, daß wir diese Pflanze so wenig wie möglich schneiden sollten.

Boden: Humos und sauer.

Vermehrung: Die Art durch Samen, die Sorten durch Stecklinge im September.

Cryptomeria japonica. Pyramiden- bis säulenförmig wachsender Baum von 25 m Höhe und 5 m Breite. Die rötliche Rinde löst sich in langen Streifen vom Stamm. Die Nadeln sind sichelförmig, 1 cm lang, dunkelgrün und in 5 Spiralen um die Zweige herum angeordnet. Die eirunden, etwas zugespitzten Zapfen sind 2–3 cm lang und bleiben während mehrerer Jahre an den Zweigenden hängen.

'Bandai-Sugi' ist eine unregelmäßig wachsende Zwergform, mit feinen, grünen Nadeln, die sich im Winter bronzefarbig verändern. Nicht ganz winterhart.

'Compacta' wird 15 m hoch, Zweige sehr dicht stehend; Nadeln blaugrün.

'Cristata' hat Zweige, die an der Spitze hahnenkammartig verändert sind. Die Nadeln sind frischgrün. Kann 3 m hoch und 2 m breit werden.

'Elegans' ist nicht ganz winterhart. Nadeln im Sommer blaugrün, im Winter bronzegrün. Höhe 2–4 m.

'Globosa Nana' ist ein etwa 2 m hohes und 3 m breites Gehölz mit rundlich gedrungenem Wuchs. Die dichtbeieinander stehenden Nadeln sind im Sommer gelblichgrün, im Winter blaugrün.

Cryptomeria japonica 'Globosa Nana'

× Cupressocyparis

Diese Koniferenart ist entstanden aus einer Kreuzung von *Cupressus* und *Chamaecyparis*. Es gibt nur eine Art, aber mehrere Sorten. Es sind alles wintergrüne Koniferen mit hellgrüner, graugrüner oder goldfarbener schuppenförmiger Belaubung. × *Cupressocyparis* wächst erstaunlich schnell und verträgt Schnitt gut.

Standort und Verwendung: Diese Nadelbäume brauchen einen sonnigen oder halbschattigen Platz in durchlässigem Boden. Wegen der Raschwüchsigkeit und der guten Schnittverträglichkeit eine ideale Heckenpflanze.

Boden: Normaler Gartenboden.

Vermehrung: Stecklinge.

× *Cupressocyparis leylandii.* Bis 20 m hohe und 3 m breite Konifere mit vierkantigen Zweigen und hell- oder graugrünen schuppenförmigen Blättern. Die Zapfen sind 2 cm lang. Verwendung für hohe Sichtschutzhecken. 'Catlewllan Gold' wächst ebenfalls kegelförmig aufrecht 4–6 m hoch. Nadeln schuppig, goldgrün. 'Haggerston Grey' hat graugrüne Nadeln.

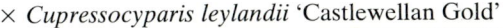

× *Cupressocyparis leylandii* 'Castlewellan Gold'

Cydonia oblonga

Cydonia

Quitte

Große Sträucher oder kleine Bäume mit sehr hübschen Blüten und Früchten, die nach dem Verarbeiten aromatisch und gut zum Verzehr geeignet sind.

Standort und Verwendung: Die Quitte ist eine etwas altmodische Pflanze zur Verwendung in Bauerngärten, auf Bauernhöfen, an Burggräben oder Schlössern. Sie sollte in der Sonne oder im Halbschatten stehen. Schnitt ist nicht notwendig, wird jedoch vertragen. Es gibt mehrere Sorten, sie werden auf Weißdorn veredelt.

Boden: Jeder nährstoffreiche Boden ist geeignet.

Vermehrung: Durch Steckholz oder Aussaat. Die Sämlinge fallen verschieden aus, Sorten durch Veredeln.

Cydonia oblonga syn. *C. vulgaris*. Sparrig wachsender, 4–6 m hoher Strauch oder kleiner Baum. Die großen, rosaweißen Blüten erscheinen im Mai/Juni. Auch wenn sie noch knospig sind, sieht der Baum schon sehr attraktiv aus. Die eirunden Blätter sind von unten dicht behaart. Die gelben, ebenfalls behaarten Früchte haben bei Vollreife einen auffallend aromatischen Duft.

Cytisus ardoini

Cytisus

Ginster, Geißklee

Cytisus gehört zu den Schmetterlingsgewächsen. Im Frühling bringt er zahllose, meist gelbe Blüten hervor. Im Winter fallen das grüne Holz und der aparte Wuchs auf. Nicht alle Arten oder Sorten sind winterhart. Am unempfindlichsten ist C. × *praecox*, weshalb dieser Ginster auch am häufigsten angeboten wird. Interessant ist, daß die Ginster mit vierkantigen Stengeln mehr unter Frostschäden leiden, als diejenigen mit runden Stengeln. Ein vierkantiger Stengel hat eine größere Oberfläche, deshalb ist die Verdunstung größer, und höhere Verdunstung bedeutet schnelleres Vertrocknen. Ginster muß immer mit Topfballen verkauft werden, denn ohne Ballen wächst er nicht an. Das Verpflanzen älterer Sträucher, die schon länger an der gleichen Stelle gestanden haben, ist praktisch unmöglich.

Ginster blüht am vorjährigen Holz, wir müssen also sofort nach der Blüte schneiden. Bei den niedrig wachsenden Sorten ist wenig zu schneiden, da die natürliche Form nichts zu wünschen übrig läßt. Die höheren Sorten werden leicht von unten kahl, so daß es angebracht ist, sie ab und zu zurückzuschneiden. In kleineren Gärten ist es die einzige Möglichkeit, Ginster in angemessener Größe zu halten.

Standort und Verwendung: Ginster ist ein Gehölz für sonnige Plätze, es gibt geeignete Sorten für kleine und große Gärten. Manche der niedrigen Formen eignen sich gut für Steingärten, wo die Zweige sich über die Steine legen können. Höhere Ginster werden häufig in Heidegärten verwendet, *C. praecox* kann auch als lockere Hecke gepflanzt werden. Alle *Cytisus* sind giftig.

Boden: Leichte, durchlässige und saure Böden. *C. purpureus* und *C. decumbens* auch auf kalkhaltigen Böden.

Vermehrung: Die Arten aus Samen, die Kulturformen aus Stecklingen.

Cytisus × beanii. Niedriger, bis 60 cm hoher, kriechender Strauch, der bis 1 m breit werden kann. Blüten im Mai bis 2 cm lang und leuchtend goldgelb.

Cytisus decumbens syn. *Sarothamnus decumbens.* Kriechender Strauch, nur 20 cm hoch, langsam wachsend. Blüten im Mai/Juni, 1 cm lang, leuchtend gelb. Verträgt auch Kalk.

Cytisus × kewensis. Wird etwa 50 cm hoch und 100 cm breit. An den zierlich überhängenden Zweigen erscheinen im Mai die cremegelben Blüten in großer Fülle. Gut geeignet für Steingärten.

Cytisus × praecox, Elfenbeinginster. Dicht verzweigter Strauch mit bogig überhängenden Zweigen, der 1,5 m hoch und breit werden kann. Im April/Mai sind die dünnen Zweige dicht mit cremefarbigen, duftenden Blüten besetzt. Gut zur Treiberei geeignet. Ausreichend winterhart. Einige Kulturformen zeichnen sich durch kräftigere Blütenfarben aus: 'Allgold' bleibt etwas niedriger und hat goldgelbe Blüten. 'Hollandia' hat rosa bis purpurrote Blüten und 'Zitronenregen' intensiv zitronengelbe.

Cytisus purpureus syn. *Chamaecytisus purpureus.* Purpurginster. Niedriger Strauch mit überhängenden Zweigen. Höhe 60 cm, Breite 100 cm. Im Mai/Juni erscheinen entlang der ganzen Zweige ziemlich große prupurfarbene Blüten. Für Steingärten geeignet, verträgt auch Kalk.

Cytisus scoparius syn. *Sarothamnus scoparius,* Besenginster. Aufrecht wachsender, bis 2 m hoher Strauch mit kantigen, grünen Zweigen. Heimisch auf den armen, sandigen Böden Norddeutschlands. Stickstoffsammler. Blüten goldgelb im Mai. Zahlreiche Hybriden stellen eine Bereicherung des Farbsortiments dar: 'Adreanus Splendens' hat gelbrote Blüten, 'Burkwoodii' karminrote, 'Golden Sunlight' goldgelbe, 'Red Wings' lila-karminrote Blüten. Darüberhinaus gibt es noch viele andere Farbvariationen. Alle *Cytisus-scoparia*-Hybriden können in strengen Wintern zurückfrieren.

Cytisus × praecox

Cytisus scoparius

Daboecia

Irische Heide

Daboecia cantabrica 'Praegerae'

Kleiner immergrüner Strauch, der zu den *Ericaceae* gehört und auch unter den gleichen Bedingungen gedeiht, wie die anderen Heidekräuter. Die Irische Heide ist etwas frostempfindlich. Deshalb sollte sie an geschützter Stelle stehen und gegebenenfalls im Winter abgedeckt werden.
Standort und Verwendung: Auf sonnigen und halbschattigen Plätzen, meist im Heidegarten.
Boden: Leichte, humose, etwas saure Böden.
Vermehrung: durch Stecklinge.

Daboecia cantabrica syn. *D. polifolia.* Wird etwa 40 cm hoch. Zweige aufsteigend, drüsig behaart. Die ovalen Blätter sind bis 1,5 cm lang und haben eingerollte Blattränder; die Oberseite ist glänzend dunkelgrün, die Unterseite weißfilzig. Von Juni bis September dauert die Blütezeit der glockenförmigen, purpurroten Blüten. Bei 'Alba' sind die Blüten weiß, bei 'Bicolor' weiß und purpur gestreift. Eine hübsche niedrige Form ist 'Pracyerae', leider ist sie wenig frosthart.

Daphne × burkwoodii

Daphne

Seidelbast

Kleine sommer- oder wintergrüne Sträucher mit herrlich duftenden Blüten im Frühjahr. Besonders *D. mezereum* ist giftig, sowohl das Holz und die Rinde, als auch die Beeren.
Standort und Verwendung: Wegen ihrer geringen Größe sind diese Sträucher besonders für kleine Gärten und Steinanlagen geeignet. Obwohl der Seidelbast schattenliebend ist, verträgt er auch Sonne, sofern der Boden genügend kühl bleibt. Der Rosmarinseidelbast ist am besten für Steingärten geeignet, da er trockene, kalkhaltige und steinige Plätze liebt.
Boden: Humose, durchlässige aber genügend feuchte Böden in Sonne bis Schatten.
Vermehrung: Arten aus Samen, Sorten aus Stecklingen. Absenken ist ebenfalls möglich.

Daphne acutiloba. immergrüner, stacheliger Strauch von 1 m Höhe. Blätter lederartig, lanzettlich zugespitzt. Die grünweißen Blüten erscheinen im Juli, später entwickeln sich hübsche rote Beeren. Giftig.

Daphne altaica. Kleiner, aufrechter Strauch, der keinen Meter hoch wird. Die sommergrünen Blätter sind mattgrün, spatelförmig, bis zu 6 cm lang. Reinweiße Blüten, in endständigen Dolden sitzend, verbreiten im Mai/Juni einen herrlichen Duft.

Daphne leiagayana. Kleiner Strauch, bis 25 cm hoch. Die lederartigen, immergrünen Blätter sind glänzendgrün. Blüten gelblich, in dichten Köpfchen angeordnet, von Mai bis Juni. Meidet Kalk.

Daphne × burkwoodii. Eine halbimmergrüne Kreuzung zwischen *D. caucasica* und *D. cneorum*. Die Zweige sind kurz behaart und tragen besonders an ihren Enden kleine, längliche Blättchen. Die weißrosa Blüten sitzen zu 15–20 zusammen. Sie duften herrlich. Diese Art hat in dem strengen Winter 1984/1985 wenig gelitten und kann daher als gut winterhart empfohlen werden. Die Sorte 'Somerset' wird bis 1 m hoch. Im Mai/Juni öffnen sich die Blüten zunächst rosa, später verblassend. Sie sind in kleinen, ballförmigen Dolden angeordnet. Sehr reich blühend.

Daphne cneorum, Rosmarin-Seidelbast. Niederliegender, kleiner, 30 cm hoher Strauch. Blätter wintergrün, lanzettlich dunkelgrün, zur Triebspitze hin gedrängt angeordnet. Blüht im Mai/Juni karminrosa, die Einzelblüten sitzen zu mehreren in Köpfchen an den Triebspitzen. Liebt trockene, auch kalkhaltige Böden. In schneelosen Wintern einen Schutz gegen Sonneneinstrahlung geben!

Daphne laureola. Bis 50 cm hoher, wintergrüner Strauch mit 8 cm langen, spatelförmigen, glänzendgrünen Blättern. Aus gelbgrünen Blüten im März/April entwickeln sich schwarze, giftige Beeren. Die Art ist nicht 100%ig winterhart.

Daphne mezereum, Heimischer Seidelbast. Kommt in den Bergen und Flußniederungen auf durchlässigen, feuchten und kalkhaltigen Böden vor. Er meidet trockene und zu sonnige Standorte. Die stark duftenden, karminrosa Blüten erscheinen vor dem Blattaustrieb und sind an den Trieben entlang aufgereiht. Die giftigen Beeren sind scharlachrot. Höhe des Strauches bis 1 m. Die Sorte 'Alba' bringt ebenfalls vor den Blättern seine weißen Blüten hervor. Die Früchte sind gelb und giftig. 'Rubra Select' blüht im März/April dunkelrot, sehr reich blühend, Früchte im Juni, giftig, scharlachrot. Belaubung besonders gesund.

Daphne pontica. Wintergrüner kleiner Strauch mit umgekehrt eirunden, 6 cm langen, oberseits glänzend hellgrünen Blüten, erscheinen im Mai, manchmal bereits im April. Leider ist der Strauch bei uns nicht ganz winterhart.

Daphne cneorum

Daphne mezereum

Datura suaveolens

Datura

Stechapfel

Nicht winterharter Strauch mit großen Blüten, die verführerisch duften – aber Vorsicht! die Pflanze ist giftig.
Standort und Verwendung: Die strauchartigen Stechäpfel müssen als Kübel- oder Kalthauspflanzen behandelt werden. Das bedeutet, daß sie frostfrei überwintert werden müssen. Dort können sie recht trocken stehen, so daß sie nicht austreiben, aber auch nicht vertrocknen. Ab Mitte Mai kommen sie an einen sonnigen, geschützten Platz im Freien. Während des Sommers benötigen sie viel Wasser und Nährstoffe, wenn sie üppig blühen sollen.
Boden: Nährstoffreiche, lehmige Erde.
Vermehrung: Stecklinge im Frühjahr abschneiden, während des Bewurzlungsvorgangs den Boden warm halten.

Datura suaveolens. Ein 1,5 bis 2 m hoher Strauch mit dickem, reich verzweigtem Stamm. An den Triebenden erscheinen von August bis zum Herbst hängende, weiße, besonders abends wohlriechende Blütentrompeten. Bei 'Flore Pleno' sind die Blüten gefüllt.

Davidia involucrata

Davidia

Taubenbaum

Laubabwerfender Strauch oder kleiner Baum mit dicken Zweigen und purpurfarbenen Winterknospen. Die Blüten sind unbedeutend, auffallend sind die weißen Hüllblätter, die den Eindruck erwecken, als säßen weiße Tauben im Baum. In China, wo ein französischer Missionar den Baum entdeckte, wird er 20 m hoch, bei uns meist nur bis 10 m.
Standort und Verwendung: Hübscher Solitärbaum, der in der Jugend etwas frostgefährdet ist, im Alter jedoch völlig winterhart.
Boden: Wächst in jedem normalen, ausreichend feuchten Gartenboden.
Vermehrung: Durch Absenker, Stecklinge oder Aussaat.

Davidia involucrata. Unangenehm riechender Baum mit Blättern, die denen der Linde ähneln. Im Mai/Juni erscheinen die Blüten und die bis zu 15 cm langen, cremefarbenen Hüllblätter. Später folgen die nußartigen, langgestielten Früchte, sie sind grün mit rotem Schimmer.

Decaisnea

Blauschote

Die Blauschote ist aus China zu uns gekommen; es ist ein sommergrüner Strauch mit hübschem Blatt und auffallenden Früchten.
Standort und Verwendung: Dekorativer Solitärstrauch für sonnige oder halbschattige Plätze.
Boden: Humos und durchlässig, aber nicht zu trocken.
Vermehrung: Wurzelstecklinge oder Saat.

Decaisnea fargesii. Das ist der einzige Vertreter dieser Gattung. An geschützten Stellen bis 3 m hoher, wenig verästelter, straff aufrecht wachsender Strauch. Die Zweige sind glänzend gelbbraun, die Blätter im Austrieb rötlich, später gelbgrün, sehr groß, unpaarig gefiedert, bis 80 cm lang. Im Mai/Juni erscheinen die gelbgrünen, glockenförmigen Blüten, die meist unter dem Laub verborgen sind. Später entwickeln sich die blaubereiften, walzenförmigen Früchte, 5−10 cm lang, meist zu dritt oder mehreren zusammenstehend.

Decaisnea fargesii

Deutzia

Deutzie

Mittelstark wachsende, laubabwerfende Gehölze, die etwa im Juni überreich mit weißen oder rosafarbenen Blüten bedeckt sind. Die länglich eiförmigen Blätter sind gegenständig, die Blüten achsel- oder endständig. Wenn sie nicht blühen, können Deutzien leicht mit dem falschen Jasmin verwechselt werden. Es gibt jedoch ein Merkmal, das die Unterscheidung sehr einfach macht: die verholzten Triebe von *Deutzia* sind hohl, die von *Philadelphus* sind mit weißem Mark gefüllt.
Standort und Verwendung: Die Deutzie steht am liebsten an einem voll besonnten oder halbschattigen Platz, in nicht zu trockenem Boden. Bei zu großer Trockenheit schlappen die Blätter und die Blüten fallen schnell ab. Auch die Schäden durch Frost sind auf trockenen Standorten größer als auf feuchten. Die meisten Deutzien sind für kleine Gärten geeignet, allerdings nicht als Solitär, denn sie sehen vor und nach der Blüte nicht besonders ansehnlich aus. Sie werden häufig in Abpflanzungen verwendet, die hohen Arten hinten, die niedrigen als Vorpflanzung. Die Blütenzweige halten sich gut in der

Deutzia × hybrida 'Mont Rose'

Deutzia × lemoinei 'Boule de Neige'

Deutzia crenata 'Macropetala'

Vase. Bei älteren Sträuchern ist ein Rückschnitt zu empfehlen, damit der Wuchs kompakt und der Strauch blühwillig bleibt. Da Deutzien am alten Holz blühen, müssen wir sofort nach der Blüte zurückschneiden. Am besten entfernt man regelmäßig die dicken, alten Triebe.
Boden: Nährstoffreich, humos, feucht.
Vermehrung: Durch Steckholz.

Deutzia crenata syn. *D. scabra*. Dies ist eine bekannte Art mit straff aufrechtem Wuchs und 2–3 m Höhe. Das länglich-eiförmige Blatt ist gezähnt und beiderseits rauh. Die Blütenrispen stehen aufrecht, sind weiß oder rosa getönt, Juni/Juli. 'Candidissima' hat weiße, gefüllte Blüten, in 2,5 cm breiten Rispen angeordnet., 'Macropetala' hat sehr große, einfache Einzelblüten in lockeren Rispen. 'Plena' ist gefülltblühend, weiß, die Außenseite der Blütenblätter ist rosa gefärbt.

Deutzia × elegantissima. Entstanden aus der Kreuzung von *D. purpurascens* und *D. scabra*. Sie trägt im Mai/Juni rosa Blüten in großen, lockeren Rispen. Der Strauch wächst aufrecht; Blätter eirund, zugespitzt.

Deutzia gracilis. Ein 50–100 cm hoher Strauch mit weißen, senkrecht stehenden Blütenrispen im Mai/Juni. Wuchs straff aufrecht, für niedrige Hecken gut geeignet. Zweige lassen sich vortreiben und blühen dann schon im Februar.

Deutzia × hybrida. Entstanden aus der Kreuzung von *D. discolor* und *D. longifolia*. An den aufrechten Zweigen sitzen eirunde Blätter und im Juni große, lilarosa Blüten. Am meisten verbreitet ist 'Mont Rose'. Sie wird etwa 2 m hoch, wächst locker aufrecht, sehr natürlich wirkend. Die Blütenrispen stehen fast waagerecht ab, die Blüten sind rosa mit auffallend großen, gelben Staubgefäßen.

Deutzia × kalmiiflora. Eine Kreuzung zwischen *D. parviflora* und *D. purpurascens*. Der Strauch wird bis 2 m hoch mit locker überhängenden Zweigen und feingezackten, etwa 5 cm langen Blättern. Blüten im Juni, 2 cm groß: weißlichrosa auf der Innenseite, karminrosa auf der Außenseite zu mehreren in aufrechten Rispen. Sehr schön zur Einzelstellung.

Deutzia × lemoinei. Entstanden aus *D. parviflora* und *D. gracilis*. Der Strauch wird ungefähr 1 m hoch und blüht im Juni weiß. Verbreitet ist 'Boule de Neige', der aufrecht und buschig wächst. Die Blüten erscheinen im Juni, sie sind weiß, in dichten, kugeligen Blütenständen angeordnet. Gut zur Vorpflanzung, auch zur Treiberei geeignet.

Deutzia × magnifica. Resultat einer Kreuzung von *D. scabra* und *D. vilmorinae*. Straff aufrecht und schnell wachsend, kann 3 m hoch und 2 m breit werden. Rinde hellbraun, in Streifen von den Zweigen abschilfernd. Die Blüten sind sehr groß, rosettenartig gefüllt, weiß, in zahlreichen dichten Rispen angeordnet. Eine sehr schöne gefüllt blühende Deutzie auch zur Einzelstellung.

Deutzia × rosea. Entstanden aus einer Kreuzung von *D. gracilis* und *D. purpurascens*. Etwa 1 m hoher, gedrungen und buschig wachsender Strauch. An den überhängenden Zweigen löst sich die hellbraune Rinde. Im Juni/Juli blühen sie überreich mit zartrosa, glockenförmigen Blüten, die Blütenrispen sind gedrungen und breit. 'Campanulata' ist eine Sorte, deren weißrosa Blüten in großen Blütenständen zusammenstehen.

Deutzia scabra syn. *D. sieboldiana.* Ein bis 1 m hoher und ebenso breiter Strauch, an dessen Zweigen sich die hellbraune Rinde löst. Blätter oval zugespitzt, grob gezähnt, 7 cm lang. Blüten im Juni, weiß in lockeren, breiten Blütenständen.

Deutzia vilmorina. Bis 1,5 m hoher und breiter, schnellwüchsiger Strauch. Zweige zierlich überhängend. Braune Rinde, an älteren Trieben abschilfernd. Im Juni lockere, große Blütenrispen aus großen, weißen Einzelblüten.

Deutzia vilmorinae

Dipelta ventricosa

Dipelta

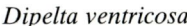

Weitgehend unbekannter, laubabwerfender Strauch, der unserer Weigelie ähnelt und auch zu derselben Familie gehört. Im Frühsommer tragen die Sträucher duftende Blüten, die etwas kleiner als die von *Weigelia* sind.

Standort und Verwendung: Auf sonnigen oder halbschattigen, feuchten Plätzen, in einer Gehölzpflanzung oder einzeln.

Boden: Nährstoffreich.

Vermehrung: Stecklinge oder Steckholz.

Dipelta floribunda. Wird ungefähr 4 m hoch. Zweige überhängend, die braune Rinde im Alter abblätternd. Das grüne, eirund-lanzettliche Blatt ist zugespitzt und bis zu 12 cm lang. Im Mai/Juni erscheinen die duftenden Blüten in achselständigen Trauben. Die Blütenblätter sind von außen rosa, von innen gelborange. Um die Früchte sitzen zwei große, schildförmige Hochblätter.

Dipelta ventricosa. Wird bis 2 m hoch, hat leicht gezähnte Blätter und herzförmige Hochblätter um die Früchte. Die Blütezeit liegt vor der von *D. floribunda.*

Elaeagnus angustifolia

Elaeagnus × ebbingei

Eleagnus

Ölweide

Die Gattung umfaßt wintergrüne und laubabwerfende Sträucher oder kleine Bäume. Charakteristisch für die Blätter ist, daß sie auf ihrer Unterseite gelbliche oder silbrige Schuppen tragen – ein Schutz gegen zu starke Verdunstung. Die Blüten fallen nur durch ihren Duft auf. Die Zweige tragen meist Dornen, besonders stark sind sie bei den laubabwerfenden Arten.

Standort und Verwendung: Da die Ölweide noch auf sehr trockenen und armen Böden gedeiht, hat sie eine besondere Bedeutung für die Begrünung und Befestigung von Sand- und Dünengebieten. Besonders die sommergrünen Arten werden in der Landschaftsgestaltung eingesetzt. *E. × ebbingii* und *E. multiflora* lassen sich gut schneiden und sind deshalb auch für Hecken zu gebrauchen. Die Arten mit silbrigem Laub können zusammen mit anderen buntlaubigen Pflanzen in Zierrabatten Verwendung finden. Alle Ölweiden gedeihen sowohl in der Sonne als auch im lichten Schatten.

Boden: Trocken, humos bis sandig.

Vermehrung: Durch Aussaat, Steckholz und Absenker.

Eleagnus angustifolia, Schmalblättrige Ölweide. Baumartiger Strauch, bis 7 m hoch, breit ausladend, ohne Ausläufer. Zweige oft dornig, silberweiß geschuppt. Die sommergrünen Blätter sind schmal-lanzettlich, beiderseits silbrig, bis 8 cm lang. Kleine, gelbliche Blüten im Juni, stark nach Honig duftend. Früchte länglich, gelb, ebenfalls weißlich beschuppt.

Eleagnus commutata, Silberölweide. Dieser dornenlose, sommergrüne Strauch wird nur 2,5 m hoch und wächst langsamer als *E. angustifolia.* Er bildet Ausläufer. Die rotbraunen Zweige tragen eirunde, beiderseits silberglänzende Blätter. Die trichterförmigen Blüten sind silbrig, innen gelb und duften sehr stark. Früchte 1 cm lang.

Eleagnus × ebbingei. Entstanden aus der Kreuzung zwischen *E. macrophylla* und *E. pungens.* Wertvoller immergrüner Strauch, der eine Höhe von 2,5 m erreichen kann, wenn er an geschützter Stelle steht. An exponierten, zugigen Standorten wird er nicht so hoch. Um einen hübschen, kompakten Wuchs zu erzielen, muß er in der Jugend ab und zu zurückgeschnitten werden. Macht häufig wilde Schößlinge, die so schnell wie möglich an der Basis fortgeschnitten werden müssen. Zweige anfänglich braun, später gräulich mit elliptischen, bis 10 cm langen Blättern, die Oberseite ist glänzend dunkelgrün, die Unterseite silbrigweiß. Im Spätsommer unauffällige, weiße Blüten, die herrlich duften.

Eleagnus multiflora syn. *E. edulis.* Breitausladender Strauch bis 2,5 m Höhe. Dunkelbraune, dornenlose

Zweige tragen ovale, bis 8 cm lange, dunkelgrüne, unterseits silbrige Blätter. Blüte gelb im Mai, in kleinen Büscheln angeordnet, duftend. Die Früchte sind rotbraun und eßbar, aber sauer.

Eleagnus pungens. Bis 3 m hoher, wintergrüner Strauch mit braun geschuppten, meist bedornten Zweigen. Blätter spitz-oval, bis 9 cm lang, auf der Oberseite dunkelgrün, auf der Unterseite silbrig. Weiße, duftende Blüten im Oktober/November, später braunrote Früchte. Die grünblättrige Art treffen wir relativ selten an, einzig in den Küstenregionen ist sie verbreitet, da sie sehr windfest ist. Gegen Frost ist sie dagegen empfindlich. Desgleichen auch die buntlaubigen Formen, die in den Hausgärten gelegentlich verwendet werden können. 'Maculata' hat gelbe Blätter mit grünem Rand, 'Aurea' hat einen schmalen gelben oder rahmweißen Rand um das graugrüne Blatt. Sobald an diesen Sträuchern Zweige mit rein grünen Blättern erscheinen, müssen diese weggeschnitten werden, sonst ist nach kurzer Zeit der ganze Strauch grünlaubig.

Eleagnus umbellata syn. *E. crispa.* Laubabwerfender, bis 3 m hoher Strauch mit gelbbraunen, meist dornigen Zweigen. Längliches, unterseits silbriges Blatt. Blüten weiß im Mai/Juni, duftend; später weiße Früchte.

Elaeagnus × *ebbingei* 'Limelight'

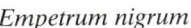

Empetrum nigrum

Empetrum

Krähenbeere

Wintergrüne, kleine heideartige Sträucher, die jedoch nicht zu den *Ericaceae* gehören. Sind gelegentlich bei uns in feuchten, humosen Heidemooren anzutreffen.

Standort und Verwendung: Die Krähenbeere gedeiht auf sonnigen und leicht beschatteten Plätzen, an feuchten, aber auch trockeneren Stellen. Sie paßt gut in einen Heidegarten, kann aber auch in einer Wildpflanzung oder im Steingarten gepflanzt werden. Sie ist ein guter Bodendecker, regelmäßiger Rückschnitt ist nicht nötig.

Boden: Humusreicher Boden, etwas Kalk wird gut vertragen.

Vermehrung: Durch Aussaat, Stecklinge oder Teilen.

Empetrum nigrum. Auf dem Boden aufliegender 10−25 cm hoher Kleinstrauch. Zweige dicht mit schmalen, an den Seiten eingerollten Blättchen besetzt. Die kriechenden Zweige richten sich an den Enden auf. Die rötlichen Blüten sind sehr klein und unscheinbar, auffallend sind die glänzend schwarzen Beeren, die gerne von Vögeln gefressen werden.

Enkianthus campanulatus

Enkianthus

Prachtglocke

Kleiner, laubabwerfender Strauch aus der Familie der Heidekrautgewächse mit hübschen Blüten und einer leuchtenden Herbstfärbung.

Standort und Verwendung: Der schönste Platz für die Prachtglocke ist eine geschützte, halbschattige Stelle in einem Heidegarten oder einem Japanischen Garten. Auch in der Nähe von Wasser, unterpflanzt mit niedrigen Bodendeckern wird sie gut zur Geltung kommen.

Boden: Ausreichend feucht, sauer und humos.

Vermehrung: Durch Absenker, aus Samen oder durch Stecklinge von ausgereiftem Holz.

Enkianthus campanulatus. Ist ein 2−3 m hoher, aufrecht wachsender Strauch, der sich in unregelmäßigen Etagen aufbaut. Blätter elliptisch, glänzend grün, im Herbst leuchtend orangegelb. Die Blüten sind glockig, rötlich bis weiß in hängenden Doldentrauben, sie erscheinen im Mai, etwa zugleich mit dem Blattaustrieb. Früchte im Herbst braun. Es gibt auch eine weißblühende Form, 'Albiflorus'.

Erica ciliaris 'Globosa'

Erica

Winterheide, Glockenheide

Die Gattung umfaßt mehrere hundert wintergrüne Arten, von denen nur wenige bei uns heimisch sind. Die meisten wachsen in Südafrika und in den Mittelmeergebieten. Ein gemeinsames Merkmal sind die kleinen nadelförmigen Blätter, die rund um den Zweig angeordnet sind. Die glockenförmigen Blüten sind meist kräftig gefärbt.

Es gibt mittlerweile eine beachtliche Zahl an Kulturformen, und ihr Anteil wächst noch weiter. Die Blütezeiten sind so weit auseinandergezogen, daß wir das ganze Jahr über blühende Heide in unserem Garten haben könnten, selbst im Winter unter dem Schnee! Bei der Auswahl müssen wir berücksichtigen, daß nicht alle *Erica*-Arten winterhart sind. Die Baumheide kommt z. B. aus Südeuropa und muß bei uns in strengen Wintern besonders geschützt werden.

Standort und Verwendung: *Erica* gedeiht in der vollen Sonne, aber auch in leichtem Schatten. Normalerweise wird sie im Heidegarten verwendet, aber es gibt auch noch andere Verwendungsmöglichkeiten. Vor allem die

Arten, die Kalk vertragen, passen gut in einen Steingarten. Auch sind es gute Bodendecker, die sich mit anderen niedrigen Gehölzen oder Stauden kombinieren lassen, z. B. als Vorpflanzung vor höheren Sträuchern oder auch als Grabbepflanzung. Die Baumheide ist ein hübscher Solitärstrauch in kleinen Gärten, durch Schnitt kann er in die gewünschte Form gebracht werden. Ganz allgemein sollten wir *Erica* immer in Gruppen pflanzen, um ausdrucksvolle Flächen zu schaffen.

Der Rückschnitt sollte nicht vor dem Austrieb im Frühjahr erfolgen. Anders als bei *Calluna*, die jährlich zurückgeschnitten wird, schneiden wir bei *Erica* nur die abgeblühten und sonstigen langen Triebe ab.

Boden: Bevorzugt allgemein humose, leicht saure Böden. Normaler Gartenboden wird durch Zugabe von Torf und Nadelstreu vorbereitet. Zwischen den Pflanzen wird der Boden mit Torf oder Rindenstreu abgedeckt. Dadurch bleibt der Boden lockerer und wird der Unkrautwuchs unterdrückt. Einige *Erica*-Arten vertragen auch Kalk, das sind besonders *E. herbacia* und ihre Sorten und *E. × darleyensis*. Für alle Arten gilt jedoch, daß der Boden ausreichend feucht sein muß.

Vermehrung: Durch Stecklinge, Säen und Absenken. Die Stecklinge werden von Anfang bis Mitte August gemacht. Sie müssen etwa 3–5 cm lang sein und werden in eine Mischung aus scharfem Sand und feinem Torf gesteckt. Stecken Sie nicht zu dicht, damit die Pflanzen nicht anfangen zu schimmeln und drücken Sie die Stecklinge fest an. Decken Sie die Stecklingskiste oder -schale mit einer Glasplatte ab. Die Wurzelbildung wird einen Monat auf sich warten lassen. Nach der Bewurzelung abhärten und die Pflanzen im Herbst unter Glas auspflanzen. Im Frühjahr erneut abhärten und mit gutem Ballen auf ein Anzuchtbeet verpflanzen. Im folgenden September kräftig zurückschneiden, damit sich eine buschige Pflanze entwickelt. Im Frühjahr des nächsten Jahres können die jungen Pflanzen im Garten an Ort und Stelle ausgepflanzt werden, am besten jedoch nicht vor Mitte Mai.

Erica ciliaris. Ein 25–30 cm hoher Strauch mit aufsteigenden, drüsig behaarten Zweigen und eirunden, meist eingerollten Blättern, die mit drüsigen Haaren besetzt sind. Die schief-urnenförmigen Blüten sind purpurrot, in langen Trauben, von Juni bis Juli. Leider bei uns nicht winterhart.

Erica cineria. Ist eine bei uns relativ winterharte Art mit liegenden, an den Spitzen aufsteigenden Zweigen. Höhe 10–30 cm. An den fein behaarten Stengeln sitzen, meist zu dritt, die 7 mm langen Blättchen. Die purpurfarbenen Blüten sitzen ebenfalls zu mehreren zusammen. Von dieser Art gibt es mehrere Kulturformen, die bei uns leider meist nicht ganz winterhart sind, z. B.:

Erica cinerea 'C. D. Eason'

Erica × darleyensis 'Darley Dale'

Erica herbacea 'Heathwood'

Erica vagans 'St. Keverne'

'Alba' mit hellgrünem Laub und weißen Blüten, Höhe 25 cm, Blütezeit August/September. 'Atrosanguinea', breitaufrecht, Blüten rosarot, Höhe 20 cm, Blütezeit von Juni bis Oktober. 'Coccinea', Wuchs kriechend, Blüte rot von Juni bis August. 'Pallas', Wuchs aufrecht, Höhe 35 cm, Blüte purpur von Juni bis September.

Erica × darleyensis. Entstanden aus einer Kreuzung zwischen *E. herbacea* und *E. erigena*. Sie hat größere Blüten als *E. herbacea* und wird doppelt so hoch. Eine hübsche Sorte ist 'Darley Dale', 40 cm hoch und 100 cm breit. Blütezeit von Dezember bis Mai, Blüten purpurrot.

Erica erigena syn. *E. mediterranea*. Aufrechter, dicht buschiger Strauch von 1 m Höhe und Breite. Stengel bronzefarben, Blüten rot, hängend im März bis Mai. Nicht ganz winterhart.

Erica herbacea syn. *E. carnea*. Das ist die bekannte Frühjahrs oder Winterheide. Sie ist wintergrün, wird etwa 40 cm hoch. Ihr Wuchs ist niederliegend aufstrebend. Die nadelförmigen Blätter sitzen in Kränzen um den Stengel. Die achselständigen Blüten haben auffallend braune Staubgefäße. Von *E. herbacea* sind zahlreiche Sorten im Handel, von denen hier die wichtigsten aufgeführt sind:

'Atrorubra', Blüten in einseitigen Trauben an den Zweigenden, karminrot; Blütezeit sehr spät, erst Mitte März bis Anfang Mai; Höhe bis 20 cm.

'Snow Queen', Blüten schneeweiß, etwas über dem Laub stehend, Blütezeit Januar bis April, Höhe bis 20 cm.

'Springwood White', Blüten schneeweiß, in langen Trauben, Einzelblüte glockig; Blütezeit von Januar bis April; Wuchs niederliegend, kissenartig, Höhe bis 30 cm,

'Vivellii', Blüten leuchtend karminrot; Laub im Sommer und Winter rotgrün, Wuchs kompakt. Blütezeit Februar bis März, Höhe 20 cm.

'Winterbeauty', Blüten rosarot, in endständigen Trauben, Blütezeit lang ausgedehnt: von November bis März, je nach Witterungsverlauf, Höhe bis 20 cm.

Erica tetralix, Moorheide. Die Art ist in ganz Europa auf Mooren und Heiden verbreitet. Wuchs aufrecht, bis 40 cm hoch; Blättchen wintergrün. Die grauen oder graugrünen Blätter sitzen in Quirlen um den Stengel. Die Blüten sind relativ groß, glockenförmig, rosa und sind an den Triebenden gehäuft, Blütezeit von Juli bis September.

'Alba' hat silbergraue Blätter und weiße Blüten von Juni bis September. Höhe 30 cm.

'Ken Underwood' blüht zur gleichen Zeit purpurrot. Höhe 30 cm.

Erica vagans. In West-Europa heimische Pflanze. Sie wird 30–50 cm hoch und hat frischgrüne, nadelförmige wintergrüne Blätter. Von Juli bis September blüht sie mit kräftig purpurroten Blüten, die an den Triebenden sitzen.

'Mrs. D. F. Maxwell' ist die bekannteste Sorte. Sie wird 50 cm hoch und hat ab Juli fast kugelige kirschrote Blüten an den Jungtrieben.

'Lyoness' hat relativ lange Blättchen; Blüte kugelig, reinweiß, von August bis Oktober; Höhe 30 cm.

'St. Keverne' ist eine lachsrosa blühende Sorte, wird etwa 35 cm hoch.

Alle Formen von *E. vagans* entwickeln sich besser, wenn sie einen leichten Winterschutz aus Fichtenreisig erhalten.

Erica × *watsonii*. Entstanden aus einer Kreuzung von *E. ciliaris* und *E. tetralix*. Wuchs breit, Höhe etwa 15 cm. Laub im Frühjahr bronzegrün. 'Truro' blüht rotviolett von Juli bis Oktober.

Erica × *watsonii* 'Truro'

Escallonia

Diese Gattung umfaßt sommergrüne und wintergrüne Arten, die bei uns alle nicht ganz winterhart sind.

Standort und Verwendung: In wintermilden Gebieten kann sie an geschützten Plätzen vor einer Südwand oder in einem warmen Innenhof verwendet werden. Besonders die Sorte 'Donard Seedling' ist hierfür geeignet. Diese und die Sorte 'Red Elf' sind die robustesten Vertreter der Gattung *Escallonia*. Sie können als niedriges Spalier oder kleiner Einzelstrauch gepflanzt werden. Ihre Blütezeit liegt im Juli/August, zu einer Zeit also, wenn wenige Gehölze blühen.

Boden: Nährstoffreiche, humose, auch kalkhaltige Böden.

Vermehrung: Durch Steckhölzer.

Escallonia-**Hybriden.** Entstanden aus einer Kreuzung zwischen *E. virgata* und *E. rubra*. Die Sträucher werden 100–150 cm hoch, falls sie einmal zurückfrieren, treiben sie von unten wieder durch. Blätter frischgrün, glänzend, Blüten im Juli/August, relativ klein, rosa und rot.

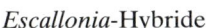

Escallonia-Hybride

Eucalyptus niphophila

Eucalyptus

Eukalyptus

Selten verwendete Laubabwerfende oder wintergrüne Sträucher oder Bäume mit dekorativen, grauen Blättern, die angenehm duften. Die hübschen Jugendblätter unterscheiden sich von den alten Blättern. Eukalyptus ist sehr schnellwüchsig. Ältere Pflanzen blühen bei uns gelegentlich. Die meisten Arten sind hier nicht winterhart. Es gibt aber einige, die Frost bis −10°C vertragen und die wir an geschützten Stellen verwenden können.
Standort und Verwendung: Eukalyptus gehört auf einen sonnigen, ganzjährig gut belichteten Platz, der gegen austrocknende Winde geschützt ist. Kann auch als Kübelpflanze verwendet werden, wenn sie ausreichend hell überwintert werden kann.
Boden: Normale, gut dränierte Gartenerde.
Vermehrung: Aussaat.

Eucalyptus niphophila. Ist die härteste Art, die bis −10°C vertragen kann. Wird bis 6 m hoch und hat 10 cm lange, silberblaue, lanzettliche Blätter. Die Blüten sind cremeweiß im Juni/Juli.

Euonymus alata

Euonymus

Spindelstrauch, Pfaffenhütchen

Die meisten Arten dieser Gattung stammen aus Ostasien. Es sind laubabwerfende oder immergrüne Sträucher. Die sommergrünen Arten pflanzen wir wegen ihrer hübschen Früchte, die in ihrer Form etwas an Kardinalshüte erinnern, und wegen der leuchtenden Herbstfärbung. Die wintergrünen Arten haben zum Teil auffallend buntes Laub. Manche von ihnen besitzen Haftwurzeln, so daß sie an Mauern und Wänden hochklettern können.
Standort und Verwendung: Die laubabwerfenden Arten stehen am liebsten in der Sonne; sie gedeihen zwar auch im Schatten, aber Blüte, Fruchtausbildung und Herbstfärbung sind nicht so intensiv. Die wintergrünen Pfaffenhütchen vertragen mehr Schatten, jedoch ist die Blattfärbung bei den buntblättrigen Sorten intensiver im Halbschatten als im tiefen Schatten. *E. fortunei* kann man als niedrige Hecke verwenden oder zum Begrünen von Mauern, da sie mit ihren Haftwurzeln zu klettern vermag. Einige immergrüne Sorten sind raschwüchsige Bodendecker. Die sommergrünen Arten werden als

Solitär oder in Gruppen gepflanzt. *E. europaeus,* das gewöhnliche Pfaffenhütchen gehört in Wind- und Vogelschutzhecken, da die Früchte ein Leckerbissen für die Vögel sind.

Boden: Normale, ausreichend feuchte Gartenerde.

Vermehrung: Die niedrigen Arten werden durch Absenker oder Stecklinge vermehrt, die sommergrünen durch Absenken, Aussaat oder Steckholz.

Euonymus alatus, Geflügelter Spindelstrauch. Langsam wachsender, breitbuschiger Strauch, der erst im Alter 2 m Höhe erreicht. Zweige grün, ab dem zweiten Jahr mit breiten, dünnen Korkflügelleisten. Blätter elliptisch, zunächst grün, im Herbst leuchtendrot. Blüten und Früchte relativ unscheinbar.

Euonymus europaea, Pfaffenhütchen. Aufrechtwachsende, bis 5 m hohe Art, die in ganz Europa heimisch ist. Zweige vierkantig, Blätter sommergrün, eilänglich. Im Herbst gelb und orange. Blüten unscheinbar; ab September rosarote Früchte, die aufspringen, so daß die orangefarbenen Samen sichtbar werden. Giftig!

Euonymus fortunei. Wintergrüner Strauch mit langen Trieben, die sowohl auf dem Boden kriechen (Bodendecker), als auch an Wänden emporklettern können (Kletterpflanze). Dabei können Höhen bis zu 3 m erreicht werden. 'Vegetus' wächst breitbuschig am Boden oder mit Haftwurzeln an Wänden. Die Blätter sind rundlich eiförmig, glänzendgrün; Blüten im Mai, gelblich, wenig auffallend; Früchte außen weiß, nach Aufplatzen leuchtend orangefarben. Es gibt einige buntblättrige Kulturformen, die aber alle nicht so wüchsig und so winterhart sind wie die grünblättrigen. 'Coloratus' hat grüne Blätter, deren Unterseite hellrot ist. Wüchsiger Flächendecker. 'Emerald Gaiety' ist ein langsam wachsender, kleiner Strauch mit weißbunten Blättern. 'Emerald'n Gold' hat goldgelb gerandete Blätter. 'Gracilis' wird bis 30 cm hoch, die Blätter sind weißbunt, im Austrieb häufig mit rosa Rand. 'Minimus' ist eine wintergrüne Zwergform, die sich dicht an den Boden anschmiegt. Die Blätter sind nur 1,5 mm lang, grün. Schattenverträgliche Bodenbedeckungspflanze.

Euonymus hamiltoniana **var. hians** syn. *E. hians.* Laubabwerfender, bis 3 m hoher Strauch. Früchte rosa mit roten Samen.

Euonymus planipes syn. *E. sachalinensis.* Ist ein 3–4 m hoher, sehr früh austreibender Strauch. Auffallend sind die lang zugespitzten Blattknospen. Wuchs aufrecht mit überhängenden Zweigen. Blätter eiförmig zugespitzt mit herrlicher Herbstfärbung. Hellrote Früchte, hängend, nach dem Aufplatzen orangerote Samen. Sehr dekorativer Einzelstrauch.

Euonymus fortunei var. *vegeta* 'Emerald Gaiety'

Euonymus hamiltoniana var. *hians*

Exochorda giraldii var. *wilsonii*

Exochorda

Perlstrauch

Sommergrüne Sträucher mit hübschen, perlenartig aufgereihten Winterknospen.

Standort und Verwendung: Dekoratives Gehölz zur Einzelstellung oder auch für Gruppenpflanzungen. Ein warmer, geschützter Standort ist vorteilhaft. In der Jugend Langtriebe einkürzen, damit der Strauch buschig wird.
Boden: Humose, nährstoffreiche und genügend feuchte Böden. *E. giraldii* verträgt Kalk, *E. racemosa* nicht.
Vermehrung: Durch Veredeln, oder Stecklinge.

Exochorda giraldii. Strauch, der 2 m hoch und breit werden kann. Zweige überhängend, Blüten im April/Mai überreich, weiß. Die ziemlich großen Blätter sind an Stielen und Nerven rot. Die Varietät *wilsonii* wächst aufrechter und höher.
Exochorda racemosa syn. *E. grandiflora.* Etwa 3−4 m hoher, sparriger Strauch, Blüten im Mai, an langgestielten aufrechten Trauben. Nach der Blüte empfiehlt sich ein Rückschnitt der langen Triebe, damit der Strauch buschiger wächst.

Fagus sylvatica 'Fastigiata'

Fagus

Buche

Sommergrüne Bäume, der Stamm ist glatt, grau, das Blatt frischgrün, im Herbst goldgelb bis braun. Die Früchte, die bekannten Bucheckern, sind eßbar. Buchen geben einen sehr tiefen Schatten, so daß unter älteren Pflanzen nur wenig wächst. Die Stämme der Buchen sind empfindlich gegen direkte Sonnenbestrahlung, wenn sie durch Rückschnitt oder durch Abholzen von Nachbargehölzen zu stark freigestellt werden, können sie unter Sonnenbrand leiden. Buchen wurzeln ziemlich oberflächlich und sind deshalb empfindlich gegen Veränderungen im Grundwasserbestand.
Die Gattung *Fagus* umfaßt mehrere Arten, von denen *F. sylvatica* am häufigsten vorkommt. Die amerikanische Buche *F. grandiflora* hat größere und mehr gezackte Blätter.
Standort und Verwendung: Die Buche ist eine ausdrucksvolle Solitärpflanze, die auch als Heckenpflanze ausgezeichnet zu verwenden ist. Das Verpflanzen kann problematisch sein. Die günstigste Zeit dafür ist der Herbst. Geben Sie Buchenlauberde ins Pflanzloch und

achten sie darauf, daß die Wurzeln nicht durch Sonne oder Wind ausgetrocknet werden.

Boden: Bevorzugt werden humose, feuchte, lehmhaltige Böden. Das Grundwasser sollte konstant sein und nicht zu tief stehen.

Vermehrung: Durch Aussaat. Da die Buche nicht jedes Jahr Früchte bringt, muß man die Samen unter Umständen kaufen. Sofort nach der Reife an frostfreier Stelle aussäen. Die Gartenformen vermehren wir durch Veredeln auf *F. sylvatica.*

Fagus sylvatica. Großer, breitkroniger Baum, der 40 m hoch und 20 m breit werden kann. Der Stamm ist grau, glattrindig. Die Blätter treiben frischgrün aus, sind zunächst behaart, später dunkelgrün und glatt. Besonders an jungen Bäumen bleiben sie fast über den ganzen Winter, bis zum Austrieb im Frühjahr am Baum haften. Einige interessante Gartenformen sind: 'Asplenifolia', langsamwachsende Form mit tief eingeschnittenen Blättern. 'Atropunicea', Blutbuche, ein kräftiger Baum, dessen Blätter dunkelrot und metallisch glänzend sind. 'Fastigiata' wächst säulenförmig, bis 15 m hoch. 'Pendula', die Hängebuche, bis 15 m hoch, Zweige waagerecht abstehend und bis zum Boden herabhängend.

Fagus sylvatica als Hecke

Fallopia

Schlingknöterich

Eine schnellwüchsige Kletterpflanze, die den ganzen Sommer über mit Blüten bedeckt ist. Der botanische Name ist mehrmals geändert worden, weshalb man diese Pflanze auch unter *Polygonum* und *Bilderdykia* finden kann.

Standort und Verwendung: Zur schnellen Begrünung von Mauern, Wänden und Pergolen ist diese Kletterpflanze ausgezeichnet geeignet. Die reichste Blüte entwickelt sich in voller Sonne. Möglichst nicht in lebende Bäume klettern lassen!

Boden: Gedeiht in jedem Boden.

Vermehrung: Durch Stecklinge im Sommer.

Fallopia aubertii syn. *Polygonum aubertii, P. baldschuanicum, Bilderdykia aubertii.* Diese Kletterpflanze kann gut 15 m hoch werden. Die Blätter sind im Austrieb braunrot, später grün, eirund zugespitzt. Von Juli bis Oktober trägt Fallopia weiße, manchmal rosafarbene, in lockeren Rispen angeordnete Blüten. Die Pflanze verträgt einen kräftigen Rückschnitt.

Fallopia aubertii

Ficus carica

Ficus

Feige

Diese Pflanzen werden seit altersher wegen ihrer nahrhaften Früchte angebaut, aber auch die Blätter sind recht dekorativ. Im Allgemeinen in Deutschland nur in Kübeln kultivierbar, jedoch in Weinbaugebieten an Süd- oder Südwestwänden auch im Freiland möglich, da Frostschäden am Holz est bei unter −10°C eintreten. Die im Frühjahr angesetzten Früchte reifen meist, die im Herbst angesetzten überstehen unsere kalten Winter nicht.

Standort und Verwendung: Zumeist nur als Spalier an Südwänden möglich, als Solitär in geschützten Innenhöfen oder als Kübelpflanze mit frostfreier Überwinterung.

Boden: Nährstoffreich.

Vermehrung: Durch Stecklinge oder Absenker.

Ficus carica. Bis 9 m hoher, laubabwerfender Baum oder Strauch, bei uns aber meist nur 2−3 m hoch werdend. Blätter hellgrün, tiefgelappt, sehr dekorativ; Blüten gelbgrün, unauffällig. Früchte flaschenförmig, grün, mit zahlreichen kleinen Fruchtkernen.

Forsythia × intermedia 'Spectabilis'

Forsythia

Forsythie, Goldglöckchen

Sommergrüne Frühjahrsblüher, die wir fast in jedem Garten antreffen. Sie blühen am zwei- und mehrjährigen Holz.

Standort und Verwendung: Die frühe, auffallende Blüte ist die einzige Zierde dieses Strauches, deshalb geben wir den Forsythien im Garten auch keinen Ehrenplatz. Am besten ist, sie leuchten von Ferne aus einer Abpflanzung heraus, wodurch ihre aufdringliche Farbe etwas gemildert wird. *F. suspensa* kann als Spalier gezogen werden. Alle Forsythien lieben vollbesonnte Plätze.

Boden: Jede normale Gartenerde.

Vermehrung: Steckholz, Absenker.

Forsythia × intermedia. Ein 2−3 m hoher Strauch mit leuchtend gelben Blüten im April. 'Lynwood Gold' blüht goldgelb, Ende April. 'Spectabilis' ist etwas heller, Blütezeit Anfang April. Wuchs bei allen straff aufrecht.

Forsythia suspensa. Ist 3−4 m hoch mit bogig überhängenden Zweigen. Blüten in kurzgestielten Glöckchen, auch am einjährigen Holz blühend.

Fothergilla

Federbuschstrauch

Sommergrüne Sträucher, die zur Familie der Zaubernußgewächse gehören. Das etwa erlenartige Blatt färbt sich im Herbst gelborange. Die duftenden weißen Blüten erscheinen im Mai.

Standort und Verwendung: *Fothergilla gardenii* ist ein Strauch von nicht einmal 1 m Höhe, sehr gut in Steingärten zu verwenden. *F. major* wächst sehr langsam, kann aber eine Höhe von 1,5 m erreichen. Es ist ein hübscher Solitärstrauch für kleine Gärten. Am besten entwickeln sie sich an etwas geschützten, warmen Plätzen. Die Herbstfärbung ist auf sonnigen Standorten am schönsten, aber auch im Halbschatten noch gut.

Boden: Humose, nährstoffreiche, kalkfreie, feuchte Böden.

Vermehrung: Durch Steckholz oder Absenker.

Fothergilla major. Buschig wachsender, aufrechter Strauch; die Blüten erscheinen zusammen mit den bronzerot austreibenden Blättern.

Fothergilla monticola. Wächst breiter und niedriger als *F. major,* Blüten in kleinen kugeligen Rispen.

Fothergilla major

Fraxinus excelsior 'Aurea'

Fraxinus

Esche

Sommergrüne Bäume mit unpaarig gefiederten Blättern. Die Früchte sind geflügelte Nüßchen, die in dichten Büscheln bis in den Winter am Baum hängen bleiben. Einige Eschen-Arten haben eine hübsche Blüte, aber der größere Zierwert dieser Bäume liegt in ihrem zierlichen Laub, das bei manchen apart gefärbt ist. Auch die Rindenfärbung im Winter ist z. T. auffallend schön. In der Jugend vertragen Eschen viel Schatten, im Alter ist es jedoch ein sehr lichthungriger Baum.

Standort und Verwendung: Wegen ihrer Größe können sie nur in großen Gärten und Parks gepflanzt werden. Dort eignen sie sich als Einzelbäume oder Alleen, sie sind auch als Windschutzgehölz oder, wegen ihres fein verzweigten Wurzelsystems, zur Uferbefestigung geeignet.

Boden: Nährstoffreiche, tiefgrundige Lehmböden (Aueböden) in voller Sonne. Ausreichend feucht, aber nicht staunaß.

Vermehrung: Die Arten aus Samen, die Gartenformen durch Veredeln.

Fraxinus excelsior 'Jaspidea'

Fraxinus americana. Diese bis 20 m hohe amerikanische Esche hat eine eiförmige Krone. Die Zweige sind olivgrün, häufig bereift. Im Winter fallen die schwarzbraunen Knospen auf. Ein Blatt besteht aus 5−9 Fiederblättchen, die oberseits dunkelgrün, unterseits weißlich sind; die Herbstfärbung ist gelb mit violett.

Fraxinus excelsior. En 40 m hoher Baum mit breit ausladender Krone. Zweige lichtgrau, Winterknospen schwarz. Die Blätter haben meist 9−13 Fiederblättchen, sind hellgrün und im Herbst goldgelb. Blüte vor dem Blattaustrieb im April/Mai, schwärzlich-purpurn. Einige hübsche Gartenformen sind: 'Aurea', wird bis 15 m hoch, langsamwachsend, Rinde gelb, Blätter goldgelb. 'Diversifolia', schmalkroniger Baum, 40 m hoch, Blätter 2- oder 3-zählig. 'Jaspidea', wird 20 m hoch, Wuchs breitpyramidal, Rinde im Winter bronzefarben, Blätter gelb. 'Pendula', bis 8 m hoch, Krone locker, schirmartig, Äste hängend.

Fraxinus ornus, Blumenesche. Kleiner, bis 8 m hoher Baum, der mehr Trockenheit verträgt als *F. excelsior*. Zweige braungrau, Knospen im Winter dunkelgrau. Im Juni erscheinen die weißen, bis 10 cm breiten, duftenden Blütenrispen. Die Blätter setzen sich meist aus 7 Einzelblättchen zusammen.

Fuchsia magellanica

Fuchsia

Fuchsie

Fuchsien sind vor allem als Sommerblumen und Balkonkastenpflanzen bekannt, es gibt jedoch auch einige Arten, die winterhart sind, zumindest, wenn sie an geschützter Stelle stehen und mit Laub abgedeckt werden. Sie müssen gut mit Nährstoffen versorgt werden, wenn sie den ganzen Sommer über blühen sollen.

Standort und Verwendung: In Gruppen oder als Einzelpflanzen, auch als niedrige Hecke auf sonnigen bis halbschattigen Plätzen zu verwenden. Im Herbst etwa handbreit über dem Boden zurückschneiden und mit Laub oder Stroh abdecken.

Boden: Nährstoffreich, kalkhaltig und humos.

Vermehrung: Stecklinge.

Fuchsia magellanica, syn. *F. macrostemma*. Aufrechte kleine Sträucher, bis 1 m hoch, die von Mai bis September an dünnen Stielen hängende, schlanke, rote Blüten tragen. 'Gracilis' hat zierlich überhängende Zweige, 'Riccartonii' wird etwas höher, die Blüten sind rot mit violett.

Gaultheria

Scheinbeere

Niedrige, immergrüne Gehölze mit roten, blauen oder schwarzen Früchten. Sie gehören zur Gattung der Heidekrautgewächse.
Standort und Verwendung: Gut geeignet als Bodendecker, besonders auf feuchten, humosen Plätzen, für große und kleine Gärten, in lichtem und dunklem Schatten. *G. shallon* kann auch als Solitär verwendet werden.
Boden: Sehr humose, saure und feuchte Böden.
Vermehrung: Durch Stecklinge, Aussaat oder Teilen.

Gaultheria procumbens. Verbreitet sich durch unterirdische Ausläufer. Höhe 15—20 cm. Im Juli/August rosaweiße, rundliche Blüten. Die Früchte sind kugelig, rot und bleiben den ganzen Winter über erhalten, da sie von Vögeln nicht gefressen werden. Das glänzendgrüne, eiförmige Blatt verfärbt sich im Winter rötlich.
Gaultheria shallon. Bis 50 cm hoher Strauch, Blätter ledrig, dunkelgrün, bis 12 cm lang und 5 cm breit. Im Juni große, weiße Blütentrauben. Die Früchte sind 1 cm dick, purpur bis schwarz.

Gaultheria procumbens

Genista

Ginster

Vielblütige, meist gelbblühende Sträucher, die durch ihre immergrünen Zweige und den dichtbuschigen Wuchs auffallen. Nur vereinzelt sitzen kleine Blättchen an den Zweigen.
Standort und Verwendung: Die kleinen Arten sind gut für Steingärten geeignet, gelegentlich auch als Bodendecker in kleinen Gärten. In Heidegärten oder in Wildpflanzungen verwenden wir die größeren Arten.
Boden: Leichte, tiefgründige, warme und kalkarme Böden.
Vermehrung: Arten durch Aussäen, Sorten durch Veredeln.

Genista lydia. Niedriger, bis 50 cm hoher Ginster. Die kahlen, graugrünen Triebe sind im Mai überreich mit goldgelben Blüten besetzt.
Genista tinctoria. Hat bis 1 m hohe hellgrüne Zweige, die von Juni bis August mit tiefgelben Blüten in endständigen Trauben bedeckt sind. Gedeiht auf sauren und kalkhaltigen Böden.

Genista lydia

Ginkgo

Ginkgo

Ginkgo biloba

Es ist ein Baum, der die Fantasie anregt. Er war in früheren Zeiten überall auf unserem Erdball verbreitet, und heute ist er, wie sich herausgestellt hat, sehr widerstandsfähig gegen Industrieabgase. Er kann als eine Art lebendes Fossil angesehen werden. Es sieht aus wie ein Laubbaum, dennoch gehört er zu den Nadelbäumen.
Standort und Verwendung: Hübscher Solitärbaum mit meist schmalem Kronenaufbau für größere Gärten und Parks, auch als Straßenbaum geeignet.
Boden: Normale Gartenerde.
Vermehrung: Stecklinge oder Aussaat.

Ginkgo biloba syn. *Salisburia adiantifolia*. Höhe bis 25 m, Breite 8 m; Blätter parallelnervig, fächerförmig, langgestielt. Herbstfärbung leuchtend gelb. Die Blätter stehen spiralig um die Langtriebe und kreisförmig um die Kurztriebe. Der Baum ist zweihäusig, die männlichen Pflanzen tragen lange Blütenkätzchen, die weiblichen unangenehm riechende, gelbe Früchte. Eine Unterscheidung beider ist vor dem Blühbeginn kaum möglich.

Gleditsia triacanthos 'Elegantissima'

Gleditsia

Gleditschie

Laubabwerfende Bäume mit unangenehmen, starken Dornen, nicht nur an den Zweigen sondern auch am Stamm. Die Blätter sind einzeln oder doppelt gefiedert. Trauben duftender Schmetterlingsblüten werden gefolgt von mehr oder weniger großen Hülsenfrüchten. Es ist eine Lichtholzart, die sehr widerstandsfähig ist gegen pflanzliche oder tierische Schädlinge. Als Windschutzgehölz weniger gut geeignet, da die Zweige etwas spröde sind und leicht brechen. Dagegen sehr gut als hohe, undurchdringliche Dornenhecke zu verwenden, da das Schneiden ausgezeichnet vertragen wird.
Standort und Verwendung: Auf sonnigen, hellen Plätzen als Solitärbaum, besonders in kleinen Gärten; auch als Kübelpflanze geeignet, da sie durch Schnitt in jeder gewünschten Größe gehalten werden kann. Als freiwachsende oder geschnittene Hecke in größeren Gärten kann die Gleditschie einen wirkungsvollen Schutz bieten. Die Sorte 'Sunburst' paßt mit seinem gelben Blatt ausgezeichnet in Gärten, in denen Gelb die dominierende Farbe sein soll.

Boden: Humose, leichte, warme Böden, die auch zeitweise trocken sein dürfen.
Vermehrung: Arten durch Aussäen, die Gartenformen werden veredelt.

Gleditsia japonica syn. *G. horrida*. Bis 20 m hoher und 7 m breiter Baum mit zahlreichen 5–8 cm langen Dornen an Stamm und Zweigen. Blüht im Juni/Juli grün und trägt später eine Menge sichelförmiger Früchte.

Gleditsia triacanthos, Falscher Christusdorn. Das ist ein 20–30 m hoher Baum mit lockerer, schirmförmiger Krone. Die glänzend braungrünen Zweige wachsen zickzackartig und tragen bis zu 20 cm lange, einfache oder verzweigte Dornen. Die Blätter sind sehr zierlich, meist doppelt gefiedert mit 10–20 hellgrünen Einzelblättchen, die sich im Herbst goldgelb färben. Die Blüten im Juni/Juli sind weißlich, die braunen Früchte fallen durch ihre gedrehte Sichelform auf, sie bleiben sehr lange am Baum. Interessante Gartensorten sind: 'Elegantissima' ein dornenloser, dichter Busch, 'Pendula' ein Strauch mit zierlich überhängenden, dornenlosen Zweigen und 'Sunburst' dessen Blätter zunächst gelb, später gelbgrün sind, die Zweige sind ebenfalls unbewehrt.

Gleditsia triacanthos 'Sunburst'

Gymnocladus

Geweihbaum

Dieser sommergrüne, langsam wachsende Baum gehört zur Familie der Schmetterlingsblütler. Während des recht späten Austriebs und auch im Herbst sind die Blätter hübsch gefärbt. Die dicken, knorrigen Äste erinnern entfernt an das Geweih eines Hirsches.
Standort und Verwendung: Für kleine Gärten ist dieser prächtige Baum nicht geeignet. Am schönsten wirkt er bei freiem Stand in einem großen Park.
Boden: Nährstoffreich und gut dräniert.

Gymnocladus dioicus syn. *G. canadensis*. Aus Amerika stammt dieser bis 20 m hohe und 15 m breite Baum. Seine dicken, bizarr wachsenden Äste sind im Winter hellgrau. Der Baum treibt erst Ende Mai aus, die Blätter, die über 80 cm lang werden können, sind zunächst rötlich, später grün und im Herbst gelb. Die grünweißen Blütentrauben sind unscheinbar, auffallend sind die braunbereiften, 20 cm langen Hülsen. Im Herbst fallen zuerst die Blätter ab, später die Blattstiele und im Frühjahr die Früchte.

Gymnocladus dioicus

Halesia

Schneeglöckchenbaum

Sommergrüne Großsträucher mit breit abstehenden Zweigen, an denen im April zahlreiche, glockenförmige, weiße Blüten hängen. Später folgen grüne, geflügelte Früchte und eine hübsche, gelbe Herbstfärbung.

Standort und Verwendung: An sonniger oder halbschattiger Stelle ist *Halesia* ein hübscher Solitärstrauch. Auch in kleinen Gruppen vor lichten Bäumen zu verwenden.

Boden: Frische, humose, tiefgründige Böden.

Vermehrung: Säen oder Absenken.

Halesia carolina syn *H. tetraptrera.* Ein anfangs aufrecht wachsender Strauch, etwa 5 m hoch, dessen Zweige im Alter schirmförmig ausgebreitet sind. Die Rinde schilfert in Streifen ab. Die ovalen, zugespitzten Blätter sind oberseits frischgrün, unterseits behaart. Die weißen Blüten erscheinen im April/Mai und hängen zu 2−7 Stück beinander.

Halesia monticola. Wird etwas höher und hat größere, bis 2,5 cm lange Blüten, die Blätter sind elliptisch, jung filzig, bis 10 cm lang .

Halesia carolina

Hamamelis × intermedia 'Orange Beauty'

Hamamelis

Zaubernuß

Sommergrüne Sträucher mit auffallender Blüte während des Winters. Einige Arten blühen auch im Herbst, mitunter ist die Herbstfärbung sehr schön gelb. Die zart duftenden Blüten haben fast fadenförmige, etwas zerknittert aussehende Blütenblätter. Da der Strauch in blattlosem Stadium blüht, sollten wir bei seiner Plazierung im Garten auf den Hintergrund achten.

Standort und Verwendung: Prächtige Solitärgehölze für einen halbschattigen Platz, besonders für die herbstblühenden Arten. Wir pflanzen die Zaubernuß am besten in Hausnähe, damit wir die Blüten vom Zimmer aus genießen können. Bedenken Sie auch, daß der Strauch im Sommer nicht sehr interessant ist, d. h. Sie sollten in seine Nähe etwas pflanzen, was im Sommer blüht. *Hamamelis* wachsen langsam.

Boden: Humusreiche, lehmige oder sandige Böden mit gutem Wasserabzug.

Vermehrung: Die Arten durch Aussäen, Absenken oder Steckhölzer. Die Sorten werden auf *H. virginiana* veredelt.

Hamamelis × intermedia. Eine Kreuzung aus *H. japonica* und *H. mollis.* Hierzu gibt es sehr schöne Sorten: 'Orange Beauty', 3−4 m hoch und breit, hat gelbe bis orangefarbene Blüten, und 'Ruby Glow', die genauso groß wird, dunkelrote Blüten und eine hübsche bronzerote Herbstfärbung hat.

Hamamelis mollis. Allgemein bekannter, 4−5 m hoher Strauch, der von Januar bis März große, goldgelbe, duftende Blüten trägt. An den dicht behaarten Zweigen erscheinen bis 15 cm lange, eiförmige, unterseits dicht weiß behaarte Blätter. Die schmalen Blütenblätter sind am Grund mitunter rot, die Kelchblätter rotbraun. Bei 'Brevipetala' stehen die Blüten dicht zusammen, die Blütenblätter sind nur 1 cm lang, tief orangegelb. 'Pallida' hat große schwefelgelbe, duftende Blüten, die in dichten Büscheln zusammenstehen.

Hamamelis virginiana. Unterscheidet sich von den anderen Arten dadurch, daß sie höher wird (4−6 m) und daß sie im Spätsommer, etwa September/Oktober blüht. Die streng duftende Blüte ist weniger auffällig, da sie zwischen den Blättern verborgen ist. Das hellgrüne Laub färbt sich im Herbst leuchtend gelb. Merkwürdig ist, daß zur gleichen Zeit mit den Blüten auch Früchte am Strauch sind.

Hamamelis mollis

Hebe

Strauchveronika

Kleine wintergrüne Sträucher mit weißen, rosa, roten oder violetten Blüten, die nicht bei allen Arten auffällig sind. Die Blätter sind gegenständig und manchmal schuppenförmig, so daß die Pflanzen wie Koniferen aussehen. Andere Arten haben runde, lanzettliche oder eiförmige Blätter. Die hier besprochenen Arten sind bis auf wenige Ausnahmen nur in wintermilden Gebieten bei ausreichendem Schutz winterhart. Einige eignen sich nur als Kübel- oder Topfpflanze.

Standort und Verwendung: Die Strauchveronika braucht einen warmen, sonnigen Platz auf durchlässigem, trockenem Boden. Im allgemeinen verwenden wir sie in Heidegärten oder Steingärten zusammen mit Wermut, Lavendel, Ginster, Thymian und Salbei-Arten. Ein Rückschnitt ist im allgemeinen unnötig und sollte sich auf das Herausnehmen der abgeblühten Blütenstände und alter, von unten verkahlter Triebe beschränken.

Boden: Nährstoffreicher, durchlässiger, trockener Boden.

Vermehrung: Stecklinge im Winter.

Hebe-Andersonii-Hybride

Hebe armstrongii

Hebe buxifolia

Hebe-Andersonii-Hybriden syn. *Veronica × andersonii.* Beliebte Blütensträucher, vor allem wegen ihrer späten Blütezeit, die von August bis Oktober dauert. Blüht lavendelfarben in dichten, ährenförmigen Trauben. Die Blätter sind gewellt, länglich-lanzettlich, es gibt auch Sorten mit cremefarbenen Blattflecken oder Blatträndern. Der Strauch wird bei uns nur 1 m hoch, kann während des Sommers im Garten an einem warmen, jedoch nicht voll besonnten Platz aufgestellt werden. Überwintern sollte er im Haus bei 5−10°C, dann nur wenig gießen.

Hebe anomala. Bis 1 m hoher Strauch mit kahlen Zweigen und lanzettförmigen, 8−20 mm langen, oberseits dunkelgrünen, glänzenden Blättern. Die Blüten sind weiß bis violettrosa im Juni/Juli. Braucht auch an geschützten Stellen Winterschutz.

Hebe armstrongii. Dicht verzweigter, kleiner Strauch, der bis 60 cm hoch wird, mit schuppenförmigem, gelben Blatt, wodurch diese *Hebe* einer Konifere ähnelt. Das Zweigwerk verfärbt sich im Winter bronzegrün. Im Mai/ Juni erscheinen die weißen Blüten in kleinen 3−8 blütigen Büscheln. Gut geeignet für Steingärten oder Grabbepflanzung. Sehr winterhart!

Hebe buxifolia. Ein 30 cm hoher Strauch mit dachziegelartig angeordneten, 8−12 mm langen, umgekehrt eiförmigen Blättern, die in 4 Reihen eng beieinanderstehen. Ihre Farbe ist dunkelgrün, glänzend. Die Blüten sind weiß, stehen in dichten, 3 cm langen Ähren. Blütezeit von Juni bis August. Nicht winterhart.

Hebe cupressoides. Sieht fast aus wie eine kleine Zypresse mit ihren 25 cm hohen, aufrechten oder schräg nach oben gerichteten Trieben und den schuppenförmigen, 1 mm langen Blättchen. Im Juni lichtblaue bis weiße Blüten in 3−8-blütigen Büscheln. Nicht winterhart.

Hebe glaucocaerulea syn. *H. pimeleoides* var. *glaucocaerulea.* Stark verzweigter, wenig kriechender Strauch von 30 cm Höhe. In allen Teilen blaugrün gefärbt, lavendelfarbene Blüten in kleinen Rispen im Juli/August. Die Blätter stehen dachziegelartig, sind länglicheiförmig, 8−10 mm lang. Nicht ganz winterhart.

Hebe ochracea. Ein 40 cm hoher Strauch. Die stark verzweigten Triebe tragen kleine, dreieckige, anliegende Blättchen wie goldgrüne oder bronzefarbene Schuppen. Die Pflanze ist ähnlich wie *H. armstrongii,* allerdings nicht so frostfest.

Hebe pinguifolia. Niederliegender Kleinstrauch von 30−40 cm Höhe. Die lederartigen, umgekehrt eirunden Blätter stehen dachziegelartig in 4 Reihen. Sie sind blaugrün, haben manchmal einen roten Rand oder sind rötlich angelaufen. Von Mai bis Juni weiße Blüten in achselständigen Blütenrispen. Verhältnismäßig winterhart.

Hedera

Efeu

Wintergrünes Gehölz, das als Kletterpflanze oder Bodendecker verwendet werden kann. Er bildet Haftwurzeln aus, mit deren Hilfe er sich festhalten kann. Es gibt verschiedene Arten und Sorten mit unterschiedlich geformten oder gefärbten Blättern. Häufig finden wir auch zweierlei Blattformen, die Blätter an den wachsenden Langtrieben sehen anders aus, als die an den blühenden Kurztrieben. Wenn wir zur Vermehrung Stecklinge von den Blütentrieben nehmen, dann erhalten wir Pflanzen, die buschig wachsen und nicht klettern können, ein Beispiel hierfür ist *H. helix* 'Arborescens'. Normalerweise wächst und klettert der Efeu mehrere Jahre lang ohne zu blühen. Werden dann einmal Blüten gebildet, dann hört das Längenwachstum auf und die Pflanze blüht jedes Jahr. Im September/Oktober erscheinen die grüngelben Blütendolden, später schwarze oder gelbe Beeren, die von Vögeln gefressen werden. In normalen Wintern behält der Efeu seine Blätter, nur bei sehr tiefen Temperaturen erfrieren sie und fallen ab. Die Triebe werden meist nicht geschädigt, nur wenn sie in freistehenden Bäumen sehr hoch geklettert sind, können sie auch Kälteschäden erleiden. Die buntblättrigen Sorten sind weniger hart als die ursprüngliche Art.

Standort und Verwendung: Starkwüchsige Kletterpflanze zum Begrünen von Felsen, Mauern und schattigen Pergolen. Steinerne Mauern können von Efeu nicht geschädigt werden, aber achten Sie auf Bäume: solange sie jung sind, leiden sie darunter, vom Efeu überwachsen zu werden, erst im Alter vertragen sie es. Weniger starkwüchsig als *H. helix* ist *H. colchica,* dessen buntblättrige Sorten man gut in einem Vorgarten pflanzen kann. Allerdings sind sie weniger winterhart als der gemeine Efeu. Außer als Kletterpflanze ist *Hedera* sehr gut als Bodendecker, besonders auf schattigen Plätzen zu gebrauchen. Die auf dem Boden aufliegenden Triebe treiben an den Blattknospen Wurzeln. Die strauchig wachsenden Sorten können als Solitär gepflanzt werden, kleinbleibende als Bodendecker im Steingarten. Alle *Hedera* vertragen Schnitt gut.

Boden: Nicht zu trockene, normale Gartenerde, am besten humose, nährstoffreiche Böden.

Vermehrung: Durch Stecklinge. Da *Hedera* sehr stark variiert, achten Sie darauf, daß Sie die richtigen Triebe schneiden, damit Sie auch die Pflanzen heranziehen, die Sie haben möchten.

Hedera colchica. Nur in geschützten Lagen winterharter Efeu mit gelbbraun geschuppten Zweigen, an denen zweierlei Blätter sitzen: An den Langtrieben sind sie

Hedera colchica 'Sulphur Heart'

Hedera helix

Hedera helix 'Sagittaefolia'

Hibiscus syriacus 'Coelestis'

dreieckig mit abgerundeter oder herzförmiger Basis, an den Kurz- oder Blütentrieben lang-oval mit keilförmiger Basis. Im September grüngelbe Blütendolden, im nächsten Frühjahr schwarze Beeren. 'Arborescens' wächst buschig, etwa 1 m hoch. 'Dentatovariegata' ist eine weißbunte Sorte mit großen lederartigen glänzendgrau-grünen Blättern mit weißem Rand.

Hedera helix. Hat an den wachsenden Jungtrieben 3-gelappte Blätter, an den blühenden Alterstrieben ungeteilte. Die gelbgrünen Blüten erscheinen im September, die schwarzen oder gelben Früchte im nächsten Frühjahr. *H. helix* kann 20−30 m hoch klettern. Die verschiedenen Sorten werden unter der Bezeichnung *Hedera helix* ssp. *poetarum* zusammengefaßt: 'Arborescens' ist ein aufrechtwachsender, 1 m hoher Strauch, der überreich blüht, Blüten weißlich in dichten Doldentrauben. 'Baltaica' hat etwas kleinere Blätter und scheint winterhärter zu sein. 'Goldheart' hat kleine grüne Blätter mit auffallend hellem Fleck in der Mitte. Bildet manchmal auch ganz grünblättrige Triebe, die man herausschneiden sollte. 'Sagittifolia' hat sehr zierliche, pfeilförmige dunkelgrüne Blätter.

Hedera hibernica. Große, 5-lappige Blätter, dunkelgrün, Nerven hellgrün. Raschwachsend.

Hibiscus

Eibisch

Diese aus den Tropen stammende Pflanzengattung umfaßt sommer- und wintergrüne, krautige und verholzende Pflanzen mit gelappten Blättern. Die großen Blüten stehen meist einzeln in den Blattachsen und haben 5 Blüten- und Kelchblätter. Für unsere Gärten kommt nur *Hibiscus syriacus* in Frage. Hiervon gibt es zahlreiche Hybriden mit einfachen und gefüllten, pastellfarbenen Blüten. Auffallend durch ihre späte Blütezeit.

Standort und Verwendung: Prächtige Solitärsträucher für sonnig, geschützte Stellen. Besonders in der Jugend vor zu starkem Frost schützen, und mit Stroh oder Reisig eindecken.

Einzige Schnittmaßnahme ist, im Frühjahr die zurückgefrorenen Triebe herausschneiden, da der Strauch sehr spät austreibt, warten Sie damit bis Ende Mai, und glauben Sie nicht, der ganze Strauch sei erfroren!

Eine richtig schöne Blüte erlebt man nur in sehr warmen Sommern, dann kann sie bis zum ersten Frost andauern.

Boden: Nährstoffreich, humos und tiefgründig.

Vermehrung: Durch Stecklinge und Steckholz.

Hibiscus syriacus. Breitbuschig, aufrecht wachsender, sommergrüner Strauch, der bei uns 1−1,5 m hoch wird. An den graugrünen Zweigen wachsen relativ wenige, meist 3-lappige Blätter. Er gibt zahlreiche hübsche Sorten. Die einfachblühenden werden höher, als die gefülltblühenden.

'Ardens' blüht violettrosa, gefüllt von Ende Juli bis in den Herbst hinein.

'Coelestis' einfachblühend, blauviolett mit dunklem Auge, von Ende Juli bis in den Herbst.

'Oiseau Bleu' ist eine verbesserte 'Coelestis', die Blüten sind einfach, tiefblau, bei schlechtem Wetter schließen sie sich.

'Rubis' hat dunkelrote Blüten von Juli bis August.

'Speciosus' ist halbgefüllt, weiß mit roten Flecken am Blütengrund, Blütezeit von Juli bis September.

'Totus albus' blüht einfach, reinweiß von Ende Juli bis in den Herbst hinein.

'William R. Smith' hat sehr große weiße Blüten.

'Woodbridge' blüht von Ende Juli bis in den Herbst tiefrot mit dunklem Auge, malvenähnliche Blüte.

In Gebieten mit wenig Sonnenschein und Wärme, sollten bevorzugt einfachblühende Sorten gepflanzt werden, da die Blüten besser aufblühen.

Hibiscus syriacus 'William R. Smith'

Hippophaë

Sanddorn

Zweihäusiger Strauch mit bedornten Zweigen und grauen Blättern. In hübschem Kontrast dazu stehen die orangefarbenen Beeren. Salz- und windverträgliches Gehölz, das an der Küste und in kiesigen Flußbetten bei uns heimisch ist.

Standort und Verwendung: Dieser starkwüchsige Strauch kann vielseitig verwendet werden: als Windschutz an der Küste, zur Bodenbefestigung auf Sand- und Schotterflächen, in Pflanzkübeln und in Gärten, in denen überwiegend graulaubige Sträucher und Stauden stehen sollen. Auch als Vasenschmuck geeignet.

Boden: Wächst noch auf ärmsten Böden, bleibt dann aber kleiner. Bevorzugt kalkhaltige Böden.

Vermehrung: Durch Saat, Steckholz oder Wurzelausläufer.

Hippophaë rhamnoides. Ein 3−5 m hoher, ausläufertreibender Strauch. Männliche und weibliche Blüten unscheinbar, am 2-jährigen Holz, Früchte orangerot, sehr lange haftend. Eßbar.

Hippophaë rhamnoides

Hydrangea anomala ssp. *petiolaris*

Holodiscus discolor var. ariifolius

Holodiscus

Scheinspiere

Wenig bekannte, laubabwerfende Sträucher mit reicher Blüte. Im Winter zierend wegen ihres lockeren Wuchses und der lange nicht abfallenden Blütenrispen.

Standort und Verwendung: Geeignet für sonnige und halbschattige Plätze in nicht zu trockenem Boden. Die Scheinspiere ist ein hübscher Solitärstrauch.

Boden: Normale Gartenerde ist ausreichend.

Vermehrung: Durch Absenker oder Steckhölzer.

Holodiscus discolor **var. ariifolius.** Ist die bei uns am weitesten verbreitete Scheinspiere. Es ist ein feinlaubiger, 3–4 m hoher Strauch mit dünnen, weit überhängenden Zweigen. Die Blätter sind bis 8 cm lang, eilänglich, doppelt gezähnt, oberseits dunkelgrün, unterseits graugrün behaart. Blüten gelbgrün in feinen, überhängenden Blütenrispen, bis 25 cm lang und breit, Blütezeit Juli/August.

Holodiscus dumosus syn. *Spiraea dumosa.* Eine ungewöhnliche Art, die nur 1 m hoch, aber 2 m breit wird. Die Blütenrispen sind mehr aufgerichtet, Blüten weiß, Blütezeit im Juli/August. Laub dunkelgrün.

Hydrangea

Hortensie

Laubabwerfende Gehölze mit auffallenden Blütenformen, ganzrandigen oder geteilten gegenständigen Blättern. Die Blütendolden tragen im Innern kleine fertile Blüten, umgeben von sterilen Randblüten, die meist auffallend groß und weiß gefärbt sind. Es sind alle schattenverträgliche Spätsommerblüher, die meisten aufrechtwachsende Sträucher, eine unter ihnen auch eine Kletterpflanze.

Standort und Verwendung: Die meisten Hortensien können als Solitär und als Gruppenpflanze verwendet werden. Sie brauchen einen halbschattigen bis schattigen Platz, besonders gilt dies für die Kletterhortensie, die gut geeignet ist, um Nord- und Ostwände zu bekleiden. Sie benötigt weniger Wasser als die anderen Hortensien. *H. macrophylla* und *H. paniculata* 'Grandiflora' sind Sträucher, die in keinem Bauerngarten fehlen dürfen. Nicht alle hier erwähnten Arten sind ganz winterhart.

Boden: Frische bis feuchte, humose Böden.

Vermehrung: Sträucher durch Steckholz, die Kletterhortensie durch Stecklinge im Sommer.

Hydrangea anomala **ssp.** *petiolaris* syn. *H. petiolaris, H. scandens,* Kletterhortensie. Bis 7 m hohe und 4 m breit wachsende Pflanze mit Haftwurzeln, ähnlich denen des Efeus. Rinde hellbraun, abschilfernd, auffallend sind im Winter die hellgrünen Blattknospen und auch die trockenen Blütenstände. Blätter eirund, zugespitzt, Ränder gesägt, bis 12 cm lang. Im Juni blüht die Pflanze mit großen, flachen Dolden mit einfachen kleinen und nur wenigen großen, weißen Randblüten. Wächst zunächst langsam und hat eine Stütze nötig, bis die Haftwurzeln gebildet sind. So wenig wie möglich schneiden.

Hydrangea arborescens, Schneeballhortensie. Ein 3 m hoher Strauch mit aufrechten, breit verzweigten Trieben. Blätter frischgrün. Im Juli/August weiße Blütendolden mit wenig oder keinen sterilen Randblüten. Ein jährlicher starker Rückschnitt im Winter führt zu kräftigem Austrieb, der nur 1 m hoch wird und zahlreiche Blüten trägt. Am häufigsten angeboten wird die Sorte 'Grandiflora', die unfruchtbare, ballförmige Blütenstände trägt. Wenn man den Strauch jedes Jahr zurückschneidet, erhält man die größten Blüten.

Hydrangea aspera **ssp.** *sargentiana* syn. *H. sargentiana.* Strauch mit wenig verzweigten, aufrechten Trieben. Die riesigen, bis 25 cm langen eiförmigen Blätter sind weich behaart. Die Blüten stehen an den Triebenden in großen, flachgewölbten Dolden, deren Randblüten zartviolett sind. Gut winterhart.

Hydrangea involucrata. Bis 1 m hoher, dicht verzweigter Strauch, Blätter länglich-eiförmig, behaart, 25 cm lang. Blüten in 15 cm breiten Dolden, fertile Blüten weiß, Randblüten violett, Blütezeit Juli/August.

Hydrangea macrophylla. Eigentlich eine Zimmerpflanze, aber es gibt Sorten, die recht winterhart sind und auch im Garten an geschützten Stellen gepflanzt werden können. Sie blühen am vorjährigen Holz. Um dem Verkahlen vorzubeugen, führen wir nach der Blüte einen Verjüngungsschnitt durch. Die sich bildenden Triebe werden im folgenden Jahr blühen. 'Bouquet Rose' hat ballförmige, rosafarbene Blütenrispen von Juli bis September. 'Mariesii' hat halbkugelige Blütendolden, lilarot mit dunkleren Randblüten.

H. macrophylla ssp. *serrata* wird 1 m hoch und ebenso breit. Die Blätter sind kleiner als bei der Art und nicht glänzend. Die Blütendolden sind nur flach gewölbt, rosa mit blauen Randblüten.

Hydrangea paniculata, Rispenhortensie. Es ist ein 2–3 m hoher und breiter, verzweigter Strauch mit kahlen, braunen Trieben. Große, weiße Blütenrispen bilden sich am Jungholz im August, im Laufe der Blütezeit verfärben sie sich rosa. Die abgeblühten Blütenstände halten sich den Winter hindurch am Strauch. Bei 'Grandiflora' sind alle Blüten der großen, kegelförmigen Rispe steril. 'Praecox' blüht schon ab Juni und wird nicht so hoch.

Hydrangea macrophylla

Hydrangea paniculata 'Grandiflora'

Hypericum calycinum

Hypericum hookerianum 'Hidcote'

Hypericum

Johanniskraut

Wintergrüne und laubabwerfende, krautartige und verholzende Pflanzen mit üppiger gelber Blüte. Charakteristisch sind die gegenständigen Blätter und die auffallend vielen Staubgefäße, die weit über die Blütenblätter hinausstehen, und den Blüten ein apartes Aussehen geben. Das Johanniskraut kann in strengen, schneelosen Wintern stark zurückfrieren, treibt jedoch meistens wieder durch. Sie vertragen ziemlich viel Schatten, gedeihen aber auch in der Sonne gut. Von der Gattung *Hypericum* gibt es viele Arten, von denen jedoch nur wenige bei uns verbreitet sind.

Standort und Verwendung: Die bei uns verwendeten Gehölze sind alle ziemlich klein und daher überwiegend für kleine Gärten geeignet, sei es als Solitär oder in Gruppen. *H. calycinum* ist ein ausgezeichneter Bodendecker. Geben Sie dem Johanniskraut einen sonnigen oder halbschattigen Platz, der Boden sollte eher zu trocken als zu feucht sein.

Boden: Nährstoff- und humusreich.

Hypericum androsaemum. Laubabwerfender, 60−80 cm hoher Halbstrauch mit 10 cm langen Blättern. Unterseits weißlich, im Austrieb rotviolett angelaufen. Von Juli bis September erscheinen die goldgelben Blüten, meist zu dreien zusammen. Die glänzenden Früchte sind zunächst rot, später schwarz.

Hypericum beanii. Halbimmergrüner kleiner Strauch, bis 1 m hoch mit überhängenden Zweigen. Die eiförmigen Blätter sitzen in 2 Reihen an den Zweigen. Die schüsselförmigen, dunkelgelben Blüten blühen von Juli bis September. Bekannt ist die Sorte 'Goldcup', die hellgelbe Blüten hat.

Hypericum calycinum. Vielgebrauchter Bodendecker, der meist wintergrün ist, aber in strengen, schneelosen Wintern sein Laub verliert. Er sollte im Frühjahr bis auf den Boden zurückgeschnitten werden. Der ausläufertreibende Strauch wird 30−50 cm hoch. An den fast 4-kantigen Zweigen sitzen lederartige, länglich eiförmige Blätter. Die Blüten stehen meist einzeln, goldgelb mit langen Staubgefäßen.

Hypericum hookerianum. Die Art ist bei uns nicht winterhart. Eine Sorte ist jedoch unter dem Namen 'Hidcote', auch *H. patulum* 'Hidcote' im Handel, sie ist sehr frosthart. Entwickelt sich zu einem 1,5 m hohen und breiten Strauch, da sich die Blüte am Jungholz bildet, ist ein Rückschnitt im Frühjahr ratsam. Blätter eiförmig-länglich, stumpfgrün. Blüten zu mehreren in endständigen Trugdolden, 6 cm breit, tellerförmig, goldgelb von Juli bis Oktober.

Hypericum inodorum, syn *H. elatum.* Bis 1 m hoher Strauch mit 2-kantigen Zweigen und ovalen, bis 8 cm langen Blättern. Die gelben Blüten erscheinen von Juli bis August. Die Kelchblätter bleiben nach dem Verblühen stehen; die Früchte sind oval zugespitzt und zuerst braunrot, später schwarz. 'Elstead' wächst weniger stark, ist halbimmergrün und hat rotbraune Zweige. Die Einzelblüten halten nicht sehr lange, die Früchte sind zu Anfang hellscharlachrot. 'Goudelsje' ist ein dicht aufrecht wachsender Strauch von 1 m Höhe und 2 m Breite. Blüht gelb im Juli/August und hat braunrote Früchte, die später schwarz werden. Braucht einen warmen, geschützten Standort.

Hypericum kalmianum. Ein schmalblättriger Strauch, bis 1 m Höhe, mit kahlen, 2-kantigen Trieben und kleinen zitronengelben Blüten, Staubgefäße goldgelb, Blütezeit Juli bis September.

Hypericum × moserianum. Entstanden aus einer Kreuzung zwischen *H. calycinum* und *H. patulum.* 60–80 cm hoch werdender wintergrüner Strauch mit überhängenden Zweigen. Die Blätter sind breitoval, 6 cm lang; die Blüten stehen zu dreien zusammen, goldgelb, 6–7 cm breit. Blütezeit von Juli bis September. Nicht ganz winterhart.

Hypericum inodorum 'Elstead'

Ilex

Stechpalme

Bis auf eine Ausnahme wintergrüne Gehölze mit ledrigen, dornig gezähnten Blättern. Die Blüten sind zweigeschlechtlich, d.h. die Staubgefäße werden auf einem anderen Strauch gebildet, als die Fruchtknoten. Um zu erreichen, daß Früchte ausgebildet werden, müssen zu den weiblichen Sträuchern auch einige männliche gepflanzt werden. Die Bestäubung wird von Insekten vorgenommen. Um sicher zu gehen, daß die Pflanzen anwachsen, sollten sie mit Ballen verpflanzt werden.

Standort und Verwendung: Die Stechpalme ist bei uns heimisch und kommt als Unterholz in lichten Wäldern im atlantischen Klimabereich vor. Deshalb sollten wir ihr einen halbschattigen, windgeschützten Platz mit möglichst hoher Luftfeuchtigkeit geben. Schutz vor Wintersonne ist ratsam. Gegen Austrocknen des Wurzelbereichs hilft das Abdecken der Wurzelscheibe mit Laub. Die Sorten mit besonders hübschen Blattformen oder bunten Blättern sind als Solitärpflanzen oder attraktive Gruppen in einer Gehölzpflanzung geeignet. Einige niedrige Stechpalmen können als Bodendecker oder zur

Ilex × altaclarensis 'Camelliaefolia'

Ilex × altaclarensis 'Golden King'

Ilex aquifolium 'J. C. van Tol'

Kübelbepflanzung verwendet werden. Beerenreiche Zweige eigenen sich gut als Vasenschmuck. Obwohl der *Ilex* langsam wächst, sollte man doch überlegen, ob man ihn nicht als wintergrüne, undurchdringliche Hecke anpflanzen sollte. Mitunter gibt es Probleme mit der Winterhärte bei *Ilex*. Selbst der einheimische *Ilex aquifolium* kann in strengen Wintern Schaden nehmen, besonders, wenn er den austrocknenden Ostwinden schutzlos ausgesetzt ist. Die buntblättrigen Sorten sind noch empfindlicher, z.B. braucht *I. altaclarensis* einen sehr geschützten Platz, *I. crenata* ist härter. Eine wirklich sehr widerstandsfähige Art ist die laubabwerfende *Ilex verticillata*. In den Vereinigten Staaten sind noch einige *Ilex*-Arten verbreitet, die sehr frostfest sind, die aber bei uns merkwürdigerweise kaum im Handel sind: *I. glabra, I. opaca* und der aus China stammende *I. pedunculosa*.

Boden: *Ilex* stellt geringe Bodenansprüche, bevorzugt jedoch humose dauerfeuchte Böden.

Vermehrung: Die Arten aus Samen, die Gartenformen durch Stecklinge oder Veredeln.

Ilex × altaclarensis. Ein großblättriger *Ilex,* entstanden aus einer Kreuzung zwischen *I. aquifolium* und *I. perado*. Er ähnelt dem gewöhnlichen *Ilex,* hat jedoch größere und stärker gezähnte Blätter. Kann bis 8 m hoch werden. 'Belgica' hat orangerote Früchte, 'Camelliaefolia' hat, wie der Name schon sagt, ungezähnte Blätter, wie eine Kamelie, der Wuchs ist mehr oder weniger pyramidal, 6 m hoch und 3 m breit. 'Golden King' ist ein breitwüchsiger Großstrauch mit Blättern, die goldgelb gerandet sind. Alle eignen sich als Schnittgrün und können auch als Hecke gepflanzt werden.

Ilex aquifolium, Gewöhnliche Stechpalme. Ein 12–15 m hoher, gleichmäßig pyramidal wachsender Baum. Zweige grün, kahl, Blätter oval, glänzend dunkelgrün, mit dornig gezähntem, gewelltem Rand. Blüten im Mai/Juni, rahmweiß in kleinen Büscheln, Früchte leuchtend rot, glänzend. Erwähnt seien einige Sorten: 'Alaska' hat kleinere und stärker dornig gezähnte Blätter und wächst nicht so stark wie die Art. Gut geeignet für niedrige, undurchdringliche Hecken, auch für Pflanzkübel. Früchte glänzend rot, kugelig bis eiförmig, sehr zahlreich. 'Golden King', buschiger, kleiner Strauch, bis 2 m hoch, siehe unter *I. × altaclarensis*. 'Aureomarginata' hat einen goldgelben Blattrand und wenige Dornen. Raschwüchsiger Strauch, 6–8 m hoch, der keine Früchte trägt. 'Bacciflava' ist eine Sorte mit gelben Früchten. 'I. C. van Tol' ist eine bekannte Sorte, die sich durch große, mehr gezähnte, aber stachellose Blätter auszeichnet. Sie bildet eine große Zahl orangeroter Beeren, die bis weit in den Winter hinein haften. Als Solitär- und Heckenpflanze gleich wertvoll, sie wird 8–12 m hoch. 'Pyramidalis' wächst 5–8 m hoch, hat meist ganzrandige, glänzendgrüne Blätter. Diese Art ist selbstfertil, benötigt also keine Partnerpflanze, um Beeren zu bilden. Die zahlreichen hellroten Beeren bilden sich im September und halten sich bis weit in den Winter hinein. 'Silver Queen' wird 5−6 m hoch und hat Blätter mit breitem, cremeweißem Rand. Die Zweige sind violettblau. Es ist eine männliche Pflanze, die keine Früchte trägt.

Ilex bioritsensis syn. *I. pernyi* var. *veitchii*. Niedriger, dichter Strauch mit glänzendgrünen, 3 cm langen Blättern, die nach beiden Seiten abstehende scharfe Zähne tragen. Die Beeren sind rot.

Ilex crenata. Dieser aus Japan stammende Strauch wächst langsam, aufrecht, breit, 2−3 m hoch. Blätter 2−3 cm lang, elliptisch, graugrün, am Rand gezackt. Blüten wenig auffallend, Früchte schwarz. 'Convexa' wächst breit kegelförmig, die Blätter stehen sehr dicht, und sind löffelförmig nach oben gewölbt, in der Art wie bei *Buxus*. Gut geeignet für niedrige, breite Hecken.

Ilex verticillata. Ein 3 m hoher, laubabwerfender Strauch mit schmalelliptischen, 4−7 cm langen Blättern, die sich im Herbst gelb färben. Die Pflanze ist einhäusig und bildet 4−6 mm große kugelige Früchte, die besonders hübsch aussehen, wenn das Laub abgefallen ist.

Ilex verticillata

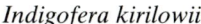

Indigofera kirilowii

Indigofera

Indigostrauch

Ziemlich unbekannter, zierlicher Strauch mit hübschen Schmetterlingsblüten im Sommer.

Standort und Verwendung: Indigosträucher wachsen gerne auf sonnigen, geschützten Plätzen. Sie sind als Solitär- und als Gruppenpflanzen geeignet. Im Frühjahr schneiden wir sie bis auf den Boden zurück. Wenn wir sie in den Schutz einer Mauer pflanzen, ist die Gefahr des Erfrierens geringer und die Pflanzen werden höher.

Boden: Normale Gartenerde, auch trockene Standorte.

Vermehrung: Durch Aussaat, Steckholz und bewurzelte Ausläufer.

Indigofera gerardiana syn. *I. dosua*. Bis 2 m hohe Blütensträucher mit etwas welligem Blatt und hellroten Blüten im Juli/August. Die Art ist nicht ganz winterhart und braucht eine Reisigabdeckung.

Indigofera kirilowii. Ein 1 m hoher und 2 m breiter, dichtbuschiger Strauch. Blätter leicht behaart, Blütenrispen im Juni violettrot. Wegen seines dichten Wuchses ein guter Bodendecker. Ausreichend winterhart.

Jasminum nudiflorum

Jasminum

Echter Jasmin

Einzige winterharte Art der Gattung *Jasminum*. Es ist ein Spreizklimmer, der bis 5 m hoch wachsen kann. Zweige 4-kantig, grün, überhängend. Die gelben Blüten erscheinen je nach Witterung von Februar bis April vor den Blättern.

Standort und Verwendung: Auf sonnigen und halbschattigen Plätzen, an Süd- oder Westwänden, am besten in Hausnähe, so daß wir die Blüten vom Zimmer aus genießen können. In strengen Wintern Reisigschutz geben. Die Zweige können sich nicht selbst halten, sie brauchen ein Gerüst. Auch als Bodendecker zu verwenden, da die aufliegenden Triebe Wurzeln bilden.

Boden: Normale Gartenerde.

Vermehrung: Durch Steckling, Steckholz oder Absenker.

Jasminum nudiflorum. Wertvoller Vorfrühlingsblüher, blüht am vorjährigen Holz. Triebe 4-kantig, Blüten goldgelb. Blätter 3-teilig, nach der Blüte erscheinend.

Juglans cinerea

Juglans

Walnuß

Laubabwerfende, einhäusige Bäume oder Großsträucher mit großen gefiederten Blättern. Die Früchte sind hartschalige Nüsse, eßbar.

Standort und Verwendung: Manchmal werden sie wegen ihres dekorativen Wuchses angepflanzt, meistens jedoch wegen der Früchte. Auf warmen, sonnigen Plätzen gedeihen sie am besten und bringen reichlich Früchte. Nur für größere Gärten und Parks geeignet.

Boden: Nährstoffreich.

Vermehrung: Durch Aussaat oder Veredeln.

Juglans cinerea, Butternuß. Bis 25 m hoher und fast ebenso breiter Baum, der im Mai die grünen männlichen Blütenkätzchen trägt. Die länglichen Nüsse sind rauh behaart, sie sitzen zu zweit bis fünf zusammen.

Juglans nigra, Schwarznuß. Wird 40 m hoch und hat eine breite, lockere Krone. Die rundlichen Nüsse stehen einzeln oder zu mehreren zusammen.

Juglans regia, Walnuß. Wird 30 m hoch mit breiter, dichter Krone. Nüsse oval, leicht zu knacken.

Juniperus

Wacholder

Die Gattung *Juniperus* ist sehr umfangreich und umfaßt sowohl Arten, die in Nordeuropa als auch solche, die in Südeuropa heimisch sind, solche die auf feuchten Böden wachsen und solche, die trockene bevorzugen. Wacholder haben zwei Arten von Nadeln, eine Jugendform und eine Altersform, beide können an ein und derselben Pflanze vorkommen. Die Jugendform ist nadelförmig spitz, die Altersform ist schuppenförmig und rings um den Zweig angeordnet. Die Farbe der Nadeln kann sehr verschieden sein: es gibt grüne, graue, bläuliche, gelb- oder weißbunte Formen. *Juniperus* ist zweihäusig, um eine reiche Beerenentwicklung zu bekommen, müssen männliche und weibliche Pflanzen zusammengepflanzt werden. Da die Früchte 2 oder 3 Jahre zum Reifen benötigen, kann man Blüten, unreife grüne und reife blaue Früchte zugleich am Strauch sehen. Die reifen Früchte werden von Vögeln gefressen. Alle Teile der Pflanze sind sehr aromatisch. Das Laub der *Juniperus* ist giftig und kann bei Berührung Hautallergien hervorrufen.

Standort und Verwendung: Wacholder benötigen einen sonnigen oder halbschattigen Platz. Sie sind recht widerstandsfähig gegen Windeinwirkung. Sorten mit hübscher Nadelfärbung oder ausrucksvoller Wuchsform sind gute Solitärpflanzen, besonders im Heidegarten. Die niedrigen, langsam wachsenden eignen sich für Steingärten, die kräftigeren als Bodendecker. Wegen ihrer immergrünen Benadelung decken sie den Boden dauernd gut ab, so daß wenig Unkraut aufkommen kann und die bepflanzten Flächen nur geringen Pflegebedarf haben. Schnellwachsende Wacholder eignen sich auch als Hintergrund oder Gruppenpflanzung zwischen anderen Gehölzen.

Boden: *Juniperus* ist wenig anspruchsvoll, er gedeiht sowohl auf sauren als auch auf kalkhaltigen Böden, die meisten Vertreter dieser Gattung entwickeln sich auch auf ärmsten Sandböden noch gut. *J. communis* braucht sehr gut dränierte Böden, *J. virginiana* feuchtere und nährstoffreichere.

Vermehrung: Die Arten aus Samen, der mitunter 2 Jahre braucht, um zu keimen. Die Gartenformen werden durch Stecklinge im Spätsommer vermehrt.

Juniperus chinensis. Baum oder Strauch, bis 25 m hoch mit kahlen Zweigen und überwiegend spitzen, nadelförmigen Blättern, die zu zweit oder dritt zusammen an den Zweigen sitzen. Die Nadeln haben 2 weiße Streifen an der Oberseite und wirken wie kleine anliegende Schuppen. Die Früchte sind bis 10 mm groß, braun weiß

Juniperus chinensis 'Blaauw'

Juniperus chinensis 'Hetzii'

Juniperus chinensis 'Pfitzeriana Aurea'

Juniperus communis 'Compressa'

bereift. Die Blütezeit liegt Ende April bis Mai. Die männlichen Pflanzen wachsen mehr säulenförmig und haben eher nadelförmige Blätter, die weiblichen wachsen breiter, haben überhängende Äste und mehr schuppenförmige Blätter. Von *J. chinensis* sind viele verschiedene Sorten im Handel. Manche Autoren zählen einige Kulturformen zu *J. × media,* einer Kreuzung aus *J. sabina* und *J. spaerica.* Der letzte Name soll übrigens ein Synonym für *J. chinensis* sein. Im Handwörterbuch für Pflanzennamen von Zander, in der 13. Auflage, stehen alle Formen noch unter *J. chinensis:* so machen wir es hier auch. In Zukunft wird sich bei der Nomenklatur von *Juniperus* gewiß noch einiges ändern.

'Blaauw's Varietät' wird ungefähr 1,5 m hoch. Die Blätter sind graublau, schuppenförmig, sehr dicht stehend, Triebspitzen leicht nach außen gekrümmt, Zweige und Äste schräg nach außen ansteigend.

'Blue Cloud' bildet einen niedrigen, breiten Strauch, Nadeln graublau.

'Blue Point' wächst regelmäßig, spitzkegelförmig, die Nadeln sind blaugrau.

'Echiniformis' ist eine Zwergform, die im Laufe der Jahre einen flachkugeligen Strauch bildet. Die Zweige sind kurz und stehen dicht beieinander, die Nadeln sind sehr klein.

'Fruitlandii' wächst dicht sparrig, das Laub ist hellgrün. Die Sorte ist eine Verbesserung von 'Pfitzeriana Compacta'.

'Hetzii' wächst bis zu 2 m hoch, kann aber mehr als doppelt so breit werden. Er ist sehr wüchsig, meist wachsen die Zweige aufrecht und schräg nach außen, so daß sich im Lauf der Jahre mehrere Trichter bilden können. Die Nadelfarbe ist graublau. Damit der Strauch nicht so breit auseinanderfällt, ist gelegentliches Schneiden nötig. Verträgt Hitze und Trockenheit, wächst auf sauren, bevorzugt aber kalkhaltige Böden.

'Kaizuka' ist ein bizarr geformter Strauch mit unregelmäßig, schräg nach oben wachsenden Zweigen. Die schuppenförmigen Blätter sind hellgrün. Es ist eine sehr dekorative Pflanze für einen nicht zu kleinen japanischen Garten.

'Keteleeri', kleiner Baum mit durchgehendem Mittelstamm, der im Alter 5–10 m hoch werden kann. Die Äste wachsen steil ansteigend, die Zweige sind sehr dünn. Die schuppenförmigen Nadeln sind grün, leicht bläulich bereift, angenehm aromatisch duftend. Auffallend reichliche und frühe Fruchtbildung, Beerenzapfen schön blaubereift, bis 10 mm dick.

'Old Gold', niedriger Strauch mit breitausladenden Zweigen und überhängenden Triebspitzen. Kann im Alter 1,5 m hoch und 2–3 m breit werden. Die Nadeln sind im Austrieb goldgelb, danach im Sommer und Winter bronzegold, nach innen vergrünend.

'Pfitzeriana', bekannter, breitausladender Strauch, der 2 m hoch und 5 m breit werden kann. Die Zweige bauen sich etagenförmig übereinander auf, die Zweigspitzen hängen über, die Nadeln sind leuchtend grün, aromatisch duftend. Durch Aufbinden des Mitteltriebes kann man hoch wachsende Pflanzen erhalten. 'Pfitzeriana' verträgt das Schneiden gut und gedeiht auch noch im Schatten.

'Pfitzeriana Aurea' ist nicht ganz so starkwüchsig und hat gelbgrüne im Winter bronzefarbene Nadeln, die nach innen vergrünen.

'Pfitzeriana Glauca' hat graublaue Nadeln.

'Plumosa', 1 m hohe, flachwachsende Form mit fächerförmig ausgebreiteten Zweigen. Die Nadeln sind den ganzen Winter über frischgrün. Sehr malerisch wachsende männliche Form. Die weibliche Form wächst unregelmäßig, und hat goldgelb gefärbte, schuppenartige Nadeln: es ist 'Plumosa Aurea'. Sie wird 80–100 cm hoch und 1–2 m breit. Wuchs trichterförmig, Zweigspitzen überhängend, einer der schönsten goldgelben Wacholder.

'Stricta' ist eine schmal kegelförmig wachsende Konifere, deren Nadeln hübsch blaugrau, im Winter stahlblau sind.

Juniperus communis. Ein 5 m hoher Strauch, der auf guten Böden säulenförmg wächst, auf schlechteren aber breitere Büsche mit sehr spitzen Nadeln bildet. Sie sind pfriemförmig, 1,5 cm lang, zugespitzt, sitzen zu dreien zusammen und haben auf der Oberseite breite, weiße Streifen. Die Früchte sind blaubereift. Die Blütezeit liegt im April/Mai.

'Compressa' wächst langsam und wird im Laufe der Zeit nur 1 m hoch. Blätter werden nur als Jugendform ausgebildet, sie sind blaugrau; Wuchs säulenförmig.

'Depressa Aurea' wird nicht sehr hoch, aber bis zu 4 m breit, Wuchs trichterförmig. Im Sommer sind die Nadeln gelb, im Winter bronzefarben.

'Dumosa' entwickelt sich flach und breit und erreicht eine Höhe von nur 1 m. Die Nadeln sind 10 mm lang, grün. Es ist ein Klon von *J. depressa.*

'Hibernica', Säulenwacholder, Wuchs säulenförmig, 3–5 m hoch, sehr dicht, mit steil aufstrebenden Trieben. Nadeln blaugrau bis blaugrün, zugespitzt, aber nicht stechend. Ältere Exemplare in schneereichen Gegenden im Herbst zusammenbinden, damit die Pflanzen unter der Schneelast nicht auseinanderbrechen.

'Hornibrookii', Kriechform mit bodenaufliegenden Ästen, die 50 cm Höhe und 2 m Breite erreichen kann. Nadeln stechend spitz, sehr dicht stehend, im Sommer hellgrün mit silbrigen Streifen, im Winter bronzegrün.

'Minima' wächst unregelmäßig, Zweige liegen auf dem Boden, Triebe vierkantig, Nadeln blau-weiß gestreift, nicht stechend.

Juniperus communis 'Hibernica'

Juniperus horizontalis

Juniperus recurva var. *coxii*

Juniperus sabina 'Tamariscifolia'

'Repanda', 30 cm hoch und mitunter bis 1,5 m breit wachsend, sich nach allen Seiten flach ausbreitend, langsam wachsend. Die Nadeln sind dunkelgrün, auf der Oberseite silbrig gestreift, auf armen Böden graugrün, nicht stechend.

'Suecica', straff aufrecht wachsend, Zweigspitzen überhängend (im Gegensatz zu 'Hibernica'), bis 6 m hoch und breiter als 'Hibernica'. Nadeln blaugrau, spitz und stechend, auf armen Böden silbrig schimmernd.

'Vase' bleibt 1 m hoch und hat einen trichter- oder nestförmigen Wuchs. Die Nadeln sind von oben weiß gestreift, von unten dunkelgrün, im Winter braun.

Juniperus conferta syn. *J. litoralis*. Ein Wacholder, der aus Japan stammt. Er wird 60 cm hoch und sehr breit und eignet sich gut für Steingärten oder Mauerköpfe, von denen er herabhängen kann. Die Nadeln sind frischgrün und stechen.

Juniperus horizontalis syn. *J. prostrata*. Langsam wachsender Strauch mit niederliegenden Zweigen, er wird nur 30 cm hoch, kann aber 3 m breit werden. Wächst noch gut auf trockenen Böden und im Schatten und eignet sich auch zur Böschungsbepflanzung. Seine Nadeln sind blau- bis stahlgrün. Es gibt einige Formen, die sich in Wuchscharakter und Nadelfarbe unterscheiden:

'Douglasii' wächst etwas stärker als die Art, die Nadeln sind blaugrün im Sommer und violettblau im Winter.

'Glauca', bodenaufliegende, mattenbildende Form mit dicht anliegender, schuppenförmiger, blauer Benadelung, auch im Winter stahlblau. Für Heidegärten und zur Hangbepflanzung, verträgt keinen Schatten.

'Plumosa' ist ein breit ausgedehnt kriechender Strauch mit graugrünen Nadeln. Die Zweige sind fächerförmig angeordnet und schräg nach oben gerichtet.

'Prostrata' wird so hoch wie die Art, aber noch breiter. Bildet ausgedehnte Matten, aus denen die nach oben gerichteten Triebspitzen hervorragen. Die Nadeln sind graugrün.

'Viridis' hat auffallend hellgrüne Nadeln. Sie wächst schneller und höher als die meisten Sorten und erreicht 60 cm Höhe.

Juniperus procumbens. Bis 50 cm hoher, niederliegender Strauch, dessen Triebspitzen aufgerichtet sind. Die Belaubung ist ausschließlich nadelförmig, in dichtstehenden Dreiergruppen um die Zweige herum angeordnet. An der Basis der blaugrünen Nadeln befinden sich 2 weiße Flecken.

Juniperus sabina, Sadebaum. Starkwüchsig, aufrechter Strauch mit buschigem Wuchs. Die 4-kantigen Zweige tragen die Seitenzweige besenartig angeordnet, die schuppenförmigen Nadeln sind blaugrün, sehr klein, zum Teil fehlen sie ganz, bei Zerreiben strenger Geruch. Blütezeit April/Mai; Früchte klein, ohne Bedeutung.

'Femina', der weibliche Sadebaum ist eine niederliegende Form mit buschig ausgebreiteten Ästen, Zweige ansteigend; Nadeln schuppenförmig, dunkelgrün. Höhe bis 1,5 m, Breite 4 m.

'Mas', der männliche Sadebaum ist raschwüchsig, Äste ausgebreitet ansteigend, Zweigspitzen überhängend. Nadeln blaugrün, im Winter unterseits purpurn, stechend.

'Hicksii', ein starkwüchsiger Strauch mit schräg aufwärts gerichteten Ästen, die sich im Alter nach außen biegen. Das graublaue nadelförmige Laub färbt sich im Winter violett.

'Tamariscifolia', flachwachsende, bis 50 cm hohe und 2 m breite Zwergform. Die Äste sind waagerecht ausgebreitet, was besonders bei Pflanzungen am Hang sehr dekorativ wirkt. Nadeln bläulichgrün, auch im Winter nadelartig und scharfspitzig. Die Pflanze liebt Kalk.

Juniperus scopulorum. Baum bis 10 m hoch, mitunter mehrstämmig. Das Laub ist schuppenförmig und dicht an den Zweigen anliegend. Die Art ist nicht in Kultur, jedoch gibt es einige sehr hübsche Gartenformen:

'Blue Heaven' wächst kegelförmig, das Laub ist graublau, reich fruchtend. 'Grey Gleam' wächst säulenförmig und hat ein sehr feines, silbergraues Laub, 'Springbank' bildet schmale, bis 2 m hohe Kegel, die Nadeln sind silberblau, zierlich.

Juniperus squamata. Niederliegende Art mit etwas aufsteigenden Zweigen. Die Nadeln stehen zu dritt beieinander, sie sind auf der Oberseite blauweiß, auf der Unterseite grün. Blütezeit April/Mai, später schwarze Früchte. Schöner als die Art sind einige Sorgen, z. B.:

'Blue Carpet', eine flach kriechende, unregelmäßige Polster bildende Zwergform von nur 30 cm Höhe. Die Nadeln sind blaugrau, scharf und spitz.

'Blue Star' ist ebenfalls eine hübsche blaue Sorte, die zunächst buschig, später unregelmäßig gewölbt ausgebreitet wächst. Sie ist entstanden aus einem Hexenbesen von 'Meyeri'. Die Nadeln sind silbrigblau, spitz.

'Boulevard' wird doppelt so hoch, wächst kompakt und hat an ihren blaugrünen Nadeln unterseits 2 hellblaue Streifen, wird ungefähr 1 m breit.

'Meyeri', bekannter Blauzeder-Wacholder. Wuchs breit aufrecht, Triebspitzen überhängend, Zweige dicht, im Alter lockerer. Nadeln silbrigblau, stechend, büschelartig angeordnet. Bei alten Pflanzen sterben die inneren Nadeln ab und werden braun. Systematischer Rückschnitt kann diesen Prozess aufhalten.

'Wilsonii' wächst breit pyramidal, kompakt und wird etwa 2 m hoch. Nadeln kurz blaugrau.

Juniperus virginiana. Großer Strauch oder Baum, der in seiner Heimat bis 30 m hoch werden kann; Äste schlank, wenig verzweigt. Nadeln kurz, spitz, stechend mit bläulicher Oberseite. Sie sind schuppenförmig, liegen am

Juniperus squamata 'Meyeri'

Juniperus squamata 'Wilsonii'

Triebende dicht an, nur die Spitzen stehen ab. Blütezeit April/Mai, die kleinen, blaubereiften Zapfen reifen in einer Saison.

'Burkii', geschlossen kegelförmig wachsend, bis 3 m hoch. Nadeln stahlblau, im Herbst bronzefarben. Im Kontrast dazu stehen die blauen weißbereiften Früchte.

'Canaertii', aufrecht wachsender, dicht verzweigter Wacholder, bis 5 m hoch, Wuchs kegelförmig. Die Nadeln sind frischgrün. Auffallend sind die zahlreichen blauweißen Früchte, ab September reifend, die in hübschem Kontrast zum Laub stehen.

'Glauca', aufrechte, breit säulenförmig wachsende Form, innen dicht verzweigt, außen lockerer. Nadeln schuppenförmig, stahlblau. Zapfen 6 mm dick, rund, blau bereift, im September reifend.

'Grey Owl', entstanden aus einer Kreuzung von *J. virginiana* 'Glauca' und *J. chinensis* 'Pfitzeriana'. Wuchs breit mit aufsteigenden Ästen, dichtbuschig verzweigt, flacher als *J. chinensis* 'Pfitzeriana'. Wuchshöhe etwa 2 m. Nadeln graublau, auf mageren Böden intensiver gefärbt als auf nährstoffreichen.

'Skyrocket', frohwüchsige Säulenform, erreicht 4–6 m Höhe. Zweige sehr dicht anliegend, fast wie bei Zypressen. Nadeln graugrün, auf armen Böden blaugrün.

Juniperus virginiana 'Skyrocket'

Kalmia angustifolia

Kalmia

Lorbeerrose

Wintergrüne Sträucher, die im Frühling oder Frühsommer blühen und zur Familie der Heidekrautgewächse gehören.

Standort und Verwendung: Lorbeerrosen bevorzugen schattige oder halbschattige Plätze mit feuchtem Boden. Bei dauernd ausreichender Feuchtigkeit können sie auch in der Sonne stehen. Wegen ihrer geringen Größe kann man sie gut in kleinen Gärten pflanzen.

Boden: Moorböden. Auf sandigen Böden viel Torf beigeben.

Vermehrung: Durch Absenker, Stecklinge oder Aussaat.

Kalmia angustifolia. Straff aufrecht wachsender, kleiner Strauch von 1 m Höhe und Breite. Blätter lanzettlich, frischgrün. Blüten im Juni/Juli, rosarot in breiten, achselständigen, offenen Glocken.

Kalmia latifolia. Höhe bis 1,5 m, Breite 1 m, unregelmäßig breit, aufrecht wachsend. Blätter elliptisch, dunkelgrün, größer als bei *K. angustifolia.* Blütendolden karminrosa, am Ende der Triebe angeordnet.

Kerria

Kerrie, Ranunkelstrauch

Laubabwerfende Sträucher, die im Winter durch ihre leuchtend grüne Rindenfärbung auffallen.

Standort und Verwendung: Für warme, sonnige oder halbschattige Plätze. Sie verbreiten sich durch Ausläufer, ohne jedoch lästig zu werden. Die alten Blütentriebe sterben ab und sollten kurz über dem Boden abgeschnitten werden. In strengen Wintern kann *Kerria* zurückfrieren, sie treibt aber von unten wieder durch.

Boden: Durchlässige, nicht zu schwere, trockene oder feuchte Böden.

Vermehrung: Durch Steckholz oder bewurzelte Triebe.

Kerria japonica. Bis 1,5 m hoch sich ausbreitender Strauch mit grünen Trieben. Blätter eiförmig, scharf gesägt, hellgrün, Blüten im Mai/Juni endständig an den Trieben, im Herbst nachblühend.

Bekannter und wüchsiger ist 'Pleniflora' mit ballförmig gefüllten Blüten von Mai bis Juni. Sie bildet keine Ausläufer. Ist aber als Solitär nicht geeignet, da der Wuchscharakter des Strauches nicht attraktiv genug ist.

Kerria japonica

Koelreuteria

Blasenbaum

Ziemlich unbekannter, laubabwerfender Baum oder Strauch mit hübsch geformtem Blatt, das sich im Herbst gelb färbt.

Standort und Verwendung: Prächtiger Solitärstrauch, der wegen seines breiten Wuchses für sehr kleine Gärten nicht geeignet ist. Er wächst recht langsam und bevorzugt sonnige, warme Standorte. Er ist nicht ganz winterhart.

Boden: Nährstoffreich, kalkhaltig.

Vermehrung: Durch Samen, die sofort nach der Reife unter Glas ausgesät werden müssen.

Koelreuteria paniculata. Auffälliger, breitkroniger kleiner Baum von 6–8 m Höhe. Zweige grau, Blätter bis 40 cm groß, gefiedert; einzelne Fiederblättchen 3–5 cm lang. Im Juli/August erscheinen die großen, gelben Blüten, die in lockeren Rispen zusammenstehen. Sehr dekorativ vor einem dunklen Hintergrund. Interessant sind die blasigen Fruchtkapseln, die von September bis Dezember an den Triebenden stehen.

Koelreuteria paniculata

Kolkwitzia

Kolkwitzie

Hübscher Blütenstrauch mit lockerem, überhängendem Wuchs und großer Blütenfülle im Mai/Juni.
Standort und Verwendung: Vielfältig zu gebrauchen, da er nicht nur während der Blütezeit, sondern auch danach ansehnlich ist. Als Solitär- oder Gruppenstrauch gleichermaßen zu gebrauchen. Auf sonnigen Plätzen blüht er am schönsten.
Boden: Normale Gartenerde.
Vermehrung: Steckhölzer oder Stecklinge.

Kolkwitzia amabilis. Bis 3 m hoher und 2 m breiter, dicht und fein verzweigter Strauch mit grauer, abblätternder Rinde. Blätter eiförmig zugespitzt, an behaarten Blattstielen. Blüten im Mai/Juni auf den überhängenden Zweigen sitzend: sie sind glockenförmig, rosaweiß mit gelbem Schlund und stehen in dichten Doldentrauben zusammen. Im Verblühen werden sie fast weiß.
Es gibt auch intensiver gefärbte Sorten: 'Rosea' hat dunkelrosa Blüten und auch 'Pink Claud', deren Name für sich spricht.

Kolkwitzia amabilis

Laburnum × watereri 'Vossii'

Laburnum

Goldregen

Bekannter laubabwerfender Strauch, mit gelben Schmetterlingsblüten, die in langen Trauben am Strauch hängen. Er ist in allen Teilen giftig.
Standort und Verwendung: Geben Sie dem Goldregen einen sonnigen oder halbschattigen Platz. Wegen seines aufrechten, schmalen Wuchses ist er auch für kleinere Gärten geeignet. Gegen starken Rückschnitt empfindlich, verträgt das Verpflanzen im Alter schlecht.
Boden: Normale Gartenerde.
Vermehrung: Die Arten durch Samen, die Gartensorten durch Veredeln.

Laburnum anagyroides syn. *L. vulgare.* Baumartig, aufrechter Strauch, bis 7 m hoch. Zweige und Blattunterseite behaart. Blütentrauben schwefelgelb im Mai/Juni, nicht über 20 cm lang, Blüten nicht duftend. In Südeuropa heimische, auf kalhaltigen Böden verwilderte Art.
Laburnum × watereri 'Vossii'. Bis 8 m hoher baumartiger Strauch, dessen goldgelbe, duftende Blütentrauben im Juni eine Länge von 50 cm erreichen können.

Larix

Lärche

Laubabwerfende Koniferen, die das ganze Jahr über hübsch aussehen und sich deshalb gut zur Einzelstellung eignen, besonders vor einem Hintergrund aus dunklen wintergrünen Nadelhölzern. Im Frühling ist das Laub frischgrün. Die weiblichen Blüten der Lärchen sind meist rötlich, die männlichen grüngelb. Die Herbstfärbung ist leuchtendgelb. Im Winter sind die Lärchen dekorativ wegen ihres Wuchses und der zahlreichen kleinen Zapfen. Lärchen wachsen besonders in der Jugend sehr schnell. Sie vertragen Schnitt.

Standort und Verwendung: Wegen ihrer Größe eigentlich nur für Parks und große Gärten geeignet, da sie einen freien, sonnigen Stand verlangen. Sie können jedoch durch Schnitt in bestimmten Formen und Größen gehalten werden. Besonders *L. kaempferi* eignet sich dafür. Auf dem Bild rechts unten sehen Sie einen 100 Jahre alten Lärchen-Bonsai aus Japan. Pflanzen Sie sie einzeln oder in Gruppen – in einem Lärchenhain herrscht eine ganz eigentümliche Stimmung!

Boden: Humos und durchlässig.

Vermehrung: Durch Aussaat.

Larix decidua syn. *L. europaea*. Die europäische Lärche hat einen aufrechten, kegelförmigen Wuchs, Höhe 25–30 m. Äste waagerecht abstehend, durchhängend und an den Enden wieder ansteigend. Zweige gelblich, dünn herabhängend. Die nadelförmigen Blätter stehen in Büscheln zu 40 Stück zusammen. Weibliche Blüten rot, Zapfen bis 4 cm lang. Verträgt Trockenheit.

Larix gmelinii syn. *L. dahurica*. Die asiatische Lärche ist ein pyramidal wachsender Baum, Höhe 20 m, mit rotbraunen Zweigen. Die ziemlich dicken Nadeln sind zunächst gelblich, später dunkelgrün, sie bleiben sehr lange am Baum. Die Zapfen zylindrisch, 3,5 cm hoch.

Larix kaempferi syn. *L. leptolepis*. Die japanische Lärche erreicht 30 m Höhe. Die Äste sind waagerecht, weit ausladend, die Jahrestriebe rotbraun, anfänglich behaart. Die blaugrünen Nadeln stehen in Büscheln von mindestens 40 zusammen, sie haben auf der Unterseite 2 weiße Streifen. Weibliche Blüten sind rötlich, männliche gelb. Die Zapfen sind eirund, bis 4 cm lang. *L. kaempferi* liebt Feuchtigkeit.

Eine langsam wachsende Sorte ist 'Pendula' mit schwer herabhängenden Zweigen. Wird etwa 10 m hoch.

Larix laricina syn. *L. americana*. Eine starkwüchsige Lärche aus Amerika, Höhe bis 30 m, Wuchs schmal pyramidal. Äste rotbraun, Zweige zunächst orangerot. Nadeln dünn, hell blaugrün, Zapfen eirund, 2 cm lang, eine in Deutschland kaum verbreitete Art.

Larix gmelinii

Larix kaempferi

Lavandula angustifolia ssp. *angustifolia*

Lavandula

Lavendel

Meist unter Stauden geführt, ist er doch ein echtes Gehölz. Das hübsch graugrüne Blatt und die duftenden Blüten sind gute Gründe, einige Büsche in den Garten zu pflanzen. Leider ist Lavendel nicht 100%ig winterhart.
Standort und Verwendung: Lavendel braucht einen sonnigen, geschützten Platz im Garten. Er eignet sich als Einfassungspflanze oder als niedrige Hecke – ins Kräuterbeet zusammen mit Thymian, Salbei und Rosmarin paßt er genauso wie ins Rosenbeet.
Boden: Durchlässiger, nicht zu nährstoffreicher Boden. Lavendel ist kalkliebend.
Vermehrung: Stecklinge von den noch nicht verholzten Trieben.

Lavandula angustifolia **ssp. *angustifolia*** syn. *L. officinalis.* Ein 30−60 cm hoher Zwergstrauch mit blauvioletten Blüten im Juni/Juli. Rückschnitt nach der Blüte beugt dem Kahlwerden vor.
Hübsche Sorten sind: 'Hidcote Blue' dunkelviolett, und 'Blue Dwarf', 25 cm hoch, blauviolett.

Lavatera olbia

Lavatera

Kaum winterharte Halbsträucher mit langer Blütezeit und prächtigen, großen Blüten.
Standort und Verwendung: Vor allem wegen ihrer langen Blütezeit ist die *Lavatera* eine gefragte Beetpflanze. Im Hintergrund einer Blumenrabatte oder mitten in einem Pflanzkübel steht sie wegen ihrer Größe am besten. Es ist auch möglich Hochstämmchen zu ziehen, die wir frostfrei überwintern sollten. *Lavatera* ist hübsch zusammen mit Schleierkraut, dunklem Rittersporn oder blauen Herbstastern. Als Schnittblume bleibt sie 2 Wochen lang frisch, und die Knospen blühen alle auf.
Boden: Durchlässig, nährstoffreich und etwas kalkhaltig.
Vermehrung: Durch Aussaat oder Stecklinge.

Lavatera olbia. Bis 1,5 hoher und 1 m breiter Halbstrauch, der von Juli bis Oktober mit hellroten, malvenartigen Blüten bedeckt ist. Der Strauch ist reich verzweigt und am Grund verholzt. Nach eventuellen Frostschäden im Frühjahr zurückschneiden.

Lespedeza

Buschklee

Zierlicher Strauch mit Schmetterlingsblüten, die im Spätsommer und Herbst erscheinen. Leider ist dieser wenig bekannte Strauch nicht ganz winterhart.

Standort und Verwendung: Hübsche Einzelpflanze für sonnige Plätze, auch in kleinen Gärten und in Pflanzkübeln zu gebrauchen. Im Frühjahr schneiden wir die alten Zweige bis zum Boden zurück, im Herbst blüht die Pflanze am einjährigen Trieb. Wird es schon Anfang Oktober kalt, gehen die Knospen nicht mehr auf.

Boden: Trocken, humos, durchlässig.

Vermehrung: Im Frühsommer, durch Stecklinge von halbausgereiften Trieben.

Lespedeza bicolor. Aufrechter, bis 1,5 m hoher Strauch mit rotbraunen Zweigen. Blätter von unten graugrün behaart. Blüht im August/September, rotviolett.

Lespedeza thunbergii syn. *L. formosa.* Breitausladender kleiner Strauch von 1,5 m Höhe und Breite. Zweige weit überhängend. Im September/Oktober purpurrosa Blüten an 60 cm langen Rispen. Wertvoller Herbstblüher.

Lespedeza thunbergii

Leycesteria

Leycesteria formosa

Wenig bekannter sommergrüner Strauch, der das ganze Jahr über hübsch aussieht, selbst im Winter fällt er durch seine bambusartigen Äste auf. Nach der Blüte erscheinen Beeren, die gerne von Vögeln gefressen werden.

Standort und Verwendung: Als Einzelpflanze oder in Gruppen auf besonnten oder leicht beschatteten Plätzen, selbst noch an sehr trockenen Stellen. In kalten Wintern können die Triebe erfrieren, Strauch dann bis auf den Boden zurückschneiden.

Boden: Nährstoffreich und möglichst lehmhaltig.

Vermehrung: Im zeitigen Frühjahr unter Glas aussäen. Sämlinge erst im 2. Jahr an ihren endgültigen Platz pflanzen.

Leycesteria formosa. Bis 1,5 m hoher Strauch mit hohlen, kahlen, grünen und anfänglich bereiften Zweigen. Die Blätter sind 4—15 cm lang, eirund zugespitzt. Die weißen Blüten sind zu Scheinähren zusammengefaßt und fallen besonders auf, weil sie von roten Hochblättern umgeben sind. Die Früchte sind purpurfarben.

Ligustrum ovalifolium 'Aureomarginata'

Ligustrum sinense var. *stauntonii*

Ligustrum

Liguster

Sehr bekannte, halbimmergrüne oder laubabwerfende Sträucher, die Schnitt gut vertragen und deshalb oft als Heckenpflanzen verwendet werden. Sie haben gegenständige, ganzrandige Blätter und weißliche Blüten, die sehr honigreich sind und deshalb stark von Insekten angeflogen werden. Es gibt auch buntblättrige Formen.

Standort und Verwendung: Liguster ist die am häufigsten gebrauchte Heckenpflanze, obwohl sie im Winter, wenn sie bei starkem Frost die Blätter fallen läßt, nicht besonders hübsch aussieht. Eine alte, von unten kahle Hecke kann man regenerieren, indem man sie bis auf den Boden zurückschneidet, die Pflanzen treiben wieder aus. Schneiden Sie die Hecke immer so, daß sie nach oben hin schmaler wird, also trapezförmig, dann verkahlt sie unten nicht.
Liguster wächst sowohl in der Sonne, als auch im Schatten. Läßt man sie ungeschnitten frei wachsen, blüht er im Sommer und bringt meist schwarze Früchte, die allerdings giftig sind. Nicht alle Liguster sind ganz winterhart. *L. vulgare* wird in Schutzhecken und als Unterpflanzung von Bäumen verwendet.

Boden: Normale Gartenerde. Wurzeln sollten während des Verpflanzens nicht austrocknen.

Vermehrung: Steckholz.

Ligustrum obtusifolium **var. *regelianum*.** Bis 2 m hoher Strauch mit horizontal abstehenden, sparrigen Zweigen. Blätter länglich, lebhaft grün, sehr lange haftend. Blüten in dichten weißen Rispen, Juni/Juli. Früchte kugelig, bis Dezember am Strauch, schwarz. Gut geeignet für ungeschnittene, niedrige Hecken.
Ligustrum ovalifolium. Ungeschnitten bis 3 m hoch; Blätter halbimmergrün, elliptisch, hellgrün. Blüten rahmweiß in 10 cm langen Rispen, Früchte grauschwarz. Überwiegend als Heckenpflanze zu gebrauchen, falls sie erfriert, bis auf den Boden zurückschneiden.
'Aureomarginata' hat gelbrandiges Laub, nicht ganz winterhart.
Ligustrum sinense **var. *stauntonii*.** 1,5 m hoher Strauch der sehr breit werden kann. Zweige dicht behaart, Blüten weiß im Juli/August in großen, lockeren Rispen. Nicht ganz winterhart.
Ligustrum vulgare. Bekannter sommergrüner Liguster, aufrecht, bis 5 m hoch wachsend. Blüten weißlich, duftend; Früchte schwarz, glänzend. 'Atrovirens' ist halbimmergrün bis wintergrün, Blatt dunkelgrün, wächst lockerer als die Art. 'Lodense' ist buschig, aufrecht, 1 m hoch, Blatt tiefgrün, im Herbst bronzebraun.

Liquidambar

Amberbaum

Es gibt nicht viele Menschen, die diesen Baum kennen, und noch weniger werden wissen, daß er zu den Zaubernußgewächsen gehört. Er erinnert zunächst an einen Ahorn, da er ein ähnlich eingeschnittenes Blatt hat. Beim Amberbaum sind die Blätter jedoch wechselständig, beim Ahorn gegenständig. *Liquidambar* wächst in der Jugend aufrecht, später mit breiter Krone.
Standort und Verwendung: Lichthungriger Einzelbaum, in der Jugend Frostschutz geben.
Boden: Nährstoffreich und feucht.

Liquidambar styraciflua. Wird bei uns bis 15 m hoch. Zweige rotbraun, im zweiten Jahr mit Korkleisten und grau werdend. Die Blätter sind handförmig geteilt, dunkelgrün und im Herbst von prachtvoller gelb-rot-violetter Färbung. Blüten tulpenförmig, unscheinbar, Früchte stachelig, rund an langem Stiel.

Liquidambar styraciflua

Liriodendron tulipifera

Liriodendron

Tulpenbaum

Hoher, aufrechter laubabwerfender, raschwüchsiger Baum, der zur Familie der Magnoliengewächse gehört. Viele Gründe sprechen dafür, ihn zu pflanzen: sein stattliches Aussehen, sein aufrechter Wuchs, die großen, tulpenförmigen Blüten im Frühsommer und das apart geformte Blatt, das sich im Herbst prächtig gelb färbt. *Liriodendron* sind wenig anfällig gegen Ungeziefer und Schädlinge und widerstandsfähig gegen Luftverunreinigungen. Er verträgt Trockenheit, wächst jedoch besser auf ausreichend feuchten Plätzen.
Standort und Verwendung: Aus dem vorher Gesagten geht hervor, daß der Tulpenbaum ein ausgezeichnetes Solitärgehölz für große Gärten und Parks ist.
Boden: Humos und am besten auch lehmig.
Vermehrung: Durch Absenken oder Aussaat. Samen im Herbst in einen Topf mit sandiger Erde legen. Die Keimfähigkeit der Samen ist nicht sehr groß.

Liriodendron tulipifera. Bei uns 20–25 m hoher und etwa 10 m breiter Baum mit geradem Stamm und lockerer,

117

ausgebreiteter Krone. Die Blattknospen sind wie plattgedrückt, dunkelgrau und bereift, ein deutliches Winterkennzeichen. Die Blätter sind bis 10 cm lang, eckig gelappt, ohne Mittellappen. Vom Frühling bis in den Herbst hinein ist das Blatt frischgrün, vor dem Abfallen verfärbt es sich zartgelb. Im Juni erscheinen die bis 6 cm breiten, tulpenförmigen Blüten, sie sind gelblichgrün mit orangefarbenem Inneren. Meist befinden sie sich hoch oben im Baum, so daß man sie nicht gut betrachten kann. Die Fruchtstände sind zapfenartig, 6—8 cm lang.

Die fleischigen Wurzeln werden beim Verpflanzen leicht verletzt. Um Wurzelfäule zu vermeiden, pflanzen wir am besten im Frühjahr. Schneiden Sie alle verletzten Wurzeln glatt und achten Sie darauf, daß sie nicht austrocknen. Es gibt einige Gartenformen mit abweichenden Merkmalen, z. B. *L.t.* 'Fastigiatum', wird 10—15 m hoch und 4 m breit und ist deshalb auch für kleinere Gärten geeignet. Die Krone dieses Baumes ist schmal pyramidal und seine Zweige sind schräg nach oben gerichtet. Bei 'Obtusilobum' ist die Blattspitze nicht eingeschnitten, ebenso wie bei 'Integrifolium', die beide folglich ungelappte Blätter haben. 'Aureomarginatum' trägt gelblich gerandete oder gefleckte Blätter. Wächst wesentlich schwächer als die Art.

Liriodendron tulipifera 'Fastigiatum'

Lithodora diffusa

Lithodora

Wintergrüner, nicht ganz frostharter, kriechender Strauch mit prächtigen blauen Blüten.

Standort und Verwendung: Besonders die lange Blütezeit und die leuchtend enzianblaue Blütenfarbe machen *Lithodora* zu einer begehrten Steingartenpflanze, die auch in Trögen und Kübeln verwendet werden kann. Geben Sie den Pflanzen einen sonnigen, geschützten Platz in gut dräniertem Boden. In kalten, besonders in schneelosen Wintern mit Reisig abdecken.

Boden: Sandig und durchlässig.

Vermehrung: Durch Aussaat, Stecklinge oder Absenker. Junge Pflanzen unter Glas aufziehen und langsam abhärten.

Lithodora diffusa syn. *Lithospermum diffusum.* Kriechender Halbstrauch, in Deutschland unter Stauden geführt. Höhe 15 cm. Blätter lanzettlich, borstig behaart. Blüten im Mai/Juni, in tiefblauen endständigen Ähren. Bekannte und beste Sorte ist 'Heavenly Blue', etwas größer als die Art.

Lonicera

Heckenkirsche

Eine Gattung, die sehr vielgestaltige Pflanzen umfaßt,
einige sind wintergrün, andere laubabwerfend, einige
haben hübsche Blüten, andere sehr unscheinbare, die
Beeren können ganz unterschiedlich gefärbt sein und die
Wuchsform reicht von kriechend über aufrecht bis zu
kletternd. Nicht alle Arten sind ganz winterhart.

Standort und Verwendung: Die wintergrünen Sträucher
L. nitida und *L. pileata* vertragen viel Schatten. Sie
sollten sogar im Winter vor Sonne geschützt werden,
damit die Blätter nicht erfrieren bzw. nicht vertrocknen.
Diese beiden Arten bleiben niedrig und sind als Bodendecker für Pflanzkübel oder niedrige Hecken zu verwenden. Am häufigsten findet man sie als Unterpflanzung
anderer Gehölze, da sie viel Schatten vertragen. Mit den
kletternden Heckenkirschen, die wir Geißblatt nennen,
können Mauern, Pergolen oder alte Bäume bewachsen
werden. Sie benötigen eine Kletterhilfe. Wenn sie zu
trocken stehen, werden sie von Läusen befallen. Sie
lieben sonnige bis halbschattige Plätze.

Boden: Normale Gartenerde. Für die Kletterpflanzen
besonders in Hausnähe große Pflanzlöcher machen und
mit guter Komposterde füllen. Alle Arten vermutlich
giftig.

Vermehrung: Stecklinge und Steckhölzer.

Wintergrüne Sträucher:

Lonicera nitida syn. *L. yunnanensis.* Dicht verzweigter,
niedriger Strauch, bis 1 m Höhe. Blätter eiförmig, myr-
tenartig, glänzend grün, sehr zierlich. Blüht im Mai mit
grünlichen Blüten, die zart duften. Die Früchte sind
glänzend violett. In strengen Wintern frostgefährdet.
Die Sorte 'Hohenheimer Findling' ist etwas widerstands-
fähiger. Sehr hübsch, aber auch empfindlich ist 'Bagger's
Gold'.

Lonicera pileata. Wird 0,5−1 m hoch und hat fast horizontal stehende Zweige. Die Blätter sind größer als bei
L. nitida, 3 cm lang, hellgrün. Duftende, weiße Blüten
im Mai; violette Früchte. Härter als die vorige Art.
Beide Arten vertragen Schnitt.

Sommergrüne Sträucher:

Lonicera × amoena. Eine Kreuzung zwischen *L. korol-
kowii* und *L. tatarica.* Ein kräftiger, breiter, etwa 2 m
hoher Strauch mit ungewöhnlich vielen Blüten.
Besonders empfehlenswert ist 'Arnoldiana' mit ihren
großen weißen, rötlich überlaufenen Blüten von Mai/
Juni.

Lonicera caerulea. Aufrechtwachsend, bis 2,5 m hoch,
Blätter eiförmig, frischgrün, etwa 8 cm lang. Die Blüten

Lonicera nitida 'Baggesen's Gold'

Lonicera maackii

Lonicera × brownii 'Dropmore Scarlet'

Lonicera × heckrottii 'Goldflame'

sind über 1 cm lang, röhrenförmig, gelblichweiß; sie erscheinen im April/Mai. Im Juni bilden sich blauschwarze, kugelige Früchte.

Lonicera involucrata. Aufrechtwachsender 3 m hoher Strauch mit kantigen Zweigen und dichter, tiefgrüner Belaubung. Blüten orangefarben, 1,5 cm lang, röhrenförmig, Blütezeit von Mai bis Juli. Die erbsengroßen glänzendschwarzen Früchte sind von je 2 dunkelroten Deckblättern umgeben.

Lonicera ledebourii. Breit aufrechtwachsender, 3−4 m hoher Strauch mit dunkelgrünem Laub. Die gelbroten, trichterförmigen Blüten werden bis 2 cm lang und sind von roten Deckblättern umgeben. Die Beeren reifen im Juli, sind schwarz und ebenfalls von den dann purpurfarbenen Deckblättern umgeben.

Lonicera maackii. Großer Strauch mit ausladenden, überhängenden Zweigen, bis 5 m Höhe und 4 m Breite. Blüten sehr zahlreich, gelblich, auf den Zweigen sitzend, duftend. Früchte glänzend leuchtendrot, sind noch an den Zweigen, wenn das Laub abgefallen ist.

Lonicera morrowii. Breiter Strauch, 2−3 m hoch, Zweige anfangs behaart, Blätter länglich zugespitzt. Blüten gelblich-weiß im Mai/Juni, ab Juli leuchtend rote Beeren.

Lonicera × purpusii. Auffallend sind die duftenden, rahmweißen Blüten, die schon im Februar/März erscheinen. Die roten Früchte sind bereits im Mai ausgebildet. Lederartige Blätter, die lange an den Zweigen haften.

Lonicera tartarica. Wird 3−4 m hoch und wächst breit aufrecht. Blattaustrieb früh. Blüten im Mai/Juni, rosa mit weiß, immer paarweise zusammen. Ebenso die hellroten, kugeligen Früchte, die etwa ab Juli erscheinen. 'Zabelli' hat auffallend purpurrote Blüten, die bis 2,5 cm groß werden.

Kletterpflanzen:

Lonicera × brownii. Entstanden aus einer Kreuzung zwischen *L. hirsuta* und *L. sempervirens.* Mäßig stark windende Pflanze bis 4,5 m Höhe. Blätter elliptisch, oberseits grün, unterseits bläulich. Auffallende orangerote Blüten von Mai bis August in Büscheln über den verwachsenen oberen Blattpaaren stehend. 'Dropmore Scarlet' hat hochrote Blüten, 'Fuchsioides' orangerote.

Lonicera caprifolium. Heimisches Geißblatt, bis 4 m hoch windend. Blätter bis 10 cm lang, elliptisch dunkelgrün mit blaugrüner Unterseite. Herrlich duftende, gelbweiße Blüten im Mai/Juni. Beeren rot, zu mehreren kugelig zusammenstehend.

Lonicera × heckrottii. Entstanden aus einer Kreuzung von *L. americana* und *L. sempervirens.* Buschig verzweigter, 2 m hoher Schlinger. Blatt elliptisch, oberseits dunkelgrün, unterseits bläulich. Blüten innen gelblich, außen rot überlaufen, duftend. Früchte purpurrot in dichten Büscheln.

Lonicera henryi. Immergrüner, schwachwindender Strauch mit lanzettlichen, glänzend hellgrünen Blättern. Blüten von Juli bis August, gelbrot, zu mehreren in den Blattachseln. Früchte blauschwarz. Liebt halbschattige, ausreichend feuchte Plätze.

Lonicera periclymenum. Das bekannte Waldgeißblatt ist eine Schlingpflanze mit kahlen Trieben und eirunden, zugespitzten Blättern, die etwa 10 m hoch werden kann. Blüte im Mai/Juni, manchmal im September noch einmal: in endständigen Trauben, gelblich, stark duftend.

Lonicera × tellmanniana. Entstanden aus einer Kreuzung zwischen *L. sempervirens* und *L. tragophylla*. Bis 5 m hoch windende Pflanze, raschwüchsig. Blätter oberseits tiefgrün, unterseits weiß bereift. Blätter am Triebende tellerförmig verwachsen. Von Mai bis Juli zahlreiche tiefgelbe, duftende Blüten an den Triebenden über den Blättern. Beeren groß, korallenrot. Wüchsiger Schlinger für halbschattige Lagen.

Lonicera periclymenum

Magnolia

Magnolie

Sommergrüne Bäume oder Sträucher mit wechselständigen, ganzrandigen Blättern und dekorativen, großen Blüten, die im Knospenstadium von 2 behaarten Hüllblättern umgeben sind. Die Früchte haben Ähnlichkeit mit Koniferenzapfen. Zu Unrecht wird die Magnolie häufig als Tulpenbaum bezeichnet, der botanische Name für letzteren ist *Liriodendron*.

Standort und Verwendung Es sind Sträucher für sonnige, geschütze Plätze. Besonders die frühen Blüher brauchen Schutz vor Spätfrösten, sonst leiden die Blüten. Können Sie dafür nicht sorgen, sollten Sie besser späterblühende Sorten pflanzen. Magnolien gibt es in vielen Größen, so daß man sie fast in jedem Garten verwenden kann. Für den kleinen Garten ist *M. stellata* geeignet, für den großen *M. kobus*.

Boden: Humos, sauer und nährstoffreich, nicht zu trocken.

Vermehrung Die Arten durch Aussaat, der Samen bleibt nur kurze Zeit keimfähig, die Gartenformen durch Absenken oder Veredeln unter Glas.

Magnolia liliiflora 'Nigra'

Magnolia × soulangiana 'Lennei'

Magnolia stellata

Magnolia denudata. Reich verzweigter Strauch bis 3 m Höhe. Blätter länglich, 8—15 cm groß. Im April/Mai erscheinen zahlreiche, aufrechtstehende, weiße, duftende Blüten. Wenig bekannter, aber empfehlenswerter Strauch.

Magnolia kobus syn. *M. tomentosa.* Schnellwüchsiger Strauch, 6—8 m hoch. Blätter elliptisch, bis 15 cm lang. Kurz vor dem Blattaustrieb öffnen sich die kurz behaarten Knospen, und die weißen, außen rosafarbenen Blüten bedecken den ganzen Baum. Vollblüte erst nach 10—15 Jahren. Hübsch sind auch die walzenförmigen, roten Früchte im Oktober.

Magnolia liliiflora syn. *M. purpurea, M. quinquepeta.* Breitwüchsiger Strauch mit kurz behaarten, grauen Knospen und umgekehrt eirunden Blättern. Er blüht im Mai mit duftenden, dunkelrosa und weißen Blüten, die grüne Kelchblätter haben. 'Nigra' hat schlanke, dunkelpurpurfarbene Blüten. Die Blütezeit liegt etwas später, Nachblüte im Sommer. Höhe bis 2,5 m.

Magnolia × loebneri. Ist aus einer Kreuzung von *M. kobus* mit *M. stellata* hervorgegangen. Hat die Frohwüchsigkeit von *M. kobus* und die Blütenform von *M. stellata.* Der Strauch wird etwa 6 m hoch, blüht im April weiß mit größeren Blüten als die Sternmagnolie. Er ist gut geeignet für kleine Gärten. Außer den Blüten fallen später im Jahr die roten, walzenförmigen Fruchtstände auf.

Magnolia sieboldii. Langsam wachsender, breit aufrechter Strauch von 3—4 m Höhe. Die Blütezeit liegt im Frühsommer und noch einmal im September. Blüten schalenförmig, cremeweiß mit hübschen, roten Staubgefäßen, etwas versteckt zwischen den herzförmigen, glänzendgrünen Blättern.

Magnolia × soulangiana. Kreuzung zwischen *M. denudata* und *M. liliiflora.* Bis 6 m hoher und breiter, ausladender Strauch. Blätter verkehrt-eiförmig, 15 cm lang. Die großen, weißen Blüten sind auf der Außenseite rötlich gestreift, Blütezeit April/Mai. *M. soulangiana* braucht sauren Boden, bei zu hohem Kalkgehalt werden die Blätter gelb. Im Sommer ausreichend feucht halten. Bemerkenswerte Sorten: 'Lennei' hat breite glockenförmige Blüten, an der Außenseite violettrot. 'Lennei Alba' ist eine weißblütige, zuverlässige Sorte, die zugleich mit dem Blattaustrieb blüht, hat auch zierende Fruchtstände. 'Nigra' wird etwa 3 m hoch und hat schmalglockige, außen purpurrote und innen hellrote Blüten, die zugleich mit den Blättern erscheinen.

Magnolia stellata syn. *M. kobus* var. *stellata,* Sternmagnolie. Wächst nur langsam und wird höchstens 2 m hoch. Die sternförmigen Blüten erscheinen schon im März/April, weshalb sie spätfrostgefährdet sind. Der Strauch blüht schon in der Jugend. Benötigt einen windgeschützten Standort auf saurem, humosem Boden.

Mahonia

Mahonie

Prächtige wintergrüne Ziersträucher mit hübschen Blüten und Früchten und manchmal auch leuchtender Herbstfärbung. Die unpaarig gefiederten Blätter sind dornig gezähnt. Die Blütentrauben stehen an den Triebenden, aus ihnen entwickeln sich blaubereifte Früchte. Von den zahlreichen Arten, die es gibt, sind nur wenige in Kultur, werden jedoch häufig verwendet, wahrscheinlich, weil sie sehr schattenverträglich sind.

Standort und Verwendung: Mahonien gedeihen in Sonne und Schatten, aber sie vertragen Trockenheit und Zugluft nicht gut. Auf sonnigen Plätzen ist die Herbstfärbung bunt, auf schattigen bleiben die Blätter grün. Sie eignen sich als Unterpflanzung von Bäumen, als Beeteinfassung oder niedrige, freiwachsende Hecke. Einige Arten sind als Solitärpflanzen in kleinen Gärten oder in Pflanzkübeln zu gebrauchen. Auch als Schnittgrün werden Mahonientriebe verwendet.

Boden: Bevorzugt werden humose, feuchte Böden.

Vermehrung: Durch Aussaat oder Absenken.

Mahonia aquifolium syn. *Berberis aquifolium.* Vieltriebig aufrecht wachsender, bis 1 m hoher Strauch mit glänzend grünen, dornig gezähnten Blättchen, die im Austrieb bronzerot sind. Alte Blätter im Winter manchmal rot. Die gelben Blütenrispen erscheinen im April/Mai, im Sommer die schwarzen, blau bereiften Früchte. Wenn die Sträucher unten verkahlen, sollten Sie sie nach der Blüte zurückschneiden. Aus Samen herangezogene Pflanzen sind etwas verschieden voneinander.

Mahonia bealei syn. *Berberis japonica* var. *bealei.* Ein bis 1,5 m hoher, dicktriebiger, langsamwachsender Strauch. Die immergrünen Blätter sind unpaarig gefiedert, fast 40 cm lang; die Fiederblätter derb, dornig gezähnt und dunkelblaugrün. An den Triebenden bilden sich während des Winters die Blütenknospen, die sich im Mai öffnen. Auf die hellgelben Blüten folgen im Juli die blauschwarzen Früchte, die bis in den September haften. Dekoratives Einzelgehölz, das einen geschützten Standort braucht, um sich gut entwickeln zu können. Im Winter 1984/85 sind die Blätter erfroren, die Pflanze hat jedoch von unten wieder ausgetrieben.

Mahonia aquifolium

Mahonia bealei

123

Malus 'Adams'

Malus baccata 'Gracilis'

Malus

Zierapfel

Sommergrüne Bäume und Sträucher, die durch ihre Blüten und Früchte auffallen. Ihr Wert liegt im dekorativen und nicht im wirtschaftlichen Bereich, was nicht bedeutet, daß man die Früchte der Zieräpfel nicht auch verwerten könnte.

Die Blätter sind wie bei allen Äpfeln wechselständig, meist mit gesägtem Rand. Die Blütenfarbe wird häufig im Verblühen blasser, sie reicht von reinem Weiß bis zu Dunkelpurpurrot. Die Früchte können gelbgrün, gelb, orange oder schwarzrot gefärbt sein. Die Blütezeit und Blühdauer der einzelnen Sorten ist sehr verschieden, bei richtiger Kombination einzelner Sorten kann man sich etwa 4–5 Wochen lang an der Apfelblüte erfreuen.

Standort und Verwendung: Zieräpfel können in jedem nicht zu kleinen Garten verwendet werden. Manche Sorten werden als Hochstamm verkauft, so daß die Pflanzen am Boden wenig Platz einnehmen. Wichtig ist es, in der Jugend für einen guten Kronenaufbau zu sorgen, bei dem die Äste gleichmäßig verteilt sind; jeder spätere Schnitt kann sich dann auf das Herausnehmen von Wasserschossen oder zu dicht stehenden Zweigen beschränken. Blüten werden an den Kurztrieben gebildet, sie erscheinen aus besonders dicken Knospen.

Im Handel finden wir nur wenig reine Arten, denn im Lauf der Jahre sind immer mehr Kreuzungen entstanden, bei denen die Herkunft der Eltern nicht mehr bekannt ist. Deshalb führen wir die Hybriden hier in alphabetischer Reihenfolge hinter den Arten auf, ohne auf deren Herkunft einzugehen.

Einige Arten und Sorten sind sehr anfällig für Schorf. Hiergegen muß im zeitigen Frühjahr gespritzt werden. Wollen Sie das vermeiden, müssen Sie sich auf die Verwendung schorfresistenter Zierapfelsorten beschränken.

Besonders hübsch wirken Zieräpfel, wenn man sie in Gruppen pflanzt. Es sind dekorative Gehölze, da sie im Frühling durch die Blütenfülle, im Herbst durch die bunten Früchte zieren. In der Regel sind sie gut winterhart.

Boden: Normale, gut dränierte Gartenerde: der Grundwasserstand sollte mindestens 1–2 m tief stehen. Auf Sandböden jährlich düngen, auf Lehmböden ist das nicht nötig.

Vermehrung: Nur die reinen Arten werden ausgesät, Hybriden werden auf bestimmte Unterlagen veredelt.

Malus 'Adams'. Bis 10 m hoher und 8 m breiter Baum mit dichter Krone. Blüten im Mai bläulichrot, Früchte ebenfalls rot mit violettem Schimmer.

Malus 'Aldenhamensis'. Bis 3 m hoher Strauch mit grauen Blättern. Blüten sehr reichlich, rotviolett, mitunter gefüllt. Früchte grauviolett, klein, nicht sehr auffallend.

Malus 'Almey'. Aufrechter, bis 6 m hoher Baum; Blätter im Austrieb purpurgrau, später graugrün. Blüten schon Anfang Mai tief purpur mit weißer Mitte, blüht schon als junge Pflanze sehr reich. Früchte im September, klein und rot.

Malus 'American Beauty'. Starkwüchsiger Strauch; junges Blatt rot, später grünrot. Die Blüten sind purpurn, nahezu ganz gefüllt und bringen daher fast keine Früchte. Schorfresistent.

Malus × *atrosanguinea*. Eine Kreuzung aus *M. halliana* und *M. sieboldii*. Kleiner Baum, bis 5 m hoch, mit überhängenden Zweigen. Laub grün, Blüten purpurfarben, etwas verblassend. Früchte klein, grüngelb mit roter Seite.

Malus baccata. Bis 8 m hoher Baum mit geschlossener Krone und weißen Blüten von April bis Mai. Die Früchte sind klein, orangerot. Unter diesem Namen wird meist *Malus* 'Red Sibirian' geliefert.

Malus coronaria. Bis 6 m hoher Baum mit großen grünen Blättern; die Blüten im Mai sind weiß, rot überlaufend. Diese Art trägt Dornen, die Früchte sind ohne großen Zierwert. Die beste Sorte ist 'Charlottae', starkwüchsig. Die Blüte ist halbgefüllt, rosa, erst Ende Mai bis Anfang Juni. Früchte unauffällig, Herbstfärbung sehr schön orangerot.

Malus 'Dorothea'. Niedriger bis mittelhoher Strauch mit dünnen Zweigen und großen grünen Blättern. Blüten zunächst rot, später heller, halbgefüllt, auch in der Jugend schon reich blühend. Früchte klein, gelb.

Malus 'Eleyi'. Dichtverzweigter kleiner Baum bis 6 m hoch. Blätter im Austrieb purpurrot, später bronzegrün. Blüten im Mai, einfach, weinrot. Früchte eiförmig, dunkelpurpurn, an langen Stielen, bis November haftend.

Malus floribunda. Bis 8 m hoher Baum mit breiter, überhängender Krone. Kann durch Schnitt kleiner gehalten werden. Blätter grün; Blüten Mitte Mai, weiß, außen rosa, Knospen karmin. Früchte erbsengroß, gelb mit roter Backe, lange haftend. Schorfresistent.

Malus 'Golden Hornet'. Breitwüchsiger, bis 6 m hoher Baum. Blüte Mitte Mai, weiß; Knospen rosa. Die Früchte, immer zu mehreren zusammen, sind gelb und haften bis Neujahr. Nicht schorfanfällig.

Malus 'Hillieri'. Raschwachsender, ausladender baumartiger Strauch, Zweige überhängend. Laub grün; Blüten spät, Ende Mai bis Anfang Juni, einfach blühend, oft halbgefüllt. Die Blüten sind hellrosa und werden von kugeligen, gelb und orangefarbenen Früchten gefolgt, die früh abfallen. Zweige eignen sich zur Treiberei. Nicht schorfanfällig.

Malus floribunda

Malus 'Golden Hornet'

Malus 'Mary Potter'

Malus 'Zita'

Malus 'Hopa'. Kleiner breitwüchsiger Baum. Blätter zunächst violettgrau, später grüngrau. Blüten früh, einfach, purpurfarben. Früchte rot, orange getönt.

Malus 'John Downie'. Rasch und stark wachsender Baum, bis 8 m Höhe. Blätter dunkelgrün; Blütenknospen hellrot; Blüten einfach, weiß, Mitte Mai. Die Früchte sind bis 3 cm groß, gelb mit roter Backe, wohlschmeckend und gut für Gelee zu gebrauchen.

Malus 'Lemoinei'. Breit aufrechter, bis 6 m hoher Baum mit bronzeroter Belaubung. Blüten im Mai, einfach, dunkelpurpur. Früchte ebenfalls dunkelpurpur, klein, wenig auffallend.

Malus 'Liset'. Dicht verzweigter, bis 6 m hoher Baum mit zunächst rotgrünem, später dunkelgrünem Laub. Blüte Mitte Mai, einfach, purpurrot, schon an jungen Pflanzen reichlich. Früchte leuchtend purpur. Wenig schorfanfällig.

Malus 'Makamik'. Rundkroniger, bis 5 m hoher Baum. Blätter im Austrieb rot, später bronzegrün. Blüten dunkelpurpur, später verblassend, mit weißer Mitte. Die kugelförmigen Früchte sind orangerot. Sehr schorfanfällig.

Malus 'Mary Potter'. Niedriger, breitwüchsiger Strauch mit grünem Laub, Knospen rosa, Blüten innen weiß. Die kleinen roten Früchte fallen früh ab.

Malus × *micromalus*. Kreuzung zwischen *M. baccata* und *M. spectabilis*. Kleine, stark verzweigte Sträucher, bis 4 m hoch mit grünen Blättern, rosafarbenen Blüten und kleinen gelben Früchten.

Malus 'Neville Copeman'. Schnellwüchsiger Baum mit breiter Krone. Blätter bronzegrün, später grün. Blüten leuchtend purpurfarben. Das Schönste sind die hellorangefarbenen Früchte im Herbst.

Malus 'Professor Sprenger'. Der 5 m hohe, breitwüchsige Baum hat grüne, im Herbst schöne gelbgefärbte Blätter. Blüten zunächst zartrosa, später weiß. Die Früchte sind klein, gelb, sehr zahlreich und haften bis in den Dezember. Schorfresistent.

Malus 'Profusion'. Breit aufrecht wachsender, kleiner Baum bis 4 m Höhe. Laub dunkelviolettgrün. Die Blüten erscheinen weinrot, später verblassend, Ende Mai. Früchte klein, rotbraun, glänzend.

Malus toringo syn. *M. sieboldii*. Bis 5 m hoher Baum mit überhängenden Zweigen und grüner, glänzender Belaubung, die sich im Herbst gelb färbt. Ende Mai erscheinen die weißen Blüten, später die gelben Früchte.

Malus sargentii. Wird nur 2 m hoch, hat gelappte, grüne Blätter, im Herbst leuchtend gelb verfärbt. Blüten klein, weiß, Früchte nur 0,5–1 cm groß, gelb oder rot gefärbt. Schorfresistent.

Malus tschonoskii 'Zita'. Hängeform, kann auf verschieden hohe Stämme veredelt und bis zu 5 m breit werden. Blüten hell karminrot, Früchte orangerot, zahlreich.

Metasequoia

Urweltmammutbaum

Es ist eine der wenigen Koniferen, die im Winter ihre Blätter abwerfen. Sie ist schnellwüchsig. Der Urweltmammutbaum ist absolut winterhart. Vor 1941 war der Baum nur aus fossilen Funden bekannt. Nach seiner Entdeckung in China und seiner Vermehrung hat er sich rasch ausgebreitet.

Standort und Verwendung: Prächtiger Solitärbaum für große Gärten und Parks. Er sollte möglichst frei stehen.

Boden: Nährstoffreiche, genügend feuchte Böden, ab und zu nachdüngen.

Vermehrung: Aussaat, Steckholz oder Stecklinge.

Metasequoia glyptostroboides syn. *Sequoia glyptostroboides, M. distycha.* Der pyramidale Baum wird in seiner Heimat 35 m hoch und 12 m breit, wächst besonders in der Jugend schnell. Die Nadeln sind gegenständig, frischgrün, färben sich im Herbst gelb und fallen zusammen mit den Kurztrieben ab. Die Rinde ist dunkelgrau und blättert bei älteren Bäumen in Streifen ab. Zapfen kugelig, einzeln an langen Stielen stehend.

Metasequoia glyptostroboides

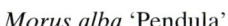

Morus alba 'Pendula'

Morus

Maulbeerbaum

Der Maulbeerbaum wurde früher häufiger verwendet, seine Blätter dienten den Seidenraupen als Futter und im Obstgarten wurde der Baum wegen seiner Früchte gepflanzt.

Standort und Verwendung: Der Maulbeerbaum selbst ist für kleine Gärten nicht gut geeignet, jedoch die Hängeform *Morus alba* 'Pendula' kann dort durchaus verwendet werden. *Morus nigra* kann sehr alt und sehr ausladend werden. Seine Früchte sind dunkelrot. Die Maulbeerbäume brauchen einen sonnigen, geschützten Standort. Jährliches Düngen mit Blutmehl fördert angeblich den Fruchtansatz.

Boden: *Morus* gedeiht am besten auf leichten, sandigen Böden, er liebt Kalk.

Vermehrung: Veredeln oder Steckhölzer.

Morus alba. Kann bis 15 m hoch werden. Blätter hellgrün, 5−12 cm lang. Blüten weißlichgrün, unauffällig. Im August brombeerähnliche, weiße, rosa getönte und eßbare Früchte. Schöne Herbstfärbung

Nothofagus antarctica

Nothofagus

Scheinbuche

Laubabwerfender Baum oder Strauch mit typisch fächerförmig angeordneten Zweigen. Auf der schwarzbraunen Rinde sind viele längliche Lentizellen zu finden, die der Pflanze auch im Winter ein interessantes Aussehen geben. Im Frühjahr und Frühsommer, kurz nach dem Austrieb, duften die Blätter sehr angenehm, im Herbst färben sie sich goldgelb.
Standort und Verwendung: Hübsches Solitärgehölz für sonnige und halbschattige Plätze, auch für Pflanzkübel geeignet. Wegen seines langsamen Wachstums kann es auch in kleinen Gärten gepflanzt werden.
Boden: Leichte bis mittelschwere humose, frische und warme Böden.
Vermehrung: Durch Aussähen oder Absenken.

Nothofagus antarctica. Meist mehrstämmiger, bei uns 5−6 m hoch wachsender Strauch. Die Blätter sind dunkelgrün, klein, eiförmig und gewellt, im Herbst gelb. Blüten und Früchte sehr unscheinbar. Wertvoll wegen seines malerischen Wuchses.

Nyssa sylvatica

Nyssa

Tupelobaum

Sommergrüne, wenig bekannte, große Bäume mit auffallender Herbstfärbung. Das Holz der Wurzel quillt im Wasser sehr stark.
Standort und Verwendung: Hübsches Solitärgehölz für sonnige oder halbschattige, sehr geschützte Plätze. Leider bei uns nicht ausreichend winterhart.
Boden: Kalkfreier, humoser, feuchter Boden.
Vermehrung: Durch Aussaat.

Nyssa sylvatica. In seiner Heimat, dem östlichen Nordamerika und Mexiko, wird der Baum 30 m hoch und bildet eine runde, dichte Krone. Bei uns erreicht er nur eine Höhe von 15 m. Manche Bäume gleichen in ihrem Habitus dem der Eichen, andere sind von oben bis unten beastet, so daß vom Stamm nichts mehr zu sehen ist. Die Blätter sind eirund, ganzrandig, lederartig. Die Oberseite ist glänzend grün, die Unterseite graugrün, die Herbstfärbung reicht von orange bis scharlachrot. Grünliche Blüten erscheinen im Mai, die Früchte sind fleischig, dunkelblau.

128

Osmanthus

Duftblüte

Dichtbuschige, wintergrüne Sträucher, deren Blätter denen des *Ilex* ähneln, jedoch im Unterschied zu letzterem sind die Blätter gegenständig. Die weißen oder cremefarbenen Blüten erscheinen im Herbst oder Frühjahr und duften zart und süß. Nicht alle Arten sind bei uns winterhart.

Standort und Verwendung: Besonders geeignet für kleine Gärten, ausgenommen *O. yunnanensis,* sie wird zu hoch. *Osmanthus* braucht einen sehr geschützten, sonnigen oder auch schattigen Platz. Allgemein gilt, je feuchter der Boden ist, desto sonniger kann der Standort sein. Der Strauch ist geeignet zur Einzelstellung, als Gruppenpflanze, für Pflanzkübel oder auch als Heckenpflanze, je nachdem, welche Art sie verwenden.

Boden: Der Strauch ist anspruchslos, bevorzugt jedoch humose Böden.

Vermehrung: Durch Aussaat, Steckholz oder Absenker.

Osmanthus × burkwoodii syn. × *Osmarea burkwoodii.* Dieser kleine Strauch, der nur 1 m hoch und breit wird, ist das Ergebnis einer Kreuzung aus *O. delavayi* und *O. decorus.* Er wächst sehr langsam und kompakt und hat ovale, 2–4 cm lange, dunkelgrün glänzende Blätter, die fast dem Stengel aufsitzen. Im April/Mai erscheinen die weißen end- oder achselständigen Blütentrauben. Sie verbreiten einen herrlichen Duft.

Osmanthus decorus syn. *Phillyrea decora, Ph. vilmoriniana.* Breiter, fast kugelförmig wachsender Strauch, bis 3 m hoch werdend. An den kahlen Zweigen sitzen ziemlich große, ledrige, dunkelgrüne Blätter mit gelbgrüner Unterseite. Die weißen, duftenden Blütenbüschel sind achselständig, sie erscheinen im Mai.

Osmanthus heterophyllus syn. *Olea aquifolium, Osmanthus ilicifolius.* Dieser Strauch hat ovale, dunkelgrüne, lederartige Blätter, die jung stachelig, später ganzrandig sind. Die Blüten sind achselständig, weiß und erscheinen im September/Oktober. Später bilden sich dunkelblaue Beeren. Dies ist die härteste Art. Hiervon gibt es einige auffallende Varietäten und Sorten. 'Aureomarginatus' hat einen gelben Rand an den Blättern. 'Gulftide' wächst sehr gedrungen und hat ein scharfgezähntes Blatt von olivgrüner Farbe. 'Myrtifolius' trägt sehr kleine, ungezähnte Blätter, ähnlich denen der Myrthe. 'Rotundifolius' ist eine langsamwachsende Zwergform mit dicken, schwarzgrünen, runden Blättern.

Osmanthus yunnanensis syn. *O. forrestii.* Ein 8 m hoher und 9 m breiter Baum mit weißen, duftenden Blüten im Mai, denen eiförmige, dunkelblaue Früchte folgen. Nicht winterhart.

Osmanthus × burkwoodii

Osmanthus yunnanensis

Ostrya virginiana

Ostrya

Hopfenbuche

Laubabwerfende Bäume, die zur Familie der Birken gehören. Die Fruchtstände ähneln denen des Hopfen, weshalb wohl auch der Name entstanden ist.
Standort und Verwendung: Dekorativer anspruchsloser Einzelbaum für Sonne und Halbschatten.
Boden: Normale Gartenerde.
Vermehrung: Durch Aussaat.

Ostrya carpinifolia. Rundkroniger Baum mit kahlen, abstehenden Zweigen. Er wird bis 20 m hoch. Die eirunden Blätter sind 5–10 cm lang, spitz, doppelt gesägt und unterseits leicht behaart. Ihre Farbe ist dunkelgrün, im Herbst leuchtendgelb. Das Blatt ist dem der Hainbuche sehr ähnlich. Die hängenden Fruchtstände sind etwa 5 cm lang.
Ostrya virginiana. Diese Art ist bei uns selten. Sie wächst breit-pyramidal, 20 m hoch, und hat im Gegensatz zur vorigen mehr hängende Zweige. Die Blätter sind größer, 6–12 cm lang und sehr stark zugespitzt. Die Früchte sind spindelförmige Nüßchen.

Pachysandra terminalis

Pachysandra

Kräftiger, wintergrüner Bodendecker, den man zu den Halbsträuchern rechnen kann, der aber meist bei den Stauden geführt wird.
Standort und Verwendung: Bodendecker für genügend feuchte Böden, wo er auch unter Bäumen einen dichten Teppich bilden kann. Auch in Schalen und Pflanzkübeln zu gebrauchen. Einkürzen der Triebspitzen zu Beginn der Vegetationszeit bringt dichteren Wuchs.
Boden: Fruchtbar, humos und möglichst kalkfrei.
Vermehrung: Durch Stecklinge im Winter oder Teilen.

Pachysandra procumbens. Leider nur selten erhältliche, halbimmergrüne Pflanze, die 25 m hoch wird, ein stumpfes, kräftiggrünes Blatt und duftende weiße Blüten im April/Mai hat.
Pachysandra terminalis. Bekannte, sich durch Rhizome ausbreitende Pflanze mit glänzend hellgrünem Blatt, das im Schatten dunkler ist als in der Sonne. Die Blätter sind grob gezähnt und an den Triebenden gehäuft. Blüten weiß, im April in endständigen kleinen Ähren.

Paeonia

Pfingstrose

Zu dieser Gattung gehören sowohl Gehölze als auch Stauden, ihnen allen ist gemeinsam, daß sie leuchtende, große Blüten haben. Generell gilt, daß die strauchig wachsenden *Paeonien* viel Pflege und Wärme benötigen.
Standort und Verwendung: Für sonnige, halbschattige, vor allem aber geschützte Plätze. *P. delavayi* verträgt etwas mehr Schatten, ist frostfester und wüchsiger als *P. suffruticosa*.
Boden: Nährstoffreich, lehmig, aber durchlässig.
Vermehrung: Durch Teilen oder Absenken.

Paeonia delavayi. Ausläuferbildendes Gehölz mit kahlen, aufrechten Zweigen bis 1 m Höhe. Blätter 3-teilig, Blüten im Juli, 5 cm breit, dunkelpurpurrot.
Paeonia suffruticosa syn. *P. arborea, P. moutan.* Gewöhnliche Baumpaeonie, ein Strauch von 1,5 m Höhe und Breite und dicken, kahlen Zweigen. Blätter 3-teilig, blaugrün. Blüten im Mai, bis 30 cm breit, in weißen, rosa, roten und violetten Farbtönen.

Paeonia-Suffruticosa-Hybride

Parthenocissus

Wilder Wein

Sommergrüne Kletterpflanzen mit auffallender Herbstfärbung. Die meisten von ihnen sind selbsthaftend.
Standort und Verwendung: Kletterpflanzen für sonnige oder halbschattige Plätze. Sie wachsen schnell und können ein ganzes Gebäude bedecken, am besten pflanzt man den Wilden Wein an eine Süd- oder Westwand, denn besonders in der Jugend ist er etwas frostgefährdet.
Boden: Fruchtbar und humusreich. Besonders an Gebäuden eine große Pflanzgrube ausheben und mit nährstoffreicher Erde füllen.
Vermehrung: Aussaat, Stecklinge oder Absenker.

Parthenocissus quinquefolia. Bis 15 m hoch kletternder, sich mit Ranken anklammernder Strauch, Blätter 5-zählig, Herbstfarbe karminrot. 'Engelmannii' hält sich mit Haftscheiben. Etwas zierlicher, Herbstfärbung karminrot.
Parthenocissus tricuspidata. Klettert 20 m hoch und hält sich mit Haftscheiben. Blätter 3-gelappt. Herbstfärbung orangescharlach, bei 'Veitchii' noch intensiver.

Parthenocissus tricuspidata

Paulownia tomentosa

Paulownia

Blauglockenbaum

Große, laubabwerfende Bäume mit riesigen Blättern und bemerkenswerten Blütenknospen, die bereits im Herbst angelegt sind und sich im Frühling vor dem Blattaustrieb entfalten. Leider frieren sie in strengen Wintern zurück.

Standort und Verwendung Prächtiger Solitärbaum für sonnige, geschützte Lagen in großen Parks.
Boden Nährstoffreich, kalkhaltig und gut dräniert.
Vermehrung Durch Stecklinge im Sommer oder Aussaat im Frühling.

Paulownia tomentosa. Wo es bis zur Baumbildung kommt, wird der Baum 15 m hoch. Die Äste sind steif und dick, die Blätter breit eiförmig, 25 cm lang und 15 cm breit oberseits grün und behaart, unterseits weißwollig. Wenn die dicken Blütenknospen gut über den Winter gekommen sind, öffnen sie sich im April/Mai und die großen, aufrechten Blütenrispen entwickeln sich bis zu 30 cm Höhe. Die Einzelblüten sind zartviolett mit gelbem Schlund.

Pernettya mucronata

Pernettya

Torfmyrte

Ein kleiner wintergrüner Strauch, der zur Familie der Heidekrautgewächse gehört. Er trägt in Herbst und Winter bunte Beeren, ist aber nicht ganz winterhart.
Standort und Verwendung: Geeignet für sonnige und halbschattige Plätze mit ausreichend feuchtem Boden, besonders in kleinen Gärten. Sie müssen immer männliche und weibliche Pflanzen zusammensetzen, denn *Pernettya* ist zweihäusig. Leider werden im Herbst meist nur die beerentragenden weiblichen Pflanzen abgeboten, fragen Sie deshalb gezielt nach männlichen Exemplaren, wenn Sie die Torfmyrte in Ihrem Garten verwenden möchten.
Boden: Kalkfrei und humos.
Vermehrung: Durch Aussaat oder Stecklinge.

Pernettya mucronata. Bis 1 m hoher und breiter Strauch mit rotbraunen Zweigen und glänzendgrünen, eiförmig zugespitzten Blättern. Zartrosa Blüten im Mai/Juni, danach rosa, weiße oder rote, auch purpurviolette Beeren, die bis Dezember haften.

Perovskia

Ein Halbstrauch, der mitunter auch den Stauden zugeordnet wird. Seine kleinen Blätter sind grau, die Blüten
violettblau. Er ist schwach ausläuferbildend.
Standort und Verwendung: Die *Perovskia* braucht einen
warmen, sonnigen Standort auf gut dräniertem Boden.
Sie paßt gut zwischen Bodendecker im Stein- oder Heidegarten, auch in Pflanzungen, die in grauen, blau, weiß
und rosa Farbtönen gehalten sind.
Boden: Trocken, durchlässig und kalkhaltig.
Vermehrung: Am sichersten aus Samen, auch Stecklinge
im Sommer sind möglich oder das Abtrennen der Wurzelausläufer.

Perovskia abrotanoides. Frostharter, bis 1,5 m hoher
aufrechter Halbstrauch, aromatisch duftend, dessen violettblaue Blüten im August/September erscheinen. Die
kleinen, mehrfach geteilten Blätter sind ganzjährig graufilzig. Strauch im Winter oder Frühjahr bis auf den
Boden zurückschneiden, er treibt in jedem Jahr wieder
neu durch.

Perovskia abrotanoides

Phellodendron amurense

Phellodendron

Korkbaum

Laubabwerfende, mittelgroße Bäume, die im Alter eine
auffallend dicke Korkrinde tragen.
Standort und Verwendung: Hübsche Solitärpflanze für
große Gärten und Parks. Sie verträgt Sonne oder Halbschatten.
Boden: Normale Gartenerde, die etwas Kalk enthalten
sollte.
Vermehrung: Durch Aussaat oder Steckholz

Phellodendron amurense. Bis 15 m hoher und 10 m breiter
Baum mit flacher, offener Krone, Äste weit abstehend.
Austrieb sehr spät, die Blätter sind gefiedert, Einzelblättchen 5–11 cm lang, eirund, lang zugespitzt. Oberseite glänzend grün, Unterseite bläulich. Die Herbstfärbung ist goldgelb, aber nur von kurzer Dauer. Im Juli
erscheinen die grüngelben Blütentrauben, später glänzende, schwarze Beeren. Blüten und beim Zerreiben
auch die Blätter, riechen nach Terpentin. Die korkige,
graue Rinde ist besonders während des Winters sehr
zierend, sie kann bis zu 6 cm dick werden.

Philadelphus coronarius

Philadelphus-Lemoinei-Hybride

Philadelphus

Falscher Jasmin, Pfeifenstrauch

Starkwüchsige, laubabwerfende Sträucher, die fast in jedem Garten zu finden sind. Die verschiedenen Arten und Sorten blühen von Mai bis Juli mit herrlich duftenden, weißen Blüten. Durch Kreuzungen sind viele reich und hübsch blühende Formen entstanden.

Philadelphus hat aufrechte, etwas überhängende Triebe und gegenständige Blätter. Schneiden und Auslichten muß sofort nach der Blüte vorgenommen werden, und da ältere Sträucher die Neigung haben, von unten kahl zu werden, sollte man früh und regelmäßig zurückschneiden.

Standort und Verwendung: Der falsche Jasmin gedeiht am besten auf sonnigen oder halbschattigen Plätzen. Die gelben oder weißbunten Sorten benötigen einen sonnigen Standort. Er eignet sich als Solitär, aber auch als Gruppenpflanze in einem Gehölzstreifen.

Boden: Normale, etwas feuchte Gartenerde.

Vermehrung: Steckholz.

Philadelphus coronarius. Steif aufrechter, schnellwachsender Strauch, 3—4 m hoch, Blätter eirund zugespitzt, entfernt gezähnt. Blüten im Mai/Juni, einfach weiß, überreich, stark duftend. Rinde abschilfernd.

Philadelphus-**Hybriden.** Sie sind aus verschiedenen Kreuzungen entstanden, haben meist eine abblätternde Rinde und große gefüllte Blüten. Einige hübsche Formen sind: 'Albâtre', etwa 3 m hohe Sträucher; weiße, halbgefüllte Blüten. Blütezeit erst im Juli. 'Dame Blanche', langsam wachsender, bis 2 m hoher Strauch, Blüten einfach bis halbgefüllt, weiß, stark duftend, Blütezeit Juni/Juli. 'Innocence', niedriger Strauch mit gelbbunten Blättern und halbgefüllten weißen Blüten. 'Girandole', 2—3 m hohe Form, schon in der Jugend reich blühend; Blüten gefüllt, milchweiß, Blütezeit Juni/Juli. 'Manteau d'Hermine', buschig wachsend, 1,5 m hoch, Zweige überhängend, reichblütig; Blüten im Juni, rahmweiß, gefüllt, duftlos. 'Schneesturm' wird 2 m hoch und hat gefüllte, stark duftende, schneeweiße Blüten. 'Virginalis', steif aufrechter, 2—3 m hoher Strauch mit weißen, halbgefüllten, duftenden Blüten.

Philadelphus-Lemoinei-**Hybriden.** Etwa 2 m hohe Sträucher mit dünnen, überhängenden Zweigen, Blätter klein. Blüten im Juni, stark duftend, weiß mit roter Mitte.

Philadelphus-Purpureomaculatus-**Hybriden** syn. *P. × purpureomaculatus.* Bis 1 m hohe Sträucher mit abschilfernder Rinde und glatten, eirunden Blättern. Einzeln stehende Blüten, 2—3 cm groß mit weinroten Flecken an der Basis.

Photinia

Glanzmispel

Laubabwerfende Sträucher oder kleine Bäume mit weiß-dornähnlichen Blütenständen, roten Früchten und einer hübschen Herbstfärbung. Sie gehören zur Familie der Rosengewächse.

Standort und Verwendung Für sonnige und leicht beschattete Plätze als Solitär- oder auch Gruppenstrauch zu verwenden. Er braucht fast nicht geschnitten zu werden.

Boden Normale Gartenerde, die möglichst kalkarm und gut dräniert sein sollte.

Vermehrung Durch Aussaat, durch Absenker, Stecklinge oder Steckholz.

Photinia villosa. Baumartiger Strauch, der 3—5 m hoch und ebenso breit werden kann. Zweige breit aufrecht, an den Spitzen überhängend. Blätter bis 8 cm lang, lederartig, unterseits behaart, dunkelgrün. Sie färben sich im Herbst orangescharlach. Die weißen Blüten erscheinen im Juni. Die glänzend roten Früchte sind etwa 8 mm lang und haften bis lange in den Winter hinein.

Photinia villosa

Picea abies 'Wartburg'

Picea

Fichte

Bekannte wintergrüne Nadelbäume, die in den nördlichen Ländern Europas besonders häufig vorkommen. Sie ähneln den Tannen, aber der Unterschied ist leicht zu erkennen, wenn wir die Nadeln und Zapfen genau betrachten: Bei *Picea* bleibt nach dem Abzupfen einer Nadel ein Rindenzipfelchen stehen, bei *Abies* nicht. Ferner hängen die Zapfen bei *Picea* und fallen als ganzes ab, bei *Abies* stehen sie aufrecht und es fallen die Schuppen einzeln ab.

Standort und Verwendung: *Picea* wächst gut auf sonnigen und leicht beschatteten Stellen, die kleinen Arten sind für den Steingarten geeignet, andere können auch in Windschutzhecken verwendet werden. Es ist schwierig, die Sorten mit blauen Nadeln und die extremen Wuchsformen in eine Pflanzung zu integrieren, letztere könnten in abgeschlossenen kleinen Gärten, Innenhöfen oder auch Pflanzkübeln verwendet werden, die blauen und blaugrünen Formen sollte man zusammen mit graulaubigen Gehölzen und Stauden, mit blauen, violetten, karminroten oder weißen Blüten pflanzen.

Picea breweriana

Picea glauca 'Conica'

Fichtennadelhumus ist stark sauer und nicht zur Bodenverbesserung geeignet.

Boden: Die meisten Arten sind mit normalem Gartenboden zufrieden, der Kalkgehalt sollte nicht zu hoch sein.

Vermehrung: Die Arten durch Aussaat, die Gartenformen durch Veredeln, gelegentlich auch durch Absenken.

Schädlinge: Außer durch Sitkafichtenlaus können Fichten auch durch Spinnmilben geschädigt werden. Hiergegen hilft eine Behandlung mit einem Winterspritzmittel, z. B. Obstbaumkarbolineum oder auch eine Spritzung im April mit einem zugelassenen Blattlausmittel.

Außer durch die Nadelholzspinnmilbe können Fichten auch durch die Sitkafichtenlaus geschädigt werden. Hiergegen hilft eine Winterspritzung mit Folidolöl oder auch eine Spritzung mit einem zugelassenem Blattlausmittel im Frühjahr.

Picea abies syn. *P. excelsa,* Gewöhnliche Fichte, Weihnachtsbaum. Der 20−30 m hohe, säulenförmig-pyramidale, heimische Baum hat quirlig angeordnete Äste, die zunächst aufsteigend, später waagerecht stehen. Nadeln bis 15 mm lang, dunkelgrün, etwas stechend, angenehm duftend. Die Zapfen sind 10−15 cm lang, 4 cm dick, anfangs grün oder rot, später braun.

'Acrocona', unregelmäßig, breit überhängender Wuchs, bis 4 m hoch, Nadeln dunkelgrün, spitz. Auffallend sind die großen Zapfen, die schon bei jungen Pflanzen häufig an der Triebspitze erscheinen. 'Echiniformis', igelförmiger Wuchs, selten über 60 cm hoch, jedoch viel breiter, Nadeln gelbgrün, rund um die Zweige angeordnet. 'Inversa', Hängeform, bis 12 m hoch, wenn sie so hoch gestäbt wird, sonst niedriger, Zweige hängen dicht am Stamm. 'Nidiformis', Zwergform, die 1 m hoch werden kann und in der Mitte eine nestförmige Vertiefung hat. Wächst sehr langsam und kann außerordentlich alt werden. 'Procumbens', eine Zwergkonifere mit flach ausgebreiteten, übereinander angeordneten Zweigen, Höhe bis 50 cm, Nadeln sehr dicht, spitz. 'Pumila Glauca', langsamwachsende, bis 1 m hohe Konifere mit breit kugeligem Wuchs, Nadeln bläulichgrün, sehr dicht stehend. 'Pygmaea', gestauchter, kugeliger Wuchs, 1 m hoch, langsam wachsend. Nadeln dicht, frischgrün. 'Virgata', sehr variable Form, obere Äste häufig nach oben, untere nach unten durcheinander wachsend. Häufig auch mehrere Mitteltriebe. Nadeln bis 25 mm lang, dick, spitz, dunkelgrün; kann 8−10 m hoch werden.

Picea breweriana, die Mähnen-Fichte. Breit kegelförmig wachsender, zierlicher Baum, der bei uns nur 10 m hoch wird. Die Äste stehen waagerecht ab, die rotbraunen, dünnen Zweige hängen schlaff herunter. Nadeln glänzend dunkelgrün, 25 mm lang, unterseits weiß gestreift. Junge Zapfen purpurrot, reifen ab September.

Picea engelmannii. Wenig bekannter, kegelförmiger Baum mit 25 mm langen, graublauen Nadeln. Sie sind nach vorne gerichtet und riechen beim Darüberstreichen unangenehm. Zapfen zunächst rötlich, später hellbraun.

Picea glauca syn. *P. alba.* Bis 25 m hoher und 5 m breiter Baum mit dicht verzweigtem Wuchs, Äste rotbraun, Zweige kahl, mitunter bereift. Nadeln 2 cm lang, blaugrün, nach vorne gerichtet, sie riechen beim Zerreiben nach schwarzer Johannisbeere.

P. gl. alberta 'Globe', eine langsam wachsende Zwergkonifere, bildet 50 cm hohe Kegel, Nadeln hellgrün 7 mm lang. 'Conica', die Zuckerhutfichte, bildet im Laufe von 10 Jahren einen 1 m hohen Kegel; Nadeln hellgrün, später bläulichgrün. 'Echiniformis' wächst kissenförmig, Triebe kurz und biegsam. Erreicht nur 60 cm Höhe. Nadeln steif, kräftig blaugrün, 20 mm lang.

Picea mariana syn. *Picea nigra.* Bis 15 m hoher, schmalpyramidaler Baum mit anfänglich behaarten, braunen Zweigen. Nadeln blaugrün, spitz. Zapfen braunviolett, eiförmig. Das Holz wird zur Papierherstellung verwendet. Für den Garten interessant sind die Formen 'Doumettii', breit kegelförmig, sehr gleichmäßig wachsend. Äste abstehend, Zweige sehr dicht und dünn. Nadeln radial stehend, silbrig graublau. 'Nana', ein gestauchter, kleiner Baum, der 50 cm hoch und 1,5 m breit werden kann. Nadeln hellblaugrün, radial stehend, spitz.

Picea omorica. Schnellwüchsige Serbische Fichte mit schmalpyramidalem bis säulenförmigem Wuchs, weshalb sie höchstens 5 m breit wird. Äste durchhängend mit aufsteigenden Triebspitzen. Die Nadeln sind 2 cm lang, stumpf, glänzend dunkelgrün, unterseits auffallend weiß. Zapfen bilden sich schon an jungen Pflanzen, sie sind 5 cm lang, rotbraun. 'Nana', die Zwergform der serbischen Fichte wird selten über 1,5 m hoch, sie wächst breit kegelförmig, sehr dicht, Nadeln dunkelgrün.

Picea orientalis. Im Alter bis 20 m hoch werdender, aufrechter Baum, dessen Zweige quirlig, dicht um den Stamm stehen. Nadeln schwarzgrün, dicht, spitz, weibliche Blüten purpurn, Zapfen im nächsten Jahr bis 10 cm lang, erst violett, dann braun. 'Aurea' hat während des Austriebs goldgelbe Nadeln, wird 8 m hoch, 'Nutans' ist eine eigenwillig wachsende Hängeform.

Picea pungens. Aufrecht kegelförmig wachsende Konifere. Die Äste sind quirlförmig, etagenbildend rund um den Stamm angeordnet. Höhe bis 25 m. Nadeln 3 cm lang, graugrün, im Alter fast grün, 3 cm lang, stark stechend. Zapfen in großer Anzahl 10 cm lang, hellbraun. 'Glauca' ist im Habitus wie die Art, die Nadeln sind jedoch stahlblau. 'Glauca Globosa', geschlossen wachsende, flachkugelige Zwergform von etwa 1 m Höhe; Nadeln radial stehend, graublau. 'Koster', veredelte Blaufichte, häufig zunächst unregelmäßig, später pyramidal wachsend, Höhe bis 10 m, Nadeln silberblau.

Picea omorika

Picea pungens 'Koster'

Pieris floribunda

Pieris japonica

Pieris

Lavendelheide

Prächtige wintergrüne Sträucher, die früher *Andromeda* hießen und noch immer unter diesem Namen in manchen Katalogen zu finden sind. Die Blätter stehen einzeln und etwas unregelmäßig an den Zweigen, manchmal an den Triebspitzen gehäuft. Im Austrieb ist das junge Blatt mitunter bronzefarben. Die endständigen Blütenrispen werden schon im Herbst gebildet und können in starken Wintern Frostschäden erleiden.

Standort und Verwendung: Wir sollten *Pieris* immer einen geschützten Standort geben, besonders *P. formosa* und *P. japonica*. Sie stehen gerne auf einem leicht beschatteten, frischen bis feuchten Platz zusammen mit *Rhododendron* und *Erica*. In Pflanzkübeln nur verwenden, wenn die Erde kühl und feucht bleibt.

Boden: Saure, humose Böden, die eventuell mit Nadelstreu, Lauberde oder Torf verbessert werden müssen.

Vermehrung: Durch Aussaat unter Glas oder durch Stecklinge im Sommer.

Pieris floribunda syn. *Andromeda floribunda*. Hat einen aufrechten, breitbuschigen, kompakten Wuchs und wird ungefähr 2 m hoch. Blätter elliptisch, dunkelgrün, 8 cm lang, fein gesägt. Die Blüte ist im April/Mai. Die weißen Blüten stehen in endständigen, 5–10 cm langen, aufrechten Rispen. Diese Art ist sehr winterhart.

Pieris formosa. Eine Art, die nicht winterhart ist, nur die Sorte 'Forest Flame' kann an geschützten Stellen angepflanzt werden. Sie zeichnet sich durch einen leuchtend rotbraunen Austrieb aus.

Pieris japonica syn. *Andromeda japonica*. Der 2–3 m hohe Strauch hat eine kahle, braune Rinde und eine breitbuschige Wuchsform. Die Blütenrispen, die von März bis Mai blühen, hängen elegant über, sie haben eine Länge von 8–12 cm und tragen zahlreiche cremefarbene, krugförmige Blüten. Zur gleichen Zeit treibt der Strauch mit braunroten Blättern aus. 'Flamingo' ist eine Form mit fast purpurroten Blüten, die auch an jungen Pflanzen reichlich erscheinen. 'Purity' ist eine japanische Züchtung, deren Blüten sehr groß und silberweiß sind. Bei 'Variegata' haben die Blätter einen feinen weißen Rand. Der Strauch wird nur 50–100 cm hoch.

Pinus

Kiefer

Wintergrüne Koniferen, die leicht an ihren langen Nadeln, die zu zweit, zu dritt oder zu fünf zusammenstehen, zu erkennen sind. Sie können 3 cm, aber auch 20 cm lang sein. Es sind wichtige Holzlieferanten, die auf der nördlichen Erdhalbkugel weit verbreitet sind. In der Jugend ist die Baumkrone breit kegelförmig, im Alter wird sie rund oder flach. Wenn die Kiefern frei stehen, sind sie bis unten breit beastet, dann kann so viel Schatten auf den Boden fallen, daß unter den Bäumen nicht mehr viel wächst. Die Blüten der Kiefern sind wenig auffallend, die Zapfen reifen nach 1, 2 oder 3 Jahren und bleiben mitunter auch danach noch am Baum hängen.

Standort und Verwendung: Kiefern wachsen in der Regel recht dekorativ und sind deshalb als Solitär geeignet. Sie lieben volle Sonne und vertragen ziemlich viel Trockenheit. Auch auf armen Böden können sie z. B. noch in Windschutzhecken gepflanzt werden. Die niedrigen Arten sind für Steingärten oder Pflanzkübel geeignet.

Boden: Die meisten Arten wachsen auch noch auf armen, sandigen Böden. Im Allgemeinen bevorzugen sie mäßig saure, durchlässige Böden.

Vermehrung: Die Arten durch Aussaat, die Gartenformen durch Absenken oder Veredeln.

Pinus cembra, die Zirbelkiefer. Eine robuste Art, die bei uns 10−25 m hoch werden kann. Im Gebirge wächst sie locker, breit ausladend, im Flachland spitz kegelförmig. Die Nadeln sind 10 cm lang, weich, blaugrün, sie stehen zu fünf zusammen und haften 3−5 Jahre lang. 'Glauca' ist eine 2 m hohe Form mit silbrigblauen, weichen Nadeln, die sehr dicht stehen; langsam wachsend.

Pinus contorta syn. *P. inops.* Kleiner Baum von variabler, pyramidaler Wuchsform, Höhe bis 5 m. Nadeln stehen zu zweit zusammen, dunkelgrün und eigenartig gedreht. Die auffallenden Zapfen reifen nach 5−10 Jahren, sie sind etwa 5 cm lang, eiförmig und hellbraun.

Pinus densiflora. Bei uns etwa 20 m hoher Baum mit kahlen Zweigen und schirmförmiger Krone. Nadeln blaugrün, weich. 'Pumila' wird nur 1,5 m hoch, aber wesentlich breiter. Die Nadeln sind frischgrün, zweinadelig radial, in endständigen Büscheln angeordnet. Sehr lichtbedürftiges Gehölz.

Pinus heldreichii. Eine bis 20 m hohe und 8 m breite Konifere, die schnell wächst. Nadeln dunkelgrün, Zapfen blaugrün.

Pinus leucodermis. Wird gelegentlich als Varietät von *Pinus heldreichii* angesehen. Ein 10−16 m hoher Baum mit aschgrauer Rinde, die abblätternd, gelbe Flecken

Pinus nigra ssp. *nigra*

Pinus pumila

Pinus strobus 'Radiata'

Pinus sylvestris

hinterläßt. Die steifen Nadeln stehen zu zweit in Büscheln an den Triebenden, sie sind 6 cm lang und sehr dunkelgrün. Diese winterharte Kiefer ist anspruchslos: Sie bevorzugt sandige, durchlässige, kalkhaltige und trockene Böden. Es gibt einige Formen, die für kleine Gärten geeignet sind: 'Compact Gem' wird in 10 Jahren nur 25 cm hoch und hat sehr dunkelgrüne Nadeln. 'Satellit' bildet kleine, lockere Kegel, die Nadeln sind hellgrün, etwa 10 cm lang und gegen die Zweige gedrückt.

Pinus mugo syn. *Pinus montana*. Stammbildender oder mehrstämmiger Strauch bis 8 m Höhe, Nadeln zu zweit, oft leicht gedreht, dunkelgrün und etwa 8 cm lang. Die Zapfen sind eiförmig, stehen einzeln oder zu mehreren zusammen und sind 4–6 cm groß. *P. mugo* ist empfindlich gegen Schatten und daher für schattige Unterpflanzungen nicht geeignet. Es gibt einige kleinwüchsige Gartenformen, die besonders in Steingärten passen: 'Gnom' wächst dicht kugelig, 60 cm hoch. 'Mops' hat kurze, dunkelgrüne Nadeln, wächst kissenartig, 60 cm hoch. *P. m.* var *mughus* wächst breitbuschig, bis 1 m hoch, Nadeln dunkelgrün, dichtstehend. *P. m.* var *pumilio*, flach über den Boden wachsend, 50 cm hoch, hat sehr dicht stehende, dunkelgrüne Nadeln.

Pinus nigra syn. *P. austriaca*. Eine sehr rasch wachsende, häufig bis zum Boden beastete Kiefer mit 16 cm langen, schwarzgrünen Nadeln, die zu zweit zusammenstehen. Die Krone ist in der Jugend kegelförmig, im Alter schirmförmig. *P. nigra* ssp. *nigra* wächst ebenso.

Pinus parviflora. Bis 10 m hoher und cm breiter Baum mit kahlen oder fein behaarten Zweigen. Die Nadeln sind blaugrün, 7 cm lang und stehen zu fünft zusammen, gehäuft an den Triebenden. 'Glauca' ist eine meist mehrstämmige Form, bei der die Äste in recht großem Abstand unregelmäßig verteilt am Stamm stehen. Die Nadeln sind silbrig blaugrün und sichelförmig gebogen. Vorzügliche Einzelpflanze.

Pinus ponderosa. Lockerkroniger, aufrechter Baum, 20 m hoch. Äste meist regelmäßig angeordnet. Nadeln zu dritt, dunkelgrün, etwas stechend. Zapfen zu mehreren endständig.

Pinus peuce. Aufrechter Baum mit quirlständigen Ästen, Höhe 8–10 m, oft bis zum Boden beastet. Nadeln grün bis graugrün, zu fünft zusammen, an den Triebenden büschelig gehäuft.

Pinus pumila. Bis 2 m hoher und 3 m breiter Strauch mit blaugrünen, bis 7 cm langen Nadeln, die zu fünft zusammenstehen. Zapfen anfänglich rotviolett, später braun. 'Glauca' liegt mit seinen Ästen dem Boden auf und erreicht höchstens 1 m Höhe. Die Nadeln sind sehr schön bläulich gefärbt, leicht gedreht. Auffallend sind die roten männlichen Blütenstände.

Pinus strobus, Weymouths-Kiefer. Sie wächst aufrecht, mit lockerer Krone, Äste kahl, waagerecht quirlig stehend. Erreicht im Alter 20 m Höhe. Die Nadeln sind graugrün, stehen zu fünf zusammen an den Triebspitzen gehäuft. Sie sind 10 cm lang und weich herabhängend. Die schmalen, 15 cm langen Zapfen sind sehr auffallend. *P. strobus* ist empfindlich gegen Staunässe und heiße, trockene, kalkhaltige Böden. 'Radiata', auch unter 'Nana' im Handel, ist eine kugelig wachsende, 2 m hohe Form mit unterschiedlich langen, blaugrünen und aufwärts gerichteten Nadeln.

Pinus sylvestris, heimische Kiefer oder Föhre. Wird im Alter 20−30 m hoch. Bei Freistand unregelmäßig breite, schirmförmige Krone bildend, Stamm dick und knorrig, im Bestand lang und gerade. Nadeln graugrün, zu zweit zusammenstehend, etwas gedreht. Zapfen eirund, hellbraun, hängend. 'Fastigiata' ist ein Säulenbaum, bis 10 m hoch werdend, mit dicken Ästen, die sich dicht an den Stamm anlehnen. Nadeln fast stahlblau, steif und spitz. 'Watereri', ein Strauch, der etwa 1,5 m hoch wird, Wuchs rundlich; Nadeln blaugrün, 4 cm lang, dicht, etwas stechend.

Pinus wallichiana syn. *P. griffithii*. Lichtbedürftiger, lokkerkroniger Baum bis 25 m Höhe. Die weichen, bis 18 cm langen, blaugrünen Nadeln hängen schlaff herab. Die Zapfen bis 35 cm lang hellbraun, harzbedeckt.

Pinus wallichiana

Platanus × hispanica

Platanus

Platane

Bekannter Park- und Straßenbaum mit abblätternder Rinde, wodurch der Stamm gefleckt aussieht. Das handförmige Blatt ist wechselständig und dadurch von den platanenblättrigen Ahornen zu unterscheiden. Charakteristisch sind auch die kugelförmigen Fruchtstände, die an langen Stielen an den Ästen hängen.

Standort und Verwendung: Wegen ihrer Größe sind sie nur für Parks, große Gärten oder als Straßenbaum zu verwenden. Sie brauchen Sonne, vertragen auch etwas Schatten. Ausdrucksvolle Einzelbäume.

Boden: Normale Gartenerde, etwas lehmhaltig und humos.

Vermehrung: Durch Absenker oder Steckholz.

Platanus × hispanica syn. *P. × acerifolia*. Bis 30 m hoher, ausladender Baum, dessen Rinde im Frühjahr in großen Platten abblättert. Die Blätter sind sehr groß, 3−5-lappig, glänzend dunkelgrün, im Herbst gelb. Blüten im Mai unscheinbar; Früchte in gestielten, kugeligen Sammelfrüchten, bis zum Frühjahr am Baum haltend.

Poncirus trifoliata

Poncirus

Bitterorange

Laubabwerfende, hübsche Sträucher, im Frühjahr mit duftenden Blüten, im Herbst mit gelben Früchten. Der Strauch trägt kräftige Dornen. Er wird oft als Veredlungsunterlage für Orangen und Zitronen verwendet.

Standort und Verwendung: In Sonne oder Halbschatten auf etwas geschützten Plätzen, als Spalier an warmen Wänden, meist jedoch als bizarre Kübelpflanze zu verwenden. Gelegentlicher Rückschnitt nach der Blüte führt zu dichtbuschigem Wuchs.

Boden: Nährstoffreich.

Vermehrung: Durch Aussaat oder durch Stecklinge von halbausgereiften Trieben.

Poncirus trifoliata syn. *Citrus trifoliata*. Langsam wachsender Strauch, der je nach klimatischen Bedingungen 3–5 m hoch werden kann. Zweige bedornt, grün und kantig mit bis zu 5 cm langen, 3-zähligen Blättern. Blüten vor dem Blattaustrieb im April, weiß, duftend, bis 5 cm breit. Früchte gelbgrün, zitronenartig, bis lange in den Winter haftend.

Populus alba

Populus

Pappel

Sehr schnell wachsende, laubabwerfende Bäume, die in Blattfarbe und Wuchsform sehr verschieden sein können. Wir haben unsere Auswahl hier nach Farbe und Zeit des Austriebs, nach Windfestigkeit und nach Anfälligkeit für Krankheiten getroffen. Weiterhin auffallend ist bei der Balsampappel der Duft der jungen Blätter und bei der Zitterpappel das Rascheln des Laubes. Einige Arten liefern gutes Nutzholz.

Standort und Verwendung: Die Pappel ist eine Lichtholzart und eine Pionierpflanze, die Hänge und Halden, Kies- und Schotterflächen schnell begrünen kann. Da sie äußerst schnellwüchsig ist, liefert sie in kurzer Zeit reichlich Holz, das allerdings sehr weich ist. Als Windschutzgehölze sind vor allem *P. alba* 'Nivea', *P. canescens* und *P. tremula* geeignet, die alle zu den starkwüchsigen Arten gehören.

Boden: Pappeln stellen keine hohen Ansprüche, einige Arten verlangen jedoch feuchte Böden.

Vermehrung: Am einfachsten durch Steckhölzer aber auch dickere, abgesägte Äste treiben mitunter Wurzeln.

Populus alba, Silberpappel. Wird ein mächtiger, 30 m hoher Baum. Bei uns ist meist 'Nivea' im Handel, mit 3−5-lappigen, unterseits weißfilzigen Blättern. Wichtig ist ihr sehr weitverzweigtes Wurzelsystem, gut zur Hang- und Dünenbefestigung geeignet.

Populus balsamifera, Balsampappel. Ebenfalls 30 m hoch werdend. Zweige und Knospen dunkelbraun, letztere groß und klebrig, aus ihnen wird Balsamöl gewonnen. Blätter eiförmig, 12 cm lang, beim Austrieb duftend.

*Populus-Canadensis-***Hybriden.** Hoch- und schnellwüchsige Bäume mit klebrigen Winterknospen.
'Robusta' wird 25−30 m hoch, Blätter dreieckig, 10−12 cm lang, im Austrieb rotbraun, später glänzend-grün. Leistungsfähiger Baum für die Papierindustrie.

Populus nigra. Von dieser Art ist besonders 'Italica', die Pyramidenpappel sehr bekannt. Wird bis 25 m hoch.

Populus simonii. Sehr früh austreibender Baum mit schmaler Krone und leicht überhängenden Zweigen. Blätter klein, rhombisch, im Austrieb leuchtend hellgrün. Für kleine Alleen, Pflanzkübel, zur Einzelstellung.

Populus tremula. Die Zitterpappel wächst strauchig mit Ausläufern oder als Baum. Blätter fast kreisrund, buchtig gezähnt. Männliche Blütenkätzchen zu Anfang rot. Sehr anspruchslos.

*Populus-Canadensis-*Hybride

Potentilla

Fingerstrauch

Dies ist eine Gattung, zu der sowohl Stauden, als auch Gehölze gehören. Für uns ist allerdings nur eine Art von Bedeutung.

Standort und Verwendung: Gedeiht am besten auf sonnigen Plätzen: wegen ihres tiefreichenden Wurzelsystems verträgt sie viel Trockenheit. Geeignet für niedrige Hecken, Einfassungen, als Gruppenpflanze, als Solitär, auch als Vorpflanzung vor anderen Gehölzen.
Boden: Normale Gartenerde.
Vermehrung: Durch Steckholz.

Potentilla fruticosa. Kleiner Strauch, 1 m hoch, Blätter gefingert, 1−3 cm lang, hellgrün. Blüten von Mai bis August, reingelb. 'Arbuscula' wird nur 30 cm hoch, Blüten vom Mai bis Oktober, hellgelb. 'Abbotswood', 70−100 cm hoch, Blüten weiß, Blatt blaugrün. 'Hachmanns Gigant', 80 cm hoch, Blüten sehr groß, goldgelb von Juni bis September. 'Klondike', etwa 1 m hoch, Blüten dunkelgelb von Juni bis September. 'Red Ace', Höhe 50 cm, Blüte leuchtend orangerot.

Potentilla fruticosa

Prunus × *amygdalopersica*

Prunus laurocerasus 'Rotundifolia'

Prunus

Zierkirschen

Diese formenreiche Gattung umfaßt viele verschiedene Arten, die meisten sommergrün. Es gehören die Kirschen, Pflaumen, Pfirsiche und Mandeln dazu, genauso wie verschiedene Ziersträucher und die immergrünen Kirschlorbeer. Kennzeichnend für alle ist, daß sie wechselständige Blätter haben und 5-teilige Blüten- und Fruchtstände. In beinahe jedem Garten dürfte eine *Prunus*-Art zu finden sein. *Prunus laurocerasus* wird häufig wegen seiner wintergrünen Blätter gepflanzt, auch wenn sie in strengen, schneelosen Wintern erfrieren. Die japanischen Zierkirschen erfreuen uns durch ihre hübsche Blüte, die leider meist nicht sehr lange anhält. Etwas bescheidenere Blüten haben die Zierpflaumen, dafür gibt es Arten mit schönen, roten Blättern, die den ganzen Sommer über rot gefärbt bleiben. Auch die Herbstfärbung einiger *Prunus*-Arten kann ein Farbenfest sein, denken wir nur an *Prunus sargentii*.

Bei manchen Arten ist auch die Rinde auffallend dekorativ, z. B. die glänzend mahagonibraune Rinde von *P. serrula*. Auf die vielen fruchttragenden Kirschen und Pflaumen wird hier nicht eingegangen.

Standort und Verwendung: Die laubabwerfenden *Prunus* brauchen einen Platz in der Sonne, die wintergrünen vertragen viel Schatten und brauchen vor allem Schutz vor Wintersonne, da sie sonst während der kalten Jahreszeit leicht vertrocknen. Sollten die Blätter einmal braun geworden sein, ist ein Rückschnitt bis ins saftige Holz erforderlich, danach treiben die Kirschlorbeer wieder gut durch. Die meisten der sommergrünen Zierkirschen sind das ganze Jahr über ansehnlich und deshalb gut als Solitär geeignet. Andere *Prunus*-Arten können in Abpflanzungen oder Wildpflanzungen verwendet werden (Schlehe, Traubenkirsche, Kirschpflaume). Besondere Erwähnung verdient *P.* × *gondouinii* 'Schnee', den man als kleinen rundkronigen Hochstamm ziehen kann und der dann einen eindrucksvollen Akzent bilden kann. Ganz allgemein gibt es bei den *Prunus*-Arten wenig zu schneiden mit Ausnahme von *P. triloba* und *P. glandulosa,* die sofort nach der Blüte kräftig zurückgeschnitten werden müssen, damit sie gut blühen. Auch *Prunus laurocerasus* verträgt das Schneiden gut und wir können ihn unbedenklich selbst bis auf den Boden zurücknehmen, wenn er uns zu groß geworden ist, oder wenn ihm, wie schon erwähnt, der Frost geschadet hat. Im Winter 1984/85 haben nicht nur die wintergrünen *Prunus*-Arten, sondern auch andere sehr gelitten. Bei Temperaturen unter −20°C sind bei einem 12 Jahre alten *P.* × *yedoensis* alle Blütenknospen und auch einige der jungen Triebe erfroren. Bei *P. subhirtella* 'Autumnalis', ebenso alt, erfror fast die Hälfte der Zweige. In vielen Gartenbüchern wird die Frosthärte der *Prunus* bis −24° angegeben, nach den Erfahrungen des letzten Winters scheint das jedoch zu optimistisch zu sein!

Boden: Die sommergrünen Arten bevorzugen nährstoffreiche, humose, kalkhaltige Böden; die wintergrünen sind weniger anspruchsvoll: nasse und kalte Böden jedoch sind ungeeignet.

Vermehrung: Die Arten aus Samen, die Gartenformen durch Steckholz oder Veredlungen, meist auf *Prunus avium*, der Vogelkirsche.

Prunus avium syn. *Cerasus avium*. Einheimischer, aufrecht wachsender Baum, 15−20 m hoch, für kalkhaltige Böden in Parks oder in der freien Landschaft. Blüten im April/Mai, weiß in gestielten Büscheln. Früchte 1 cm groß, rot, eßbar. 'Plena' ist eine sehr hübsche Zierform mit hängenden, gefüllten Blüten, die zugleich mit dem Blattaustrieb im April erscheinen.

Prunus cerasifera, Kirschpflaume oder Myrobolane. Wächst meist strauchig, etwa 8 m hoch, und hat weiße Blüten im April. Auffallend sind die gelben oder roten, 2−3 cm dicken Früchte, die im August/September reifen und süß und saftig sind, geeignet zur Geleebereitung. 'Nigra' die Blutpflaume wird 5−8 m hoch und hat beständig metallisch glänzende, dunkelrote Blätter. Blüten einfach, rosa, einzeln stehend. Früchte selten, schwarzrot.

Prunus glandulosa. Ein 1,5−2 m hoher Strauch mit dunkelbraunen Zweigen und 7 cm langen, lanzettlichen, gesägten Blättern. Blüten im Mai, weiß, einfach. 'Alboplena' hat dicht gefüllte, reinweiße Blüten, die sich im Mai öffnen. Eignet sich gut zum Treiben. Bei 'Sinensis' sind die Blüten gefüllt und rosafarben.

Prunus × gondouinii. Das ist eine Kreuzung zwischen *P. avium* und *P. cerasus*. Der Baum hat sehr dünne Zweige, die Blattform ähnelt der von *P. avium*. Blüten weiß, einfach, Früchte groß, sauer schmeckend. Bekannt ist die Form 'Schnee', die gewöhnlich als Hochstamm veredelt wird und eine dichte, runde Krone bildet. Ende April bringt sie eine Fülle weißer Blüten hervor.

Prunus laurocerasus syn. *Laurocerasus officinalis, Cerasus laurocerasus,* Kirschlorbeer. Ein wintergrüner Strauch, dessen grüne Zweige längliche, glänzendgrüne Blätter tragen: Sie können bis 25 cm lang werden. Er blüht im Mai mit kleinen weißen Blüten, die in endständigen Trauben zusammengefaßt sind. Es gibt einige hübsche Sorten, von denen die wichtigsten bei uns sind: 'Otto Luyken', die Pflanze wächst dicht und breit und wird nur 1 m hoch; Blatt schmal und spitz, nach oben gerichtet; Blütenkerzen bis 12 cm lang. 'Shipkaensis Macrophylla' hat elliptisch-eiförmige Blätter, 13 cm lang

Prunus padus

Prunus serrula

Prunus serrulata 'Kiku-Shidare-Sakura'

Prunus subhirtella 'Pendula'

und 4 cm breit; Blütenkerzen nur 8 cm hoch, reichblütig. Der Strauch wird 2−3 m hoch. 'Zabeliana' wächst flach, bis 1 m hoch, Die Blätter sind nur 2 cm breit und 12 cm lang; Blüten entwickeln sich in den Blattachseln, nicht sehr reich blühend.

Prunus maackii. Kräftig wachsende, bis 10 m hohe Zierkirsche mit länglich-eirundem Blatt. Vor dem Blattaustrieb im April erscheinen die weißen Blüten, später schwarze Früchte. Auffallend ist der prächtig rotbraune Stamm.

Prunus mahaleb, Steinweichsel. Ein einheimischer, kleiner Baum, bis 10 m Höhe mit breitausladender Krone. Blätter breit, herzförmig, glänzend hellgrün. Die weißen, wohlriechenden Blüten erscheinen im Mai, sie sind zu Doldentrauben zusammengefaßt. Früchte klein, schwarz, kugelig. Ausgezeichneter Strauch für Schutzpflanzungen. Veredlungsunterlage für Süß- und Sauerkirschen.

Prunus padus syn. *Cerasus padus, Padus avium.* Etwa 10 m hoher Baum mit dichter Krone und etwas überhängenden Zweigen. Blätter elliptisch, dunkelgrün, unterseits blaugrün. Den Namen Traubenkirsche hat dieser Baum wegen seiner weißen, lockeren Blütentrauben, die herrlich duftend im Mai erscheinen. Früchte klein, kugelig, schwarz.

Prunus sargentii syn. *P. serrulata* var. *sachalinensis.* Breitkroniger Baum, 15 m hoch, Blüten sehr früh, rosa, einfach, zu zweit bis zu viert zusammenstehend. Sehr dekorativ, da zur gleichen Zeit das Laub austreibt, das zunächst rötlich ist, im Sommer grün und im Herbst prächtig orangescharlach.

Prunus serrula. Bis 7 m hohe Zierkirsche mit schmalen Blättern, die sich im Herbst rot färben. Blüte im April/Mai, weiß, später rote Früchte. Besonders auffallend ist die glänzend rotbraune Rinde.

Prunus serrulata. Eine der bekanntesten japanischen Zierkirschenarten mit rötlich austreibenden Blättern und meist gefüllten rosa Blüten. Fruchtausbildung selten. Es gibt eine große Zahl prächtiger Sorten: 'Amanogawa' wächst säulenförmig, bis 5 m hoch und trägt im April/Mai hellrosa gefüllte und duftende Blüten. 'Hokusai' hat einen breit ausladenden Wuchs bis 6 m Höhe. Die Blüten sind hellrosa, gefüllt, Blütezeit im April. 'Kiku-Shidare-Sakura' auch unter 'Shidare-Sakura' bekannt, wird höchstens 4−6 m hoch und ist stark hängend. Blüten leuchtend rosa, gefüllt, Blütezeit April/Mai. 'Kanzan' wächst sehr kräftig, bis 10 m hoch, Kronenaufbau trichterförmig; Blüten in Büscheln hängend, dunkelrosa, dichtgefüllt. 'Shirofugen' wächst etwa 8 m hoch, ausgebreitet. Blütezeit eine der spätesten: Mai/Juni; Blüten als Knospen rosa, erblüht gefüllt weiß, später rosa.

Prunus spinosa, die Schlehe. Ist ein einheimischer, dorniger Strauch von 4 m Höhe. Blätter klein, elliptisch, Blüten weiß, einfach vor dem Laub im April/Mai. Früchte sind die bekannten blauschwarz bereiften Schlehen, die nach dem ersten Frost gut zur Wein- oder Likörbereitung geeignet sind.

Prunus subhirtella. Die Art ist kaum verbreitet. Interessanter sind die Sorten, 'Autumnalis', locker aufrecht wachsend, Blüten zum Teil im Herbst, dann weiß, halbgefüllt, und zum Teil im Frühling, dann rosa. Schöne Herbstfärbung.

'Accolade', bis 8 m hoher und 3 m breiter Strauch von zierlichem Habitus; Blüten zu dreien hängend, rosa gefüllt. 'Pendula Plena Rosea' wächst bogig überhängend, 4 m hoch; Blüten rosarot, gefüllt.

Prunus triloba, Mandelbäumchen. Wird kaum über 2 m hoch; Blätter elliptisch, doppelt gesägt. Blüten Ende April, am vorjährigen Holz, dicht gefüllt, rosa. Regelmäßiger Rückschnitt fördert die Blühwilligkeit.

Prunus × yedoensis. Eine Hybride, die wahrscheinlich aus *P. speciosa* und *P. subhirtella* entstanden ist. Starkwüchsig, 7–10 m hoch, Zweige grazil überhängend. Blüte bereits Anfang April, überreich, weiß. Früchte erbsengroß, schwarz. Herbstfärbung goldgelb.

Prunus × yedoensis

Pseudosasa japonica

Pseudosasa

Breitblattbambus

Prächtiger wintergrüner Bambus, der zu großen Büschen heranwachsen kann. Bei Temperaturen unter −20°C sind Frostschäden an den Blättern zu erwarten. Die Pflanze blüht bei uns fast nie.

Standort und Verwendung: Es empfiehlt sich, dieser Bambus-Art einen geschützten Platz zu geben und ihn in strengen Wintern abzudecken, bzw. mit großen Schilfmatten einzubinden. Wegen seiner Größe ist er nur für Parks, an Teichen, unter lichten Bäumen und in großen Gärten zu empfehlen, wo er durch seine Ausläufer nicht lästig werden kann.

Boden: Frische, nährstoffreiche Böden.

Vermehrung: Durch Teilen.

Pseudosasa japonica syn. *Arundinaria japonica, Bambusa metake.* Ein 3–4 m hoher Bambus mit starken Stengeln und großen, 24 cm langen, lanzettlichen und glänzenden Blättern. Typisch sind die langen Stammscheiden, aus denen jeweils nur 1 Zweig herauswächst. Sehr dekorative Einzelpflanze.

Pseudotsuga menziesii

Pseudotsuga

Douglasie

Raschwüchsige, wintergrüne Konifere, die häufig im Waldbau verwendet wird. Rinde glatt mit vielen Harzbeulen, die beim Aufdrücken leicht nach Zitrone duften.
Standort und Verwendung: Nur für große Gärten und Parks zu gebrauchen, sowohl als Einzelpflanze, als auch als Gruppenpflanze im Hintergrund.
Verträgt in der Jugend Schatten und gedeiht auch noch auf trockensten Böden. Die Douglasfichte ist sehr winterhart, aber nicht ganz windfest.
Boden: Normale Gartenerde, jedoch keine Staunässe.
Vermehrung: Aus Samen oder Stecklingen.

Pseudotsuga menziesii syn. *P. douglasii, P. taxifolia.* Raschwachsender, 30−40 m hoher Baum mit waagerecht ausgebreiteten Ästen und breitpyramidalem Wuchs. Nadeln graugrün, bei Zerreiben angenehm duftend. Blüten unauffällig, Zapfen länglich, zylindrisch bis 6 cm lang. Zweige als Schnittgrün geeignet, da die Nadeln lange halten. 'Fletcheri' und 'Tempelhof Compacta' sind Zwergformen, die nur 2 m hoch werden.

Pterocarya rhoifolia

Pterocarya

Flügelnuß

Stattliche, oft mehrstämmige Bäume mit großen, unpaarig gefiederten Blättern. Besonders attraktiv sind die Fruchtstände: die geflügelten Nüßchen hängen in langen Schnüren aufgereiht an den Zweigen.
Standort und Verwendung: Eindrucksvoller, schnellwüchsiger Solitärbaum für große Gärten und Parks. Bevorzugt sonnige oder halbschattige Plätze.
Boden: Frisch bis feucht, nährstoffreich, tiefgründig.
Vermehrung: Durch Aussaat.

Pterocarya fraxinifolia syn. *P. caucasica.* Bis 20 m hoher, rundkroniger Baum mit schwarzgrauer, gefurchter Rinde. Auffallend groß sind die braunen Blattknospen im Winter. Das Blatt ist gefiedert, die einzelnen Blättchen 8−12 cm lang, das ganze Blatt bis 40 cm lang. Haftet lange am Baum, im Herbst schön gelb gefärbt.
Pterocarya rhoifolia. Ein 25 m hoher Baum, der von *P. fraxinifolia* dadurch abweicht, daß er an den Knospen 2−3 Deckschuppen trägt, die recht früh abfallen, übrig bleiben dann die weiß behaarten Knospen.

Pyracantha

Feuerdorn

Bekannter immergrüner Strauch, der in fast keinem neueren Garten fehlt. Leider wird er in letzter Zeit zunehmend anfällig für Feuerbrand.
Standort und Verwendung: Auf sonnigen Plätzen als Einzelpflanzen in größeren Gärten auch als undurchdringliche Hecken. *Pyracantha* verträgt Schnitt, blüht und fruchtet dann jedoch weniger. Ferner gilt: je weniger Sonne, desto weniger Beeren.
Boden: Nährstoffreiche, durchlässige, besser zu trockene als zu feuchte Böden.
Vermehrung: Durch Stecklinge oder Aussaat.

Pyracantha coccinea syn. *Cotoneaster pyracantha*. Durch Kreuzung dieser schorfanfälligen Art mit schorfresistenten, aber weniger winterharten Arten, sind zahlreiche Hybriden entstanden: 'Bad Zwischenahn' wird 2 m hoch und trägt lebhaft rote, kugelige Beeren. 'Orange Charmer' wird ebenfalls 2 m hoch, Beeren orangefarben. 'Soleil d'Or' erreicht 1,5 m Höhe und hat viele hängende, gelbe Früchte.

Pyracantha coccinea 'Orange Charmer'

Pyrus salicifolia

Pyrus

Birne

Sommergrüne Bäume, deren Blätter oft grau oder weißfilzig sind. Die weißen Blüten erscheinen zugleich mit den Blättern, Früchte klein, birnenförmig oder rund.
Standort und Verwendung: *Pyrus* braucht volle Sonne, es ist ein hübscher Einzelbaum für kleine und große Gärten, kann als kleinkroniger Alleebaum oder in Pflanzkübeln verwendet werden.
Boden: Fruchtbare Gartenerde.
Vermehrung: Durch Aussaat oder Veredeln.

Pyrus communis syn. *P. domesticus*. Bekannter Obstbaum, der im April/Mai seine weißen Blüten und im Spätsommer je nach Sorte entsprechende Birnen trägt.
Pyrus elaeagrifolia. Bis 6 m hoher, kleiner Baum mit filzigen, jungen Trieben und Dornen an den Zweigen. Weiße Blüten im Mai, später grüne, runde Früchte.
Pyrus salicifolia. Auffallend sind die grauweiß behaarten, dünnen und überhängenden Zweige und die schmallanzettlichen, ebenfalls weißfilzigen Blätter. Blüten groß, weiß, Früchte birnenförmig.

Quercus coccinea 'Splendens'

Quercus robur

Quercus

Eiche

Die Gattung der Eichen umfaßt sommergrüne und wintergrüne Arten, alle mit mächtigen, weitausladenden Kronen. Die wintergrünen Arten sind bei uns kaum widerstandsfähig genug.

Standort und Verwendung: Eichen werden häufig im Waldbau verwendet, aber sie sind auch als Park- und Straßenbäume sehr wirkungsvoll. Einige weniger stark wachsende Arten können auch in mittelgroßen Gärten angepflanzt werdne. Eichen sind aufgrund ihres Wuchsbildes, aber auch wegen ihrer Herbstfärbung sehr ausdrucksvolle Einzelbäume. Sie entwickeln sich am besten, wenn sie frei stehen. Da sie sehr alt werden, geben Sie ihnen einen Platz auf dem sie wenigstens 200 Jahre lang stehen können!

Boden: Normale, ausreichend feuchte Gartenerde.

Vermehrung: Die Arten durch Aussaat, die Gartenformen durch Veredeln.

Quercus cerris. Breit ausladender Baum, bis 25 m hoch. Das lederartige, dunkelgrüne Blatt ist grob gezähnt und variiert in der Form; Herbstfärbung gelbbraun. Auffallend sind die von fadenförmigen Blättern umgebenen, behaarten Knospen.

Quercus coccinea, Scharlacheiche. Sie wird nur 15−20 m hoch. Die Krone ist regelmäßig aufgebaut, die Blätter sind tief gelappt, hellgrün. Ihre scharlachrote Herbstfärbung wird von keiner anderen Art erreicht. Blüte grünlich im Mai, später einzelne, kurzgestielte Früchte.

Quercus conferta. Dieser rundkronige Baum ist aus Südosteuropa zu uns gekommcn. Er wird 25 m hoch und hat 18 cm lange, tief gebuchtete Blätter, die oberseits glänzend dunkelgrün, unterseits graugrün sind.

Quercus robur syn. *Qu. pedunculata,* Stieleiche. Der heimische Baum bildet mächtige Kronen bis 40 m Höhe und hat eine tiefrissige, dunkelgraue Rinde. Die Blätter sind unregelmäßig rundlich gelappt. Die Eicheln hängen zu mehreren zusammen an langen Stielen. 'Fastigiata', die Säuleneiche wächst sehr langsam und wird 15 m hoch. Die Blätter werden im Herbst braun und haften bis zum Frühjahr an den Zweigen.

Quercus rubra syn. *Qu. borealis.* Die amerikanische Eiche wird 20 m hoch und fällt besonders im Herbst durch ihre scharlachrote Herbstfärbung auf. Das Blatt ist sehr groß und fast bis zur Hälfte eingeschnitten, die einzelnen Lappen sind spitz gezähnt.

Quercus × turneri 'Pseudoturneri'. Kleiner, aufrecht wachsender Baum, bis 10 m hoch. Blätter derb glänzendgrün, wenig gelappt. Sie sind fast den ganzen Winter über grün.

Rhododendron

Von allen Gattungen, die zur Familie der Heidekrautgewächse gehören, ist *Rhododendron* die umfangreichste. Auch Azaleen gehören dazu. *Rhododendron* sind meist immergrüne Sträucher, einige wachsen auch baumartig. Die immergrünen Blätter sind wechselständig, ganzrandig und lederartig. Am Zweigende stehen sie gehäuft und bilden eine Art Rosette, in deren Mitte bei den meisten Arten die Blütenknospe steht, bei einigen wenigen Arten entwickeln sich die Blüten auch achselständig. Diese bestehen aus mehreren, trichterförmigen Einzelblüten, die zu einer »Krone« zusammengefaßt sind. In den Samenkapseln reifen sehr feine Samen. Aus den vielen Arten, die überwiegend aus Ostasien zu uns gekommen sind, sind durch Kreuzung zahlreiche Hybriden entstanden. Da *Rhododendron* spezielle Ansprüche an Boden und Klima stellt, sind einige Züchter darauf spezialisiert, widerstandsfähigere und allgemeiner verwendbare Sorten zu züchten. Mit Hilfe spezieller Techniken werden immer wieder neue Sorten entwickelt, die auf bestimmten Standorten gedeihen. Die *Repens*-Hybriden sind z.B. niedrige *Rhododendron,* sehr gut geeignet für kleine Gärten, in denen man die großen Arten nicht unterbringen kann. Die Frosthärte ist bei den einzelnen Sorten sehr verschieden, diejenigen mit den schönsten Farben, wie zart gelb oder rubinrot, sind am empfindlichsten gegen Frost.

Standort und Verwendung: *Rhododendron* gehören an einen Platz, an dem sie von der Morgen- und der heißen Mittagssonne nicht beschienen werden können. Auch sollten sie vor Zug und Wind geschützt stehen, da ihnen eine luftfeuchte Atmosphäre am besten zusagt. Obwohl *Rhododendron* viel Schatten vertragen, ist ein Platz unter dichten Bäumen ungeeignet, da die Bäume dem Boden zu viel Wasser entziehen. Ausreichende Wasserversorgung ist für diese Pflanzenart unentbehrlich. Schon beim Pflanzen sollten wir daran denken und die Sträucher etwas tiefer setzen und eine Grube um den Ballen bilden, in dem sich Wasser sammeln kann.

Die niedrigen *Rhododendron*-Arten sind für Steingärten oder Pflanzkübel, sofern der Boden darin nicht austrocknet, geeignet, die höheren als Einzel- oder Gruppenpflanze in großen Gärten und Parks, sie eigenen sich auch für japanische Gärten. An *Rhododendron* ist wenig zu schneiden. Man kann die vertrockneten Blütenstände herausbrechen, aber wenn man eine Fläche von 1000 m^2 voller *Rhododendron* hat, ist das eine unmögliche Arbeit. Man sollte sie jedoch bei den empfindlichen Sorten durchführen, denn dadurch wird die Blütenbildung fürs nächste Jahr gefördert.

Rhododendron augustinii 'Blue Tit Major'

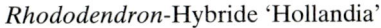

Rhododendron-Hybride 'Hollandia'

Rhododendron-Hybride 'Koster's Cream'

Rhododendron × praecox

Rhododendron werden meistens zu dicht gepflanzt. Großblütige und schnellwüchsige Sorten können gut und gerne 2 m auseinanderstehen. Wenn wir dichter pflanzen, müssen wir auslichten, sobald die Nachbarpflanzen mit den Blättern berührt werden. Deshalb ist es besser, von Anfang an genügend Raum zu lassen und Geduld zu haben, bis sich die Pflanzen entwickelt haben. In der Zwischenzeit können die freien Flächen mit allerlei bodendeckenden Waldstauden bepflanzt werden. Sollten die Rhododendron einmal wirklich zu dicht stehen, ist es auch möglich, sie radikal zurückzuschneiden: sie treiben aus dem Holz wieder aus.

Düngen sollten Sie Ihre Rhododendron nicht zu spät im Jahr, höchstens bis Juni, bis dahin sind die Blütenknospen fürs nächste Jahr angelegt. Zum Düngen eignen sich nur kalkarme Dünger, z. B. schwefelsaures Ammoniak.

Boden: Rhododendron brauchen humose, saure, ausreichend feuchte Erde. Ist der Boden anders beschaffen, dann müssen Sie ein sehr großes Pflanzloch ausheben, das Sie mit der entsprechenden Erde füllen. Ein Patentrezept dafür ist: 3 Teile Torfmull, 1 Teil Laubhumus, 2 Teile des Bodenaushubs, 1 Teil verrotteter Kuhmist.

Beim Kaufen der Rhododendron sollten Sie darauf achten, daß die Pflanzen möglichst in einem Boden angezogen worden sind, der Ihrem Gartenboden ähnlich ist, wollen Sie ihn z. B. in einen Sandboden pflanzen, sollte er auch von einem sandigen Boden stammen.

Vermehrung: Die Arten aus Samen, die Sorten durch Absenken, oder Veredeln auf Sämlinge. Das Absenken ist eine einfache Methode, aber es dauert sehr lange, bis die Wurzeln gebildet sind.

Es werden zuerst die Rhododendron-Arten und -Hybriden besprochen, dann die Azaleen.

Rhododendron augustinii. Bis 1 m hoher Strauch mit länglichen Blättern, die auf der Unterseite mit kleinen Schuppen und entlang der Nerven mit Haaren besetzt sind. Blüten breit trichterförmig, zu dritt bis zu viert beieinander, lavendelblau oder blauviolett mit gelbem oder grünem Fleck. 'Blue Diamond' ist eine hübsche Sorte mit dunkelvioletten, sich nach blau verfärbenden Blüten, die ab Mitte April blühen. 'Blue Tid' ist eine häufig gepflanzte Sorte mit hellen, blauvioletten Blüten Ende April. Sie bildet einen runden, kompakten Busch und trägt viele, aber nicht sehr große Blüten. 'Blue Tid Major' hat besonders große Blüten.

Rhododendron catawbiense. Sehr stark wachsende Art, die 3−4 m hoch werden kann. Es ist eine Ausgangsart vieler Hybriden. Blüht im Mai/Juni, violett mit olivgrünen Punkten. Sehr frostfest. Verträgt viel Schatten.

Rhododendron dauricum. Ein 1,5 m hoher Strauch mit ziemlich kleinen, rosafarbenen, trichterförmigen Blüten, die bereits im Februar/März erscheinen, und daher spätfrostgefährdet sind. Die Blätter sind 4 cm lang. Der Strauch ist winterhart.

Rhododendron ferrugineum, Alpenrose. Sie wächst breitkugelig, bis 1 m hoch. Blätter elliptisch, oberseits dunkelgrün, unterseits rostbraun beschuppt. Blüte im Juli, purpurrot, in kleinen endständigen Doldentrauben. Wächst sehr langsam, verträgt etwas Kalk.

***Rhododendron*-Hybriden.** Es sind meist 2–3 m hohe breitkugelig wachsende Büsche. Wir unterscheiden sie hier nach Blütezeit und Winterhärte.

Die folgenden Sorten sind winterhart. Blütezeit April/Mai: 'Bismarck', hell lilaweiß; 'Cunningham's White', weiß mit gelbem Schlund; 'Humbold', hellviolett mit schwarzrotem Fleck; 'Jacksonii', zartrosa-weiß.

Blütezeit Mai/Juni: 'America', leuchtend karminrot; 'Catawbiense Boursault', kräftig lila; 'Catawbiense Grandiflorum', lila; 'Koster's Cream', gelb, nicht winterhart; 'Dr. H. C. Dresselhuys', leuchtend karminrot; 'Dr. V. H. Rutgers' rubinrot; 'Nova Zembla', leuchtend rot; 'Van Weerden Poelman', rubinrot. Blütezeit Juni/Juli: 'General Eisenhower', dunkel karminrot.

Es gibt Situationen, die für Rhododendron nicht optimal sind und dennoch möchte man auf diese herrlichen Pflanzen nicht verzichten. Zu den robustesten Sorten gehören: 'Catawbiense Grandiflorum', lila; 'Catawbiense Boursault', lila; 'Cunningham's White', weiß; 'Roseum Elegans', purpurrosa. Wenn Sie diese *Rhododendron*-Sorten in Ihrem Garten pflanzen, können Sie sicher sein, daß sie sich zu schönen, kräftigen Büschen entwickeln werden, vorausgesetzt, der Boden sagt ihnen zu.

Rhododendron impeditum. Niedrige Art mit kissenförmigem Wuchs, 30 cm hoch. Blüten einzeln, violettblau.

Rhododendron luteum syn. *Rh. flavum.* Laubabwerfender Strauch, Ausgangsart vieler Züchtungen. Er wächst breit aufrecht, 2–3 m hoch. Die Blätter sind zunächst behaart, färben sich im Herbst leuchtend gelb. Etwa zugleich mit dem Blattaustrieb blühen die stark duftenden goldgelben Blüten auf.

Rhododendron minus. Kleiner immergrüner Strauch mit 10 cm langen Blättern, die auf der Unterseite rotbraun geschuppt sind. Blüten zu vielen in Trauben, karminrosa.

Rhododendron ponticum. Ähnelt *Rh. catawbiense,* nur hat er spitzere, flache, an der Unterseite hellgrüne Blätter. Von Mai bis Juni lilafarbene Blüten mit gelben Tupfen. Nicht ganz winterhart. Bei 'Imbricatum' stehen die Blätter dachzigelartig übereinander. Es ist eine langsamwachsende, niedrige, violettblühende Sorte.

Rhododendron × praecox. Eine Kreuzung zwischen *Rh. ciliatum* und *Rh. dauricum.* Immergrüner, bis 1,5 m hoher Strauch mit glänzend hellgrünen Blättern und

Rhododendron-Repens-Hybride 'Elizabeth Hobbie'

Rhododendron-Williamsianum-Hybride

Azalea-Knaphill-Exbury-Hybride 'Golden Eagle'

Azalea-Occidentalis-Hybride 'Irene Koster'

trichterförmigen, lilarosa Blüten, die schon im März bis April erscheinen. Ist sehr gut für kleine Gärten geeignet. Verträgt etwas Kalk.

Rhododendron-Repens-Hybriden. Niedrig und geschlossen wachsender Zwergrhododendron, der bis etwa 60 cm hoch wird. Auf geeigneten Standorten kann er als Bodendecker verwendet werden. Im April/Mai leuchtend scharlachrote Blütenglocken. Die wintergrünen Blätter sind elliptisch, auffallend dunkelgrün. Einige bewährte und winterharte Sorten sind: 'Baden-Baden', scharlachrot, frühblühend. 'Bad Eilsen', leuchtend scharlachrot, Laub heller grün. 'Frühlingszauber', scharlachrote Blüten, flachkugeliger Wuchs. 'Mannheim', dunkelrot, spätblühend. 'Scarlet Wonder', sehr flach wachsend, Blütenknospen braunrot, Blüten scharlachrot.

Rhododendron viscosum, syn. *Azalea viscosa.* Ein 1,5 m bis 2 m hoher laubabwerfender Strauch, Laub dunkelgrün mit blaugrüner Unterseite. Im April fällt er durch seine rosafarbenen Blüten auf.

Rhododendron-Williamsianum-Hybriden. Diese Gruppe von *Rhododendron* hat einen dicht kugeligen Wuchs und erreicht Höhen zwischen 1 und 1,5 m. Charakteristisch ist das immergrüne, rundovale Blatt, das im Austrieb bronzefarben ist. Die Blüten erscheinen ab Ende April, sie sind relativ groß, glockenförmig und stehen in lockeren, meist leicht überhängenden Blütenbüscheln zusammen. Bewährte, winterharte Sorten sind: 'Bow Bells', Flachkugeliger Wuchs, Blüten überhändend, hellrosa. 'Gartendirektor Glocker', schwachwachsend mit weinroten Blüten. 'Görlitz', kräftig, kugelig wachsend, Blüten hellrosa. 'Lissabon', dichtkugelig wachsend, Blüten karminrot. 'Stockholm', schwachwachsend, Blütenfarbe zartrosa.

Rhododendron yakushimanum. Gedrungen wachsende Art, die in den letzten Jahren viel zu Kreuzungen verwendet wurde. Höhe bis 1 m. Blätter im Austrieb allseits weißgrau behaart, später oberseits dunkelgrün, unterseits dick hellbraun behaart. Die Blütenknospen sind karminrosa, später weiß. Robuste Liebhabersorte.

Rhododendron yedoense. Bis 1 m hoher Strauch mit auffallend schmal-ovalen Blättern, die unterseits stark behaart sind. Blüten gefüllt, lilarosa mit roten Streifen.

Japanische Azaleen. Zu dieser Gruppe gehören halbimmergrüne, kleinbleibende Sträucher, von etwa 1 m Höhe. Sie haben große Ähnlichkeit mit den bekannten Treibazaleen. Sie wachsen sehr langsam und sind deshalb für kleine Gärten gut geeignet. Obwohl sie ausreichend winterhart sind, ist ein Schutz gegen Wintersonne sehr zu empfehlen. Bewährte Sorten, die wir in kleinblütige und großblütige unterteilen, sind: 'Favorit', rosarot, frühblügend; 'Fedora', rosa, früh; 'Kathleen', rosa, früh;

'Purple Splendour', dunkelviolett, früh; 'Beethoven', purpur, mittelfrüh; 'Muttertag', leuchtend dunkelrot, mittel; 'Palestrina', weiß, mittel; 'Hatsugiri, lila, früh; 'Hinimayo', rosa, früh; 'Hinodegiri', karminrot, früh; 'Aladin', orangerot, mittel; 'Kermesina', karmesinrot, mittel; 'Rubinetta' dunkelrosa, mittel.

Azalea-Knaphill-Exbury-Hybriden. Sommergrüne, aufrechte Sträucher, die Ende Mai/Anfang Juni in herrlichen Pastellfarben und -schattierungen blühen. Einige duften sehr angenehm. Diese großblumigen Azaleen sind frohwüchsig und gut winterhart. Frühblühende Sorten sind: 'Berryrose', Höhe 1,2 m, Blüten rosa mit gelbem Fleck; 'Cecile', Höhe 2 m, Blüten hellrosa mit gelbem Fleck; 'Gibraltar', Höhe 1,5 m, Blüte orange mit orange Fleck; 'Golden Eagle', Höhe 1,5 m, blüte hellorange; 'Persil', Höhe 1,2 m, Blüte reinweiß mit gelbem Fleck; 'Pink Delight', Höhe 1,5 m, Blüte kräftig rosa mit gelbem Fleck. Etwas später blühen: 'Fireball', Höhe 1,5 m, Blüte tiefrot mit orange Tönung; 'Klondike', Höhe 1,3 m, Blüte orangegelb; 'Golden Sunset', Höhe 1,5 m, Blüte leuchtendgelb mit orange; 'Royal Command', Höhe 1,5 m, Blüte zinnoberrot; 'Satan', Höhe 1,3 m, Blüte scharlachrot.

Azalea-Occidentalis-Hybriden. Diese Sträucher sind sommergrün, sie stammen ab von *Rh. occidentale*. Sie werden 2–3 m hoch, haben duftende weiße oder rosafarbene Blüten mit gelbem Fleck. Sie blühen in der zweiten Hälfte des Mai oder später und sind gut winterhart. Bekannt sind: 'Exquisita', weiß mit rosa Tönung; 'Magnifica', rahmgelb mit orangeroter Zeichnung; 'Irene Koster', rosa mit gelber Zeichnung.

Azalea-Pontica-Hybriden. Sie haben relativ kleine orangegelbe, stark duftende Blüten, Staubgefäße hängen weit aus der Blüte heraus. Laub im Herbst leuchtend rotorange gefärbt. Bewährte Sorten sind: 'Coccinea Speciosa', kupfrig rot, mit oranger Zeichnung; 'Corneille', hellrosa, leicht gefüllt; 'Narcissiflora', hellgelb mit goldgelbem Fleck, leicht gefüllt.

Azalea-Rustica-Hybriden. Sie wachsen gedrungen und die Blüten erscheinen vor dem Blattaustrieb. Einige hübsche Sorten sind: 'Aida', rosa mit schwachem, dunkelorangem Fleck; 'Freya', lachs mit gelber Zeichnung; 'Norma', karmin mit hellerem Rand; 'Corneille', rosa.

Azalea molle × sinensis. Dies sind vielleicht die bekanntesten Gartenazaleen. Sie wachsen recht langsam und erreichen eine Höhe von 1,5 m. Die Blütezeit fällt auf Anfang bis Mitte Mai vor den Blattaustrieb, Blüten trichterartig, duftend. Einige bewährte Sorten sind: 'Dr. M. Oosthoek', dunkel orangerot; 'Hugo Koster', lachsorange; 'Kosters Brilliant Red', scharlachrot; 'Kosters Yellow', gelb mit dunkelgelber Zeichnung; 'Samuel T. Coleridge', rosa; 'Winston Churchill', leuchtend rot, hellrot gezeichnet.

Azalea-Pontica-Hybride 'Narcissiflora'

Azalea molle × sinensis 'Samuel T. Coleridge'

Rhus typhina 'Laciniata'

Rhus

Essigbaum

Kleine laubabwerfende Bäume oder Sträucher mit hübschen Blättern, die sich im Herbst auffallend verfärben.
Standort und Verwendung: Sie brauchen einen sonnigen Platz auf durchlässigem, auch sehr trockenem Boden. Es sind hübsche Solitärbäume, ebenso für kleine Gärten. Sie sind zweihäusig oder zwittrig, und wenn man die dekorativen Früchte haben möchte, sollte man mehrere Pflanzen zusammenpflanzen. Essigbäume können durch Ausläufer lästig werden.
Boden: Normale Gartenerde.
Vermehrung: Am einfachsten durch Wurzelausläufer, Absenker oder Steckhölzer sind auch möglich.

Rhus glabra. Der 2 m hohe und 4 m breite Strauch wächst sparrig aufrecht. Triebe kahl; Blätter bis 30 cm lang, gefiedert, im Herbst leuchtend scharlachrot.
Rhus typhina. Bis 4 m hoher und 6 m breiter Strauch. Zweige dick, samtig behaart. Blätter bis 50 cm lang, gefiedert, im Herbst orange. 'Laciniata' hat gefiederte und tief geschlitzte Blätter.

Ribes sanguineum 'Carneum'

Ribes

Zierjohannisbeere

Laubabwerfende Ziersträucher, die früh austreiben und blühen. Das Blatt duftet aromatisch.
Standort und Verwendung: Die fruchtenden, roten, gelben und schwarzen Johannisbeeren werden hier nicht behandelt. Die Zierjohannisbeeren gedeihen gut in der Sonne (*R. sanguineum*) und im Schatten (*R. odoratum*). Sie eignen sich als Einzel- und Gruppensträuchen.

Ribes alpinum 'Schmidt'. Ein 2 m hoher, aufrechter Strauch, Blüten gelbgrün, Früchte rot. Für Unterpflanzungen im Schatten geeignet.
Ribes odoratum syn. *R. aureum.* Raschwachsend, bis 2 m hoch, Blüte in 5 cm langen gelben duftenden Trauben, Früchte purpurbraun. Hübscher, anspruchsloser Schattenstrauch.
Ribes sanguineum. Wird 1,5−2 m hoch. Blüten im Mai in großen tiefroten Trauben. 'Atrorubens', tiefdunkelrot, 'King Edward VII' leuchtend dunkelrot, 'Pulborough Scarlet' tiefrot mit weißer Mitte sind hübsche Sorten.

Robinie

Scheinakazie

Sommergrüne Bäume oder Sträucher mit unpaarig gefiederten Blättern, die Nebenblätter sind oft in Dornen
umgewandelt. Die duftenden weißen oder rosafarbenen
Schmetterlingsblüten hängen in langen Trauben an den
Zweigen, sie sind eine gute Bienenweide. Alle Arten
sind sehr lichtbedürftig, einige windbrüchig. Sie brau-
chen nicht oder kaum geschnitten zu werden.
Standort und Verwendung: Scheinakazien müssen in der
Sonne stehen, sie vertragen auch noch sehr trockene
Standorte. Wegen der Windbruchgefahr ist ein windge-
schützter Platz am besten, besonders für *R. hispida* und
R. kelseyi. *R. pseudoacacia* kann zur Begrünung von
Straßen- und Bahnböschungen verwendet werden. Zur
Einzelstellung sind besonders *R. pseudoacacia 'Mono-
phylla'* und *R. p. 'Umbraculifera'* geeignet.
Boden: Normale Gartenerde.
Vermehrung: Die Arten durch Saat oder Wurzelableger,
die Gartenformen durch Veredeln auf *R. pseudoacacia*.

Robinia hispida. Bis 3 m hoher Strauch, der dornenlose
Zweige hat, die jung rot und steif behaart sind, später
olivgrün werden mit rötlichen Punkten. Blätter gefiedert, die zahlreichen Einzelblätter sind breitoval mit
stumpfer Spitze. Die rosaroten Blüten erscheinen im
Juni, sie hängen in dichten Trauben, entwickeln manchmal im Herbst eine hübsche Nachblüte.
Robinia kelseyi. Der 2–3 m hohe Strauch mit kahlen
Zweigen, trägt kurze Dornen. Fiederblättchen länglich
zugespitzt. Rosafarbene Blütentrauben im Mai.
Robinia pseudoacacia. Bis 25 m hoher Baum mit schirmförmiger Krone. Zweige kahl, meist stark bedornt. Fiederblättchen oval, im Juni weiße oder rosafarbene, duftende Blütentrauben, die bis 20 cm lang werden können.
Im Herbst bilden sich zahlreiche Fruchtschoten. Die
Scheinakazie ist giftig, besonders die Schoten. Es gibt
eine Reihe schöner Sorten: 'Bessoniana' ist starkwachsend und bildet eine kleine, ovale Krone. Die Zweige
sind unbewehrt. 'Frisia' ist ein kleiner Baum von rund 10
m Höhe. Blattaustrieb orangegelb, im Laufe des Sommers werden die Blätter kupfergelb. Die roten Dornen
stehen in hübschem Kontrast zu den Blättern. 'Hillieri'
überrascht durch seine dunkelrosa Blüten, Wuchs aufrecht. 'Semperflorens' hat eine lockere, offene Krone,
blüht im Juni und weiter bis in den September, guter
Straßenbaum. 'Tortuosa' hat korkenzieherartig
gedrehte Zweige und Blätter; eigenwillig, locker wachsender Einzelstrauch. 'Umbraculifera' ist ein kleinkroniger Baum, der ohne Schnitt schöne Kugeln bildet, fein-
verzweigt und unbedornt, guter Straßenbaum.

Robinia hispida

Robinia pseudoacacia 'Frisia'

Rosa 'Chicago Peace'

Rosa 'Betty Prior'

Rosa

Rose

Beliebter Blütenstrauch, der aus keinem Garten oder Park wegzudenken ist. Die Rosen sind sommergrün, eine einzige Art behält ihre Blätter auch im Winter. Sie sind aufrechtwachsend oder schlingend, meist tragen die Zweige Stacheln. Die Blätter sind wechselständig und unpaarig gefiedert. Die Blüten stehen entweder einzeln oder in Dolden an den Triebenden, sie haben 5 Kelch- und 5 Blütenblätter und häufig einen herrlichen Duft. Im Spätsommer bilden sich die Früchte: meist rote, manchmal schwarze Hagebutten.

Standort und Verwendung: Meistens pflanzen wir die Rosen wegen ihrer hübschen Blüten und deren wundervollem Duft, aber wir sollten auch die Hagebutten und die gelbe Herbstfärbung der Blätter beachten. Polyantharosen und die großen Strauchrosen pflanzen wir gewöhnlich in großen Gärten und Parks. Dazwischengepflanzte Bodendecker steigern die Wirkung der Rosen. Besonders bei rosafarbenen und roten Sorten wirken blaue oder blauviolette Zwischenpflanzungen sehr gut. Dazu können wir Lavendel, Katzenminze oder Salbei (den blaublütigen) gebrauchen. Auch *Veronica* oder niedrige Herbstastern können wir pflanzen, graublaue Gräser und blaugrüne flachwachsende Koniferen sind ebenfalls ansprechende Zwischenpflanzungen.

Polyantha- und Kletterrosen können auch als Hochstämme verwendet werden oder im Blumenbeet zusammen mit Stauden und niedrigen Gehölzen oder Gräsern gepflanzt werden. Kletterrosen können Gebäude, Mauern, Pergolen und andere Rankgerüste überwachsen, oder wir verwenden sie als Bodendecker. Sehr starkwüchsige Kletterrosen können wir in alte Bäume hineinwachsen lassen, sie bringen einen eindrucksvollen Blütenregen. Bodendeckende, Zwerg- oder Minirosen eignen sich für Pflanzkübel oder Balkonkästen, für Steingärten oder kleine Tröge. Die bodendeckenden Rosen sind, in größerer Zahl gepflanzt, auch zur flächendeckenden Begrünung von besonnten Vorgärten oder Abhängen geeignet.

Die Möglichkeit Rosen zu verwenden sind sehr vielfältig, aber stets sollten wir sie auf den richtigen Standort setzen. Stehen Rosen zu dunkel oder zu feucht, dann werden sie von den verschiedensten Krankheiten und Schädlingen befallen, oder sie blühen nur spärlich. Rosen brauchen unbedingt einen vollbesonnten Platz. Die beste Pflanzzeit ist der Oktober oder der November. Nur wenn der Boden im Herbst zu feucht sein sollte, wird im Frühjahr gepflanzt. Die Veredelungstelle sollte wenigstens 3 cm unter der Erdoberfläche sein, besser etwas tiefer. Wenn Sie die Rosen nicht direkt beim

Gärtner gekauft haben, sondern haben schicken lassen, stellen Sie sie zunächst in Wasser, damit die Wurzeln nicht austrocknen. Auf jeden Fall dürfen die Rosenwurzeln in dem Zeitraum zwischen Ausgraben und Wiedereinpflanzen nicht austrocknen. Auch nach dem Pflanzen müssen Sie häufig gießen und, wenn das Frühjahr trocken ist, sollten Sie auch während des Austriebs der Rosen nicht mit Wasser sparen. Ein kräftiger Rückschnitt der oberirdischen Teile vor dem Pflanzen, fördert das Anwachsen ebenfalls und zugleich bewirkt er, daß der Rosenstrauch kräftigere Triebe und folglich auch größere Blüten bildet. Überwinden Sie sich also, auch wenn es Ihnen noch so leid tut, von den vielen schönen Trieben nur die kräftigsten stehen zu lassen und auch diese noch bis auf 3−4 Augen einzukürzen – im folgenden Sommer werden Sie dafür belohnt werden!

Die Winterhärte kann bei einigen Rosen problematisch sein. Niedrige Rosen können am einfachsten durch Anhäufeln geschützt werden, etwas wirkungsvoller ist es, um die Rosenbüsche trockenes Laub zu häufen und es mit Reisig oder Komposterde abzudecken, damit es nicht fortgeweht wird.

Kletterrosen sind nicht so einfach zu schützen. Bei strengem Frost erfrieren deshalb auch meist die Triebe, es sei denn, die Rose stand an einer sehr geschützten Stelle (Südwand, Westwand oder warmer Innenhof). Meistens schlagen die Kletterrosen aus der Basis wieder aus, und zwar sind das keine wilden Schößlinge, sondern die Triebe entwickeln sich aus den schlafenden Augen des verholzten Edelreises.

Noch empfindlicher sind Hochstammrosen, da die Veredlungsstelle bei ihnen immer über der Erde liegt. In wintermilden Gebieten genügt es, die entblätterte Krone des Bäumchens mit Fichtenreisig oder Stroh dachziegelartig einzupacken. Ein zusätzlicher Schutz für die Veredlungsstelle, die unmittelbar unter der Krone liegt, wird dadurch erreicht, daß man sie mit Holzwolle und Ölpapier extra einwickelt. Wichtig ist, daß Regen- und Schneeschmelzwasser nicht ins Innere der eingepackten Krone gelangen. Jüngere Hochstammrosen können in blattlosem Zustand zum Boden heruntergebogen, festgehakt und mit Erde bedeckt werden.

Minirosen häufeln wir an oder decken sie mit Fichtenreisig ab.

Boden: Rosen brauchen tiefgründig gelockerten, humosen, nährstoffreichen, etwas kalkhaltigen Boden. In jedem Spätherbst geben wir eine Packung Mist um die Pflanzen herum und arbeiten diese im Frühjahr oberflächlich in die Erde ein. Dazu geben wir noch eine Handvoll Knochenmehl, das den Ansatz der zweiten Blüte fördert.

Wenn Sie alte Rosen an der gleichen Stelle durch neue ersetzen möchten, müssen Sie zunächst etwas am Boden

Rosa 'Yellow Doll'

Rosa 'Climbing Sarabande'

Rosa centifolia

Rosa gallica 'Versicolor'

tun. Bei Rosen tritt nämlich die sogenannte Bodenmüdigkeit auf, die wahrscheinlich durch Stoffwechselprodukte bestimmter Mikroorganismen oder durch Nematoden hervorgerufen wird. Sie können entweder die Erde in dem Bereich 60–80 cm tief ausheben und durch neue ersetzen oder 1–2 Jahre lang *Tagetes* an die Stelle pflanzen und in jedem Herbst untergraben, denn *Tagetes* scheiden einen Stoff aus, der die schädigenden Organismen abtötet.

Schnitt: Buschrosen werden im Frühjahr, wenn die Frostgefahr vorüber ist, so weit zurückgeschnitten, daß nur 2–3 Augen übrigbleiben. Bei starkwüchsigen Sorten lassen wir mehr Augen stehen als bei schwachwüchsigen. Die obersten Augen sollen nach außen zeigen. Je Pflanze lassen wir die 3–4 kräftigsten Triebe stehen, alles tote Holz wird herausgeschnitten. Wenn wir im Sommer die Rosen für die Vase schneiden, sollten wir unten wenigstens 3 vollentwickelte Blätter stehen lassen. Abgeblühte Rosen schneiden wir so weit ab, daß das oberste vollentwickelte Blatt erhalten bleibt. Bei Kletterrosen lassen wir mehrere gut entwickelte Triebe stehen und kürzen die Seitentriebe auf 3–5 Augen ein. Alle 3–4 Jahre werden die ältesten Triebe bis zum Boden zurückgeschnitten und jüngere übernehmen ihre Stelle. Sie werden im Laufe des Sommers vorsichtig angebunden.

Vermehrung: Die botanisch reinen Arten werden ausgesät, die vielen Sorten veredelt (okuliert).

Im Folgenden besprechen wir die wichtigsten verschiedenen Rosengruppen:

Edelrosen oder Teehybriden. Bis 1,5 m hohe Sträucher, die uns zwischen Juni und Oktober mit großen, schön geformten, meist einzeln stehenden und herrlich duftenden Blüten erfreuen. Es kommen fast alle Farben vor, sogar silberblau. Einige bekannte Sorten sind: 'Alice's Red', karminrot, 70 cm; 'Black Lady' blutrot, 70 cm; 'Chicago Peace', 90 cm, lachsrot und gelb; 'Duftwolke', lachsrot, 70 cm, stark duftend; 'Ena Harkeness', karminblutrot, 80 cm, duftend; 'Evening Star', weiß, 90 cm, duftend; 'Herzog von Windsor', orangerot, 60 cm, duftend; 'Michèle Meilland', rosa, 70 cm; 'Papa Meilland', karminblutrot, 70 cm, stark duftend; 'Pascali', silberweiß, 80 cm; 'Peer Gynt', gelb, 70 cm; 'Picadilly', gelb mit rot, 70 cm; 'Prima Ballerina', rosa, 90 cm; 'Roter Stern', zinnoberrot, 90 cm; 'Super Star', lachsrot, 90 cm, duftend; 'Sutters Gold', goldgelb mit rot, 90 cm, duftend; 'Virgo', weiß, 60 cm; 'Whisky', bernsteinfarbig, 70 cm, stark duftend.

Polyantha- oder Beetrosen. Bis 2 m hohe Sträucher, die zwischen Juni und Oktober zahlreiche einfache oder gefüllte Blüten bilden, die in mehr oder weniger großen Dolden zusammenstehen. Im allgemeinen blühen sie reicher und länger als die Teehybriden. Wir können 2

Gruppen unterscheiden, die etwas niedrigeren Polyantharosen und die höheren Floribundarosen, die auch als Strauchrosen bezeichnet werden. In größeren Gruppen zusammengepflanzt, bringen sie kräftige Farbakzente. Da sie keine hohen Pflegeansprüche stellen, werden sie häufig in öffentlichen Anlagen verwendet.

Zuverlässig gute Sorten sind z.B.: 'Allgold', goldgelb, halbgefüllt, 70 cm; 'Betty Prior', rosa, einfach, 80 cm; 'Bella Rosa', lachsrosa, halbgefüllt, 60 cm; 'Blossomtime', rosa, dichtgefüllt, duftend, 150 cm; 'Fanal', scharlachrot, halbgefüllt, 70 cm; 'Europeana', blutrot, gefüllt, 90 cm; 'Frau Astrid Späth', rosa, halbgefüllt, 60 cm; 'Friesia', gelb, gefüllt, duftend, 50 cm; 'Insel Mainau', blutrot, dichtgefüllt, 60 cm; 'Irish Wonder', scharlachrot, gefüllt, 70 cm; 'Lili Marleen', blutrot, gefüllt, 70 cm; 'Marlena', dunkelrot, gefüllt, 50 cm; 'Olala', blutrot, halbgefüllt, 70 cm; 'Paprika', scharlachrot, halbgefüllt 70 cm; 'Queen Elizabeth', lachsrosa, halbgefüllt, 120 cm; 'Sarabande', orange bis scharlachrot, halbgefüllt, 60 cm; 'Schneewittchen', weiß, halbgefüllt, duftend, 150 cm; 'Zitronenfalter', goldgelb, locker gefüllt, duftend, 150 cm.

Kletterrosen. Die Herkunft vieler Kletterrosen ist unbekannt. Ihre Hauptblüte liegt in der Zeit von Juni bis August. Sie können Triebe von bis zu 6 m Länge ausbilden, benötigen jedoch stets eine Kletterhilfe. Es gibt Sorten mit großen, gefüllten und mit einfachen Blüten, es gibt auch kleinblütige einfache und gefüllte Sorten, und die meisten neueren Sorten blühen wesentlich länger als die altmodischen, deren Hauptblütezeit nur im Juli liegt.

Bekannte und bewährte Sorten sind z.B.: 'Coral Dawn', lachsrosa, gefüllt; 'Climbing Sarabande', rot, halbgefüllt, duftend, 4 m hoch; 'Dortmund', blutrot mit weißem Auge, einfach, öfterblühend, 2–3 m hoch; 'Compassion', kupfrigrosa, gefüllt, stark duftend, Blüten einzeln, 2 m hoch öfterblühend; 'Flammentanz', dunkelrot, gefüllt, reich-, aber nur einmalblühend, 3–4 m hoch; 'Golden Showers', hell goldgelb, duftend, lange blühend, 2–3 m hoch; 'Leverkusen', reingelb, gefüllt, duftend, langeblühend, 3 m hoch; 'New Dawn', hellrosa, gefüllt, duftend, 3–4 m hoch; 'Parkdirektor Riggers', samtig blutrot, halbgefüllt, öfterblühend, 3 m hoch; 'Paul's Scarlet Climber', blutrot, halbgefüllt, reich-, aber nur einmalblühend; 'Sympathie', tief scharlachrot, duftend, öfterblühend, 3–4 m hoch.

Zwergrosen und Bodendeckende Rosen. Niedrige, 50–80 cm hohe Sträucher, die von Juni bis September blühen. Die Zwergrosen sind wie kleine Edel- oder Beetrosen. Einige Sorten sind: 'Alberich', tiefkarminrot, halbgefüllt, 30–40 cm hoch; 'Fresh Pink', kräftig rosa, reichblühend, 40–50 cm hoch; 'Starina', lachsrot, gefüllt, 20–30 cm hoch; 'White Gem', grünlich weiß, ge-

Rosa glutinosa

Rosa laevigata

Rosa macrantha 'Raubritter'

Rosa moyesii 'Nevada'

füllt, 30−40 cm hoch; 'Yellow Doll', gelb gefüllt, 30 cm hoch. 'Zwergkönigin', blutrot, halbgefüllt, 30 cm hoch. Bodendeckende Rosen wachsen flach niederliegend bis buschig und eignen sich für flächige Pflanzungen in voller Sonne: 'Fiona', blutrot, locker gefüllt, lange blühend, Wuchs breitbuschig, 50 cm hoch; 'Fleurette', lebhaft rosa, einfach, öfterblühend, Wuchs breitauslandens 80 cm hoch; 'Max Graf', blutrot, mit kleiner weißer Mitte, einfach, Wuchs niederliegend, stark, 50 cm hoch; 'Swany', weiß, dauernd blühend, gefüllt, Wuchs breit ausladend, 50 cm hoch.

Hochstammrosen. Edel- oder Beetrosen, auch Kletterrosen lassen sich auf einen Stamm von *Rosa canina,* die Hundsrose, veredeln. Sie wirken dann wie kleine Bäume, entweder mit runder Krone oder mit hängenden Zweigen (bei Kletterrosen). Die empfindlichste Stelle der Rose, die Veredlungsstelle, befindet sich also über der Erde, deshalb müssen im Winter besondere Schutzmaßnahmen getroffen werden, s. S. 159. Grundsätzlich lassen sich alle Edel-, Beet- oder Kletterrosensorten auf Stämme veredeln, in der Praxis wird jedoch nur eine beschränkte Auswahl angeboten.

Botanische Rosen, Wildrosen. Es sind etwa 3 m hohe Sträucher, die zum größten Teil im Juni blühen, einige etwas früher, einige später. Die Blüten sind meist einfach, z. T. herrlich duftend. Im Herbst bilden sich Hagebutten, die bei vielen Arten prächtig gefärbt sind. Die Sträucher wachsen meist breit ausladend und benötigen in ausgewachsenem Zustand sehr viel Platz. Einige bekannte Arten sind:

Rosa blanda. Der 2−3 m hohe dornenlose Strauch hat braune Zweige und 7-teilige Blätter. Die Blüten sind groß, rosa; Früchte 1 cm dick, rot; schöne Herbstfärbung.

Rosa canina, die ausläuferbildende Hundsrose. Wird bis 3 m hoch, Zweige bogig überhängend, Blüten zartrosa bis weiß. Hagebutten längsoval, rot bis orange, lange am Strauch haftend.

Rosa centifolia. Sie wird 1,5−2 m hoch und ebenso breit, schwach ausläufertreibend. Die Blüten sind dicht gefüllt, dabei sind die äußeren Blütenblätter etwas länger als die inneren, Blütezeit Juni/Juli, Duft ungewöhnlich stark. Leider nur wenig verbreitet. Häufiger anzutreffen ist 'Muscosa', bei der die Kelchblätter und Stengel moosartig behaart sind. 'Cristata' hat kammartig verbreiterte Kelchblätter, blüht nur einmal, reinrosa. Bei 'La Noblesse' sind die Blüten zartrot; 'Petit de Hollande' hat hell rosafarbenen Ponponartige Blüten.

Rosa × damascena. Ein 2−3 m hoher, starkwachsender Strauch mit oft roten, hakenförmigen Stacheln. Blüten im Juni, gefüllt, rosa oder rot, stark duftend. Sie wird in Osteuropa zur Rosenöl-Herstellung verwendet.

Rosa gallica. Ausläufertreibender, bis 1,5 m hoher Strauch mit graugrünen, auffallend stark bedornten Zweigen. Die Blätter sind ziemlich dick und unterseits behaart. Blüht im Juni mit einzelstehenden, samtig dunkelroten, duftenden Blüten; Früchte ziegelrot. Die Pflanze liebt einen sonnigen Standort. 'Versicolor' hat auffallend weiß und rot gestreifte Blütenblätter und mattgrünes Laub.

Rosa glauca syn. *R. ferruginea, R. rubrifolia.* Etwa 2–3 m hoher und breiter Strauch mit überhängenden, rotbraun bereiften Zweigen und bläulich purpurfarbenen Blättern, die ebenfalls bereift sind. Blüten im Juni, einfach, rosenrot. Auffallend sind die kugeligen roten Früchte, die sich in großer Zahl bilden.

Rosa glutinosa. Bildet einen 30–70 cm hohen, dichtbuschigen Strauch. Zweige dicht mit Dornen und Blätter mit Drüsen besetzt. Im Juni erscheinen die einfachen rosafarbenen Blüten, später orangefarbene Früchte.

Rosa moschata. Strauch mit bogig überhängenden Zweigen, 1–4 m hoch. Die großen weißen Blüten duften stark nach Moschus. Die Hagebutten sind braunrot.

Rosa moyesii. Locker wachsender, bis 3 m hoher Strauch mit zierlichem Blatt. Blüten ab Juni, tief blutrot, einfach. Im Herbst fallen die orangeroten, krugförmigen Früchte auf. 'Geranium' hat leuchtend hellrote Blüten, wächst kompakt, bis 2 m hoch, 'Nevada' blüht sehr reich mit großen weißen Blüten.

Rosa multiflora syn. *R. polyantha.* Ein 2–3 m hoher Strauch mit schwach bewehrten Trieben. Blüten klein, weiß, zu mehreren in großen Doldenrispen zusammengefaßt. Früchte sehr zahlreich, erbsengroß, rot, bis in den Winter haftend.

Rosa nitida. Bis 80 cm hoher, ausläufertreibender Strauch mit glänzendgrünem Laub, das sich im Herbst gelb färbt. Triebe rot, mit zahlreichen feinen Stacheln besetzt. Blüten im Juni, einfach hellrosa. Hagebutten 1 cm groß, rot, sehr hübsch mit dem Herbstlaub zusammen.

Rosa pimpinellifolia syn. *R. spinosissima.* Ein 2–3 m hoher, Trockenheit vertragender, ausläufertreibender Strauch von etwa 1 m Höhe. Die sparrigen Zweige sind borstig bestachelt. Die einfachen, schneeweißen Blüten erscheinen von Mai bis Juni, die Hagebutten sind schwarz. 'Frühlingsmorgen' ist eine Sorte, deren gelbrosa Blüten auch im Herbst noch einmal nachblühen.

Rosa rubiginosa syn. *R. eleganteria.* Aufrechtwachsender, stark stacheliger Strauch, 2–3 m hoch, Blätter duften nach Äpfeln. Blüten frischrosa, Früchte scharlachrot, länglich, bis in den Winter hinein haftend.

Rosa rugosa. Strauch mit sehr stacheligen, borstigen Trieben, bis 2 m hoch. Blüten weiß und rosarot, während des Sommers nachblühend. Hagebutten sehr groß, orangerot, eßbar. Der Strauch benötigt einen sauren Boden.

Rosa pimpinellifolia 'Frühlingsmorgen'

Rosa rubiginosa

Rubus calycinoides

Rubus

Brombeere, Himbeere

Eine große Pflanzengattung, die fast über die gesamte Erde verteilt ist. Es sind sommergrüne und immergrüne Arten darunter.

Standort und Verwendung: Der *Rubus* auf der Abbildung ist ein wenig bekannter Bodendecker. Die meisten bei uns verwendeten *Rubus* sind höhere Sträucher, die in halbschattigen oder sonnigen Lagen am besten gedeihen.

Boden: Keine besonderen Ansprüche.

Vermehrung: Durch Teilen oder Steckhölzer.

Rubus calycinoides syn. *R. fockeanus*. Wintergrüner Bodendecker, dessen Triebe am Boden Wurzeln bilden, Höhe 10 cm. Blüten weiß im Mai/Juni; Früchte rot. Winterschutz unbedingt erforderlich!

***Rubus odoratus*.** Ausläufertreibender 1–1,5 m hoher, aufrechtwachsender Strauch. Die sommergrünen Blätter sind bis 25 cm breit, Blüten von Juni bis August an den Kurztrieben des vorjährigen Holzes und in endständigen Rispen, purpurrosa, duftend.

Salix alba 'Tristis'

Salix

Weide

Die Gattung der Weiden kommt nur auf der nördlichen Halbkugel vor. Es sind sommergrüne Sträucher und Bäume mit meist lanzettlichen Blättern und den bekannten kätzchenförmigen Blüten. Ihr besonderer Wert liegt in ihrer sehr frühen Blüte, die eine ausgezeichnete Bienenweide darstellt. Die meisten Weiden sind raschwüchsig und lassen sich gut schneiden.

Standort und Verwendung: Die Bäume und großen Sträucher eignen sich nur für Parks, für die freie Landschaft oder sehr große Gärten. Es gibt prächtige Solitärs unter ihnen mit dekorativem Wuchs und interessanter Blattfärbung. Für kleine Gärten gibt es niedrige und kriechende Arten. Einige Arten bevorzugen nasse, andere trockene Böden, die meisten fühlen sich jedoch auf ausreichend feuchten Böden am wohlsten. Ihre Verwendungsmöglichkeiten reichen vom Wind- und Bodenschutz über die Sicherung von Dünen und Uferböschungen und rutschgefährdeten Hängen bis zur aktiven Holzerzeugung im Waldbau und zur Gewinnung von Flecht- und Bindematerial.

Boden: Weiden sind recht anspruchslos, die im Gebirge vorkommenden kriechenden Arten bevorzugen trockenere, kalkhaltige Böden.

Vermehrung: Steckholz. Einige Gartenformen durch Veredeln.

Salix alba, Silberweide. Bis 25 m hoher, rundkroniger Baum mit beiderseits silbrig behaarten, lanzettlichen Blättern. Kätzchen im April ohne besonderen Zierwert. 'Tristis' ist die bekannte Trauerweide, deren Zweige im Frühling goldgelb sind und bis zum Boden herabhängen; Höhe 15–20 m.

Salix caprea, Salweide. Ein 3–5 m hoher Strauch, Zweige graugrün, Blätter breit-elliptisch, auf der Oberseite runzlig, mattglänzend, auf der Unterseite blaugrün, filzig. 'Pendula' wird auf Stämmchen veredelt, die Zweige hängen bis zum Boden hinab. Viele goldgelbe Kätzchen im März, mit auffallenden Staubbeuteln.

Salix caprea mas wird 3–5 m hoch, Blätter elliptisch, runzlig, mattgrün. Große Kätzchen im März. Es ist die veredelte männliche Pflanze. Wildtriebe entfernen.

Salix daphnoides. Kräftig wachsender, aufrechter Strauch. Die dünnen Triebe sind dunkelbraun und blaubereift. Die Blätter sind schmal, grün, auf der Unterseite blaugrün. Kätzchen silbrigweiß, aufrecht. 'Praecox', Kätzchen silberweiß, schon im Februar, geeignet für trockene, kalkreiche Böden.

Salix hastata syn. *S. wehrhahnii,* Gebirgsweide. Wird nur 80–100 cm hoch. Blätter eirund, Triebe rotbraun, Kätzchen silbrigweiß, wie Perlen an den Zweigen aufgereiht; Blütezeit: März.

Salix matsudana. Sie hat kahle, gelbgrüne Zweige und ein schmal-lanzettliches, hellgrünes Blatt. Bekannt ist die Zickzackweide 'Tortuosa', sie wird 5–8 m hoch und die Zweige sind korkenzieherartig gedreht, die Blätter oft spiralig gewunden. Auch im Winter sehr dekorativ, Zweige für Gestecke geeignet.

Salix purpurea. Etwa 3 m hoher Strauch mit dünnen, glänzenden roten Trieben. Blatt eilanzettlich, stumpfgrün, unterseits heller, Kätzchen unbedeutend. *S. purpurea* ist gut geeignet für trockene, sonnige Standorte. 'Gracilis' wächst kugelförmig, 1,5 m hoch, Blätter zierlich, silbriggrau, schöne Herbstfärbung.

Salix repens. Diese kriechende Weide wird höchstens 1 m hoch und ebenso breit, Blatt schmal oval, mit blaugrüner Unterseite. 'Nitida' ist noch niedriger, hat dicht silbrig behaarte Blätter. Die Kätzchen erscheinen im April, vor dem Laubaustrieb und sind goldgelb. 'Rosmarinifolia' hat schmale, 5 cm lange Blätter.

Salix sachalinensis, 'Sekka', Japanische Drachenweide. Sie wird 3–5 m hoch, die Zweige sind breit, bandförmig flach gewachsen. Kätzchen zahlreich, silbrig, aufgeblüht goldgelb.

Salix hastata 'Wehrhahnii'

Salix matsudana 'Tortuosa'

Sambucus canadensis 'Maxima'

Sambucus racemosa 'Plumosa Aurea'

Sambucus

Holunder

Laubabwerfende, schnellwüchsige Sträucher, deren Blüten herrlich duften und aus denen man Wein oder Sekt machen kann. Typisch sind auch die dicken Triebe, die mit weißem Mark gefüllt sind und die gegenständigen, unpaarig gefiederten Blätter. Nach den Blüten reifen die beerenartigen roten oder schwarzen Früchte.

Standort und Verwendung: Holunder ist eine ausgesprochene Pionierpflanze. Sie kann in einem jungen Garten schnell einen üppig grünen Busch bilden, kann auch als Schutzpflanzung für die nachfolgenden, langsamer wachsenden Gehölze dienen und nach und nach wieder entfernt werden. Holunder lieben die Sonne, vertragen aber dennoch tiefen Schatten, allerdings blühen sie dort nicht so reich. Erstaunlich ist die große Regenerationsfähigkeit der Holunder. Selbst nach häufigem, radikalem Rückschnitt treiben sie immer wieder willig aus.

Boden: Holunder gedeiht in jedem Boden, er ist sogar in der Lage, ihn zu verbessern. Besonders große und alte Holunderbüsche findet man auf nährstoffreichen durchlässigen, nicht zu trockenen, leicht sauren Böden.

Vermehrung: Durch Steckholz, Aussaat.

Sambucus canadensis. Ausläufertreibender, bis 5 m hoher Strauch mit graugelben Zweigen und wenig Lentizellen. Das Blatt ist aus 7–9 lanzettförmigen, zugespitzten Einzelblättern zusammengesetzt. Im Juni/Juli werden die flachen, weißen Blütenrispen gebildet, später die dunkelpurpurfarbenen Früchte. Im Herbst färben sich die Blätter rot. 'Maxima' ist in allen Teilen kräftiger und größer als die Art. 'Aurea' hat intensiv gelb gefärbte Blätter und leuchtendrote Früchte.

Sambucus nigra. Bis 6 m hoher Strauch ohne Wurzelausläufer. Die Zweige sind grau und haben viele Lentizellen. Das Blatt ist 5-teilig, hellgrün. Im Juni/Juli gelbweiße Blüten, später schwarze Früchte, die man zu Saft und anderem verwerten kann. *S. nigra* liebt nährstoffreiche Böden, verträgt Salz, Wind und Schatten. 'Aurea' hat goldgelbe Blätter; bei 'Laciniata' sind die einzelnen Blättchen tief eingeschnitten.

Sambucus racemosa. Der Traubenholunder stammt aus dem Gebirge. Er wird 2–4 m hoch und treibt früh aus. Die Zweige sind hellbraun, die Blätter aus 5–7 eirunden Einzelblättern zusammengesetzt. Gelblichgrüne Blütenrispen erscheinen schon im April/Mai, die leuchtend roten Fruchtstände hängen von Juli bis September am Baum. Pioniergehölz für Rohböden. Vorsicht: Beeren sind giftig. 'Plumosa Aurea' hat tief eingeschnittene Blätter, die im Austrieb bräunlich, später gelb werden und vor allem im Herbst intensiv gelb sind.

Sarcococca

Dieser niedrige Strauch ist wintergrün. Er gehört in die Familie der Buchsbaumgewächse. Breitet sich schnell durch Ausläufer aus. Zu Beginn des Jahres wenig auffallende, aber herrlich duftende Blüten.
Standort und Verwendung: Bestens geeignet für Gärten, in denen viel Schatten ist, unter hohen Bäumen, oder im Schatten von Gebäuden fühlt sich *Sarcococca* wohl, Sonne bekommt ihr nicht. In kleinen Gärten als Solitärpflanze, in großen als flächendeckende Gruppenpflanze verwenden.
Boden: Humoser, nährstoffreicher Boden, auch Kalk wird vertragen.
Vermehrung: Stecklinge und bewurzelte Ausläufer.

Sarcococca humilis syn. *S. hookeriana* var. *humilis*. Wintergrüner, dicht verzweigter, aufrecht wachsender Strauch, bis 50 cm hoch und breit. Das Blatt ist 3–8 cm lang, glänzend dunkelgrün. Blütezeit von Januar bis März, den weißen Blüten folgen später schwarze Beerenfrüchte.

Sarcococca humilis

Sciadopitys

Schirmtanne

Kleiner wintergrüner Baum, der bei uns nur 10–20 m hoch wird. Stamm gerade, Krone kegelförmig ausgebildet. Stellung der Nadeln eigenartig quirlförmig.
Standort und Verwendung: Die Schirmtanne stammt aus den Berg- und Schluchtwäldern Japans. Sie liebt daher luftfeuchte, halbschattige Standorte. Am schönsten wirkt sie, wenn sie einzeln inmitten einer niedrigen Unterpflanzung steht.
Boden: Am besten ist humoser, nährstoffreicher, ausreichend feuchter Boden.
Vermehrung: Durch Aussaat.

Sciadopitys verticillata. Schmal-pyramidaler, sehr langsam wachsender Baum. Die Nadeln sind dunkelgrün, lederartig, 12 cm lang und sind schirmförmig um den Zweig herum angeordnet. Die männlichen Blüten stehen an den Triebenden zusammen, die interessant geformten Zapfen sind zunächst grün, erst im zweiten Jahr reifen sie und werden braun. Sie können 8–12 cm lang werden.

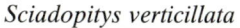

Sciadopitys verticillata

Sequoiadendron giganteum

Sequoiadendron

Mammutbaum

Wenn der Mammutbaum günstige Wachstumsbedingungen hat, kann er bis zu 100 m hoch werden und der Stamm erreicht am Boden einen Durchmesser von 10 m. Der jährliche Zuwachs beträgt 0,5–1 m. In Europa erreicht dieser eindrucksvolle Baum jedoch nur etwa 35 m Höhe.

Standort und Verwendung: Er sollte einen geschützten und geräumigen Platz bekommen, denn er kann bis zu 15 m breit werden. Ferner braucht er volle Sonne und einen durchlässigen Boden.

Boden: Nährstoffreich. Der Baum verträgt Kalk.

Vermehrung: Durch Aussaat und Stecklinge.

Sequoiadendron giganteum syn. *Wellingtonia gigantea*. Pyramidal wachsender Baum, der Stamm geht bis zur Krone durch. Die braunrote Rinde ist sehr weich und kann bei alten Bäumen bis 60 cm dick werden. Zweige waagerecht abstehend, durchhängend, Nadeln graugrün, schuppenförmig, dicht anliegend. Zapfen reifen im zweiten Jahr.

Sinarundinaria nitida

Sinarundinaria

Chinesischer Bambus

Prächtige, feinblättrige Bambusart, die meist wintergrün ist und nur in sehr strengen Wintern zurückfriert. Die Triebe sind zunächst aufrecht, später bogig überhängend.

Standort und Verwendung: Ein Platz im Halbschatten, auf ausreichend feuchtem Boden sagt ihm am meisten zu. Bei genügend Feuchtigkeit gedeiht er auch in der Sonne. Am besten paßt dieser große Bambus ans Wasser, zusammen mit großblättrigen Stauden *(Rodgersia, Hosta, Bergenia)* oder Gräsern, auch in Schattengärten oder Gärten mit japanischem Charakter.

Boden: Normale, auch moorige und saure Böden.

Vermehrung: Durch Teilen.

Sinarundinaria nitida. Der 2 m hohe Bambus hat viele aufrechte Triebe, die sich mit zunehmendem Alter nach allen Seiten biegen. Blätter sitzend, schmal-lanzettlich, 7–12 cm lang, 1,5 cm breit. Sie werden in kalten Wintern braun, treiben jedoch wieder aus. Blüht und fruchtet bei uns nicht.

Skimmia

Skimmie

Immergrüne, langsamwachsende Pflanzen, die wegen ihrer auffallenden Blüten und Früchte gepflanzt werden. Die Sträucher sind zweihäusig, d. h., wenn es zum Beerenansatz kommen soll, müssen männliche und weibliche Pflanzen zusammengepflanzt werden.
Standort und Verwendung: Skimmie wächst am besten auf halbschattigen, ausreichend feuchten Plätzen. Da sie nicht 100%ig winterhart ist, sollte sie auch einen geschützten, windstillen Platz bekommen.
Boden: Humos und sauer.
Vermehrung: Durch Aussaat oder Stecklinge.

Skimmia × foremanii syn. *S. Japonica × S. reevesiana.* Langsamwachsend, bis 1 m hoch. Blätter lederartig glänzendgrün mit roten Stielen. Blüten weiß, Früchte kugelig, scharlachrot.
Skimmia japonica syn. *S. fragrans* für die männliche, *S. oblata* für die weibliche Pflanze. Bis 1 m hoch und 1,5 m breit, Blätter hellgrün, die weißen Blüten und die dicken roten Beeren sind zur gleichen Zeit am Strauch.

Skimmia japonica

Sophora

Schnurbaum

Zu dieser Gattung gehören laubabwerfende und wintergrüne Arten mit gefiedertem, der Robinie ähnlichem Blatt und Schmetterlingsblüten. Bei uns ist nur eine Art im Handel. Auffallend ist neben dem Duft der Blüten auch der Duft, den ein durchgeschnittener Zweig ausströmt.
Standort und Verwendung: Hübscher Solitärbaum für helle, warme, sonnige Plätze, aber auch in Gehölzgruppen oder als Allee sehr dekorativ. Gute Bienenfutterpflanze.
Boden: Am besten gedeiht er auf nährstoffreichen, alkalischen Böden.
Vermehrung: Durch Aussaat.

Sophora japonica. Bis 25 m hoher, rundkroniger Baum mit glatten grünen Zweigen. Die gefiederten Blätter sind bis 25 cm lang. Die gelblichweißen Blüten sind in 25 cm langen, endständigen Rispen zusammengefaßt und erscheinen im August. Nur in warmen Spätsommern reifen die langen runden Fruchthülsen.

Sophora japonica

169

Sorbaria aitchisonii

Sorbaria

Fiederspiere

Starkwüchsige, laubabwerfende Sträucher, die sehr früh
austreiben. Sie fallen durch ihren dekorativen Wuchs
und durch die großen weißen Blütenrispen auf.
Standort und Verwendung: Die Fiederspiere wächst in
der Sonne und im Schatten, auf guten und schlechten
Böden. *S. sorbifolia* bildet Wurzelausläufer und ist deshalb zur Bodenbefestigung zu gebrauchen. Die Fieder-
spieren eignen sich als Gruppenpflanze und als Solitär,
sollten sie zu groß werden, können sie im Frühjahr, vor
dem Austrieb, zurückgeschnitten werden.
Boden: Normale Gartenerde.
Vermehrung: Durch Wurzelausläufer und Stecklinge.

Sorbaria aitchisonii. Bis 3 m hoher und 3,5 m breiter
Strauch, dessen Zweige rotbraun und dessen Blätter
gefiedert, hellgrün, bis 30 cm lang sind. Blüten im
August, weiß, in langen überhängenden Rispen.
Sorbaria sorbifolia syn. *Spiraea sorbifolia*. Ausläufertreibender, 2 m hoher und breiter Strauch. Blüten im Juli,
weiß, in aufrechten Rispen.

Sorbus americana 'Belmonte'

Sorbus

Eberesche, Vogelbeere

Laubabwerfende Bäume oder Sträucher mit dekorativem Blatt, das sich im Herbst schön verfärbt. Die Blüten
sind in endständigen Dolden zusammengefaßt, sie riechen etwas unangenehm. Die Früchte sind sehr auffällig
gefärbt, sie können weiß, gelb, orange bis rot, rosa oder
braun sein.
Standort und Verwendung: Da die Ebereschen nicht
sehr groß werden, sind sie besonders für kleine Gärten
geeignet. Sie gedeihen auf sonnigen und halbschattigen
Plätzen und stehen lieber etwas feuchter als zu trocken.
Die Beeren werden sehr gerne von Vögeln gefressen,
deswegen sollten die Ebereschen in Wind- und Vogel-
schutzpflanzungen nicht vergessen werden.
Die meisten Arten sind hübsche Einzelgehölze, die nicht
zu viel Schatten spenden. Wegen seiner Anfälligkeit für
Feuerbrand, wird *Sorbus* augenblicklich nicht mehr so
häufig angepflanzt.
Boden: Alle Arten lieben tiefgründige, nahrhafte
Böden, gedeihen aber auch auf ärmeren Standorten
ausreichend gut.

Vermehrung: Durch Aussaat, die Samen müssen 1 Jahr lang in feuchtem Sand liegen, bevor sie keimen. Die Gartenformen werden veredelt.

Sorbus alnifolia syn. *Micromeles alnifolia.* Aufrechter, bis 12 m hoher Baum mit rotbraunen, glänzenden Zweigen und ungeteilten, ovalen Blättern, die sich im Herbst schön verfärben. Blüten im Mai/Juni, weiß, gefolgt von kugelrunden, rotgelben Früchten.

Sorbus americana. Ein 8–9 m hoher Baum mit dunkelbraunen, glänzenden Zweigen und klebrigen Knospen. Das Blatt ist gefiedert, dunkelgrün, bis 25 cm lang und färbt sich im Herbst kräftig gelb. Die weißen Blütendolden erscheinen im Mai/Juni; bis Oktober bilden sich zahlreiche kleine, runde, rote Früchte. Eine hübsche Sorte ist 'Belmonte', sie wächst gedrungen und hat im Herbst orangenrote Beeren.

Sorbus aria. Bis 10 m hoher Baum, dessen junge Zweige grau behaart sind, ebenso wie die Blattunterseite der ungeteilten, grob gesägten Blätter. Blüte im Mai, weiß. Früchte im September, orangerot mit vielen Lentizellen. 'Lutescens' wächst pyramidal und hat elliptische Blätter, deren Unterseite schneeweiß behaart ist. Guter kleinkroniger Alleebaum. 'Magnifica' wächst oft mehrstämmig, straff aufrecht, mit kegelförmiger Krone. Die Blätter sind sehr dunkelgrün, nur unterseits weißfilzig. Blüten weiß, Früchte orangerot, 1 cm groß.

Sorbus aucuparia. Der 10–15 m hohe Baum hat leicht behaarte Zweige und nicht klebende Knospen. Blätter 20 cm lang, gefiedert, sattgrün, im Herbst orangerot. Blüten im Mai; Früchte erbsengroß, orangerot, sich schon im August färbend. 'Beissneri' ist eine Form, die 15 m hoch wird, eine lockere Krone bildet und eine hübsche gelbe Herbstfärbung hat. *S. aucuparia* var. *moravica* oder 'Edulis' ist eine eßbare Eberesche, weniger bitter, mit hohem Vitamingehalt. Hat größere Blätter und Früchte als die Art. 'Fastigiata' wächst langsam, bis 7 m hoch, straff säulenförmig.

Sorbus decora. Der 6–10 m hohe, baumartige Strauch hat 25 cm lange, gefiederte Blätter. Blüten weiß, Früchte sehr zahlreich, rot, in großen Dolden.

Sorbus hupehensis. Von dieser Art ist die Sorte 'November Pink' im Handel. Der Baum wird 7 m hoch, hat eine lockere Krone und besonders auffallende rosafarbene Früchte mit roten Punkten, die bis in den November hinein haften.

Sorbus intermedia, die schwedische Mehlbeere. Wird 10 m hoch, hat einfache, unterseits weißfilzige Blätter. Blüten weißlich; Früchte eiförmig, orangerot.

Sorbus vilmorinii. Langsamwachsender, 6 m hoher Baum mit überhängenden Triebspitzen. Blätter sehr fein gefiedert, unterseits graufilzig. Blüten im Juni; Früchte ab August, zartrosa gefärbt.

Sorbus aucuparia 'Beissneri'

Sorbus hupehensis 'November Pink'

Spartium

Binsenginster

Laubabwerfender Strauch, der zu den Schmetterlingsblütlern gehört. Die grünen Zweige sehen das ganze Jahr über hübsch aus, die gelben Blüten erfreuen uns im Spätsommer. Leider ist der Strauch nicht winterhart.

Standort und Verwendung: Diese Ginsterart steht gerne auf sonnigen und trockenen Plätzen. Es ist ein hübscher Solitärstrauch, kann aber auch in Gruppen verwendet werden. *Spartium* ist eine kalkliebende Pflanze, das sollte man bedenken, wenn man ihn im Heidegarten pflanzen möchte, wo eher saure Bodenverhältnisse herrschen. Wenn der Strauch im Winter zurückgefroren ist, kann man ihn kräftig zurückschneiden.

Boden: Normaler, kalkhaltiger Boden.

Vermehrung: Durch Aussaat.

Spartium junceum. Schnellwüchsiger Strauch, der bis 3 m hoch und 2,5 m breit wird. Zweige sehr dünn und zäh. Die kleinen Blätter fallen kaum auf. Blüten im September, hellgelb, am Ende der Zweige angeordnet. Früchte braun.

Spartium junceum

Spiraea × arguta

Spiraea

Spierstrauch

Laubabwerfende Sträucher mit wechselständigen Blättern, weißen oder violettrosa Blüten, die in mehr oder weniger großen Dolden zusammenstehen. Die im Frühjahr blühenden Arten blühen am vorjährigen Holz, die sommerblühenden am einjährigen, letztere können deshalb im Frühling bis auf den Boden zurückgeschnitten werden.

Standort und Verwendung: *Spiraea* braucht einen sonnigen oder wenigstens halbschattigen Platz. Allgemein gilt, je sonniger der Standort, desto reicher die Blüte und schöner der Wuchs. Sie können sehr wohl als Solitärsträucher, aber auch als Gruppenpflanzen verwendet werden, niedrige Arten finden als Bodendecker oder im Steingarten Verwendung.

Boden: Normale Gartenerde.

Vermehrung: Durch Absenker oder Steckhölzer.

Spiraea × arguta. Diese Hybride ist entstanden aus einer Kreuzung zwischen *S. multiflora* und *S. thunbergii.* Zierlicher Strauch mit überhängenden, feinen Zweigen, bis

2 m hoch. Blüten weiß, in kleinen Dolden auf den vorjährigen Zweigen sitzend.

Spiraea-Billardii-Hybriden Sie sind entstanden aus *S. douglasii* und *S. salicifolia* und werden 2 m hoch und ebenso breit. Zweige zunächst behaart, später kahl, Blätter länglich, unterseits ebenfalls behaart. Von Juni bis August mit rötlichen Blüten blühend. Es sind mehrere Sorten im Handel.

Spiraea bullata. Niedriger, dichtverzweigter Strauch von nur 40 cm Höhe, Blätter blasig und runzlig, Blüten im Juli dunkelrosa. Für Steingärten und Einfassungen geeignet.

Spiraea-Bumalda-Hybriden. Entstanden aus einer Kreuzung von *S. albiflora* und *S. japonica*. Bis 1 m hohe Sträucher mit streifenförmig abblätternder Rinde und eirund-lanzettlichen Blättern. Von Juli bis September erscheinen die karminroten Blüten in flachen Trugdolden an den jährlichen Triebenden. Die Blühfreudigkeit wird erhalten, wenn die Sträucher in jedem Frühjahr bis auf den Boden zurückgeschnitten werden. Bekannte Sorten sind 'Anthony Waterer' mit prachtvoll karminroten Blüten, etwa 80 cm hoch, und 'Froebelii' mit dunkelpurpurroten Blüten, 1 m hoch. Sie vertragen recht viel Schatten und blühen trotzdem reich.

Spiraea chamaedryfolia syn. *S. flexuosa.* Schattenverträglicher, 2 m hoher und breiter Strauch mit überhängenden Zweigen. Graubraune, abschilfernde Zweige, hellgrüne, eirunde Blätter und zahlreiche weiße Blütendolden im Mai/Juni.

Spiraea japonica. Gedrungen und breitwachsender Strauch mit eiförmig-länglichen Blättern, die auf der Unterseite blaugrün sind. Am meisten verbreitet ist die Sorte 'Little Princess'. Sie wird nur 40 cm hoch. Blüten sehr zahlreich, hell- und dunkelrosa im Juli/August.

Spiraea nipponica. Ein 2–3 m hoher Strauch, dessen kantige, steif aufrechte Zweige im oberen Teil überhängen. Blätter dunkelgrün, Blüten im Juni, in vielen kleinen weißen Trugdolden auf den vorjährigen Zweigen sitzend.

Spiraea prunifolia. Ist ein 2–3 m hoher Strauch, dessen lange, dünne Zweige weit überhängen. Blätter frischgrün, gezähnt, mit schöner Herbstfärbung. Blüten schon Ende April, reinweiß, gefüllt in zahlreichen Doldentrauben.

Spiraea × vanhouttei. Entstanden aus *S. cantoniensis* und *S. triloba.* Vieltriebiger, 2 m hoher Strauch mit bogig überhängenden Zweigen. Blätter dunkelgrün, eiförmig, Blüten reinweiß ab Ende Mai. Sie sitzen entlang der vorjährigen Zweige. Sehr widerstandsfähig, braucht volle Sonne.

Spiraea-Bumalda-Hybride 'Anthony Waterer'

Spiraea × vanhouttei

Staphylea

Pimpernuß

Großer sommergrüner Strauch mit auffallenden Blütenrispen und Früchten.
Standort und Verwendung: Hübsche Solitärsträucher für sonnige und halbschattige Plätze.
Boden: Normale Gartenerde, *S. pinnata* benötigt mehr Humus, *S. colchica* eher feuchte, saure Böden.
Vermehrung: Durch Aussaat oder Absenken, *S. pinnata* kann auch durch Steckholz vermehrt werden.

Staphylea colchica. Aufrechtwachsender, bis 4 m hoher Strauch mit lebhaft grünen, 3−5-teiligen Blättern. Im Mai erscheinen die 10 cm langen, aufrechtstehenden, weißen, duftenden Blütenrispen. Ab August bilden sich die blasig aufgetriebenen, grünen Fruchtkapseln.
Staphylea pinnata. Der 3−5 m hohe Strauch zeigt aufrechten Wuchs. Die Blätter sind 5−7-teilig, kräftiggrün, auf der Unterseite blaugrün. Im Mai/Juni blüht der Strauch mit großen, überhängenden, weißen Blütenrispen. Im Herbst bilden sich runde, blasige Fruchtkapseln, in denen gelbbraune Früchte reifen.

Staphylea colchica

Stephanandra tanakae

Stephanandra

Kranzspiere

Kleine sommergrüne Sträucher mit überhängenden Zweigen und zierlicher Belaubung, die sich im Herbst gelb färbt.
Standort und Verwendung: Geben Sie der Kranzspiere einen sonnigen oder halbschattigen Platz. Die abgebildete Art ist die wüchsigste. *S. incisa* kann als freiwachsende Hecke und 'Crispa' als Bodendecker verwendet werden.
Boden: Leicht und humos, nicht zu trocken.
Vermehrung: Durch Teilen oder Steckholz.

Stephanandra incisa. Bis 1,5 m hoher, fein und dicht verzweigter Strauch. Blätter tief eingeschnitten und gesägt. Blüten weiß, klein, im Juni, in 5−6 cm langen Rispen. 'Crispa' wird nur 50 cm hoch, jedoch 1,5 m breit. Zweige zum Boden gebogen, Blätter dreieckig, tief eingeschnitten. Blüten im Juni, grünlichweiß.
Stephanandra tanakae. Etwa 2 m hoher Strauch mit dunkelgrünen, 8 cm langen, doppeltgesägten Blättern. Blüte von Juni bis Juli, weißlich, gute Bienenweide.

Stranvaesia

Wintergrüner Strauch von unregelmäßig breitem Wuchs. Nach den Blüten erscheinen sehr hübsche rote Beeren. Leider wird auch dieser Strauch vom Feuerbrand befallen, so daß er nicht mehr überall angepflanzt werden kann.

Standort und Verwendung: Dekorativer Solitärstrauch, allerdings nicht für sehr kleine Gärten. Er wächst in Sonne und Halbschatten gleich gut, am besten an einem warmen, geschützten Ort. *Stranvaesia* eignet sich auch für Pflanzkübel.

Boden: Nährstoff- und humusreich.

Vermehrung: Durch Stecklinge oder Aussaat.

Stranvaesia davidiana. Wird etwa 2–3 m hoch, wächst sparrig. Blätter länglich, glänzendgrün, im Herbst einige leuchtendrot, die übrigen meist wintergrün. Die Blüten sind klein, weiß, in 5–8 cm breiten Doldentrauben, Blütezeit Juni. Ab September erbsengroße, leuchtend rotorangefarbene Früchte. 'Lutea' ist eine Sorte mit orangegelben Früchten.

Stranvaesia davidiana

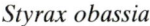

Styrax obassia

Styrax

Storaxbaum

Bäume oder Sträucher mit ungeteilten, wechselständigen Blättern, oft behaart. Im Frühling oder Frühsommer bilden sich weiße Blütentrauben, später hängen die 1- oder 2-kammerigen Früchte in lockeren Fruchtständen. Leider ist *Styrax* bei uns nicht ganz winterhart.

Standort und Verwendung: Auf sonnigen oder leicht beschatteten Plätzen ist es ein dekoratives Solitärgehölz.

Boden: Durchlässiger, sandiger Boden.

Vermehrung: Durch Absenker, Aussaat oder Steckholz.

Styrax japonica. Bis 5 m hoher und fast ebenso breiter Strauch mit dünnen, biegsamen Zweigen. Die Blätter sind 4–8 cm lang, oval und unregelmäßig gezähnt. Im Mai herrlich duftende, glockenförmige, weiße Blütentrauben.

Styrax obassia. Etwa 9 m hoher und 7 m breiter Strauch mit aufrechten Zweigen. Die rundovalen Blätter sind 7–16 cm lang und haben eine filzige Unterseite. Im Mai/Juni blühen die weißen, duftenden Blüten in überhängenden Trauben.

Symphoricarpos × doorenbosii 'Magic Berry'

Syringa komarowii

Symphoricarpus

Schneebeere

Bekannte sommergrüne Sträucher, die im Herbst viele rote oder weiße Beeren tragen.
Standort und Verwendung: In der Sonne ist die Fruchtentwicklung am schönsten, dennoch gedeihen sie auch im Schatten gut. Sie wachsen auf jedem Boden, einige Arten lassen sich als lockere Hecken, *S. chenaultii* 'Hancock' als Bodendecker verwenden.
Boden: Normale Gartenerde.
Vermehrung: Durch bewurzelte Ausläufer oder Steckhölzer.

Symphoricarpus albus syn. *S. racemosus,* die gewöhnliche Schneebeere. Wächst 2 m hoch, Blätter eirund, ganzrandig, Blüten weißlichrosa im Juni, Beeren auffallend groß, weiß, bis in den Winter haftend.
Symphoricarpus chenaultii 'Hancock'. Bis 80 cm hohe Art, niederliegende Äste bewurzeln sich, anspruchsloser Bodendecker.
Symphoricarpus × doorenbosii 'Magic Berry'. Wird 80 cm hoch, im Herbst sehr zierende rosarote Beeren.

Syringa

Flieder

Sehr verbreitete sommergrüne Sträucher mit herrlich duftenden Blüten im Mai/Juni. Flieder haben gegenständige, ungeteilte Blätter. Die Blüten stehen am Ende des vorjährigen Triebes. Wir schneiden Flieder eigentlich nur während der Blüte, um uns einen Blumenstrauß in die Vase zu holen. Um kahl gewordene Sträucher zu verjüngen, können wir sie tief unten abschneiden.
Standort und Verwendung: Die modernen Sorten werden nicht sehr groß und passen deshalb auch in kleine Gärten, vor allem, wenn wir sie durch Schnitt klein halten. Meist setzen wir Fliederbüsche in eine Gehölzgruppe, aber auch als Einzelgehölz sind sie sehr attraktiv.
Boden: Nährstoffreiche, ausreichend feuchte Gartenböden.
Vermehrung: Selten durch Samen, meist durch Veredeln.

Syringa × chinensis. Entstanden aus *S. persica* und *S. vulgaris,* 3 m hoch und breit werdender Strauch mit zierlich überhängenden Zweigen. Im Mai lilarosa Blütenrispen, von Jahr zu Jahr in zunehmender Fülle.

Syringa josikaea. Ist ein steif aufrecht wachsender Strauch, 3–4 m hoch. Blätter dunkelgrün. Blüten dunkelviolett, in schmalen, aufrechten Rispen Ende Mai.

Syringa microphylla. Wird nur 1,5 m hoch und hat eirunde, behaarte, graue Blätter.

'Superba' ist eine verbreitete Sorte, deren Blüten zunächst rosa, später weiß werden. Sie blüht den ganzen Sommer hindurch, von Mai bis Oktober.

Syringa reflexa. Etwa 3 m hoher, aufrechtwachsender Strauch mit überhängenden Zweigen. Blätter bis 15 cm lang, Blüten dunkelrosa, innen weiß in dichten, fast walzenförmigen, überhängenden Rispen im Juni.

Syringa × swegiflexa. Eine Kreuzung aus *S. reflexa* und *S. sweginzowii.* Sie wird 3 m hoch und hat dichte, zierlich überhängende, dunkelrosa Blütenrispen, 30 cm lang.

Syringa vulgaris. Der gewöhnliche Flieder wird 5–7 m hoch, er bildet Ausläufer und wird als Unterlage für Veredlungen gebraucht. Es gibt sie in vielen Farben, mit einfachen oder gefüllten Blüten. 'Charles X', einfach blauviolett; 'Königin Luise', einfach, weiß; 'Michel Buchener', gefüllt, lila; 'Charles Joly' violett, gefüllt; 'Katherine Havemeyer', gefüllt, violett.

Syringa vulgaris 'Charles X'

Tamarix

Tamariske

Laubabwerfende Gehölze mit lockerem Wuchs. Im Frühling blühende Arten werden nach der Blüte geschnitten, die sommerblühenden im Frühjahr.

Standort und Verwendung: Sie sind sehr unempfindlich gegen Seewinde und werden deshalb in Schutzpflanzungen an der Küste häufig verwendet. Wegen ihres fremdländischen Charakters sind sie schwer mit großlaubigen Gehölzen zu kombinieren. Als Einzelpflanzen vor Koniferen oder im Rasen wirken sie jedoch sehr dekorativ.

Boden: Sie bevorzugen einen nährstoffreichen Boden in warmer, sonniger Lage.

Vermehrung: Durch Steckholz.

Tamarix odessana syn. *T. chinensis.* Ein 3–4 m hoher Strauch, Belaubung lichtgrün, Blütentrauben hellrosa, Blüte von Juni bis September.

Tamarix parviflora. Wird bis 3 m hoch, Zweige rotbraun, Blüten hellrosa im Mai. Verträgt Salz im Boden.

Tamarix pentandra. Bis 4 m hoch, Zweige rotbraun, Blätter blaugrün. Blüten lebhaft rosa, Juli/August.

Tamarix odessana

Taxodium

Sumpfzypresse

Laubabwerfende Konifere, die auf sehr feuchten Standorten im Alter Atemwurzeln bildet, die als kleine Höcker über die Erdoberfläche hinausragen. Sie sorgen für zusätzliche Sauerstoffzufuhr. Junge Pflanzen sind nicht ganz winterhart, im Alter vertragen sie unsere Winter gut.

Standort und Verwendung: Die Sumpfzypresse eignet sich nur für große Gärten und Parks, bevorzugt auf feuchten und nassen Plätzen am offenen Wasser. Sie ist gegen Kalk und Oberflächenverdichtung empfindlich.

Boden: Humos und sauer.

Vermehrung: Durch Aussaat oder Steckhölzer.

Taxodium distichum. Breit kegelförmig, 20−30 m hoch wachsend. Die Rinde ist rotbraun, die Nadeln frischgrün, 1,5 cm lang, an 10 cm langen Kurztrieben sitzend, die im Herbst ebenfalls abfallen. Ältere Bäume blühen und fruchten, die Zapfen sind hellbraun, violett bereift. 'Recurvatum' ist eine elegante Trauerform mit bogig überhängenden Zweigen.

Taxodium distichum

Taxus baccata als Hecke

Taxus

Eibe

Prächtige immergrüne Gehölze, die recht langsam wachsen und sehr alt werden können. Die flachen Nadeln sind meist dunkelgrün, einige auch goldgelb. *Taxus* ist in allen Teilen sehr giftig. Man kann allerdings im Gegensatz zu dem, was allgemein behauptet wird, das rote Fruchtfleisch der Beeren essen. Man hüte sich jedoch vor den Kernen!

Standort und Verwendung: Die Eibe wächst nicht nur im Halbschatten oder Schatten, sie gedeiht auch ausgezeichnet in voller Sonne. Besonders die gelbblättrigen Formen brauchen sehr viel Licht. Im Schatten wächst *Taxus* nicht so dicht und gedrungen, sondern lockerer.

Es stimmt nicht, daß *Taxus* sehr robust und praktisch unverwüstlich ist. Bei starken Frösten kann er teilweise erfrieren, allerdings treibt er meist aus dem Holz wieder aus. Auch ist er recht empfindlich gegen die Konkurrenz von anderen Pflanzen.

Dennoch ist die Eibe eine ideale Heckenpflanze. Sie wächst zwar langsam, kann aber sehr alt werden. Die Hecke auf dem Photo steht schon seit ein paar hundert

Jahren. Sie ist übertrieben trapezförmig geschnitten. Eine etwas geringere Schräge ist auch ausreichend, um die Hecke davor zu bewahren, von unten kahl zu werden. Um das zu vermeiden, sollten Sie auch darauf achten, daß alle Gewächse, die Sie in die Nähe der *Taxus*-Hecke pflanzen, etwa 1 Meter entfernt von ihr stehen.

Außer als Heckenpflanze kann *Taxus* auch als Solitär verwendet werden, der sich ausgezeichnet in eine bestimmte Form schneiden läßt. Als freistehenden Baum kann man *Taxus* nur für die Nachwelt pflanzen!

Boden: *Taxus* gedeiht auf jedem humosen, nicht zu trockenen Boden. Er liebt relativ hohe Luftfeuchtigkeit. Jährliche Düngergaben sind für Hecken unbedingt nötig.

Vermehrung: Arten durch Aussaat, wobei die einzelnen Pflanzen etwas unterschiedlich ausfallen können. Gartenformen durch Wintersteckling oder Veredeln.

Taxus baccata. Der gewöhnliche *Taxus* wird ungefähr 10 m hoch. Nadeln bis 3 cm lang, schwarzgrün, auf der Unterseite heller, sie sind für Pferde giftig, nicht für Rehe. *Taxus* ist zweihäusig. Früchte an den weiblichen Pflanzen von dicker, fleischiger roter Hülle umgeben. Bekannte Sorten sind: 'Adpressa', ein breitwüchsiger Strauch mit sehr dicht stehenden Zweigen. Nadeln ziemlich kurz und breit. 'Dovastoniana' hat an den Spitzen überhängende Zweige, Wuchs breit pyramidal, 3 m hoch. 'Elegantissima' ist eine wüchsige gelbe Sorte, sie wird bis zu 10 m hoch. 'Fastigiata', die Säuleneibe wächst zunächst schmal, später breitelliptisch, häufig mit mehreren Spitzen. 'Fastigiata Aureomarginata' und 'Fastigiata Aurea' sind Säulenformen, deren Nadeln in der Jugend gelb sind und später vergrünen. 'Nissens Corona' wächst breitbuschig, bis 1 m hoch und 7 m breit, Triebspitzen überhängend. 'Overeynderi', eine breit aufrechtwachsende Säulenform mit kurzen weichen Nadeln. 'Repandens', fast bodenanliegende Form von 50 cm Höhe und 3 m Breite. Nadeln dunkelgrün, sichelförmig gekrümmt. 'Semperaurea', breitbuschiger Strauch, Äste locker und kurz. Nadeln goldgelb, kaum vergrünend. 'Washingtonii' ist ein breitbuschiger Strauch mit gelbgrünen Nadeln, die im Winter bronzefarben werden.

Taxus cuspidata. Verzweigter Strauch, bei uns selten über 4 m hoch. Nadeln dunkelgrün, steif und dick, mit kurzer Stachelspitze. 'Aurescens' wächst sehr langsam, 1 m hoch und 3 m breit, die Nadeln sind fast immer gelb. 'Nana', unregelmäßig und bizarr wachsend. Nadeln kurz, stumpfgrün, radial angeordnet.

Taxus × media. Ist eine Kreuzung zwischen den beiden vorher genannten. 'Hatfieldii' wächst breitbuschig, Nadeln tiefgrün; 'Hicksii' bildet schmale Säulen.

Taxus baccata 'Elegantissima'

Taxus × media 'Hatfieldii'

Thuja occidentalis

Thuja occidentalis 'Rheingold'

Thuja

Lebensbaum

Immergrüne Koniferen mit frischgrüner oder gelblicher Laubfarbe. Zerreibt man das Laub, duftet es angenehm. Lebensbaum hat flache Zweige, die bei *Thuja orientalis* typisch vertikal stehen. Die eiförmigen Zapfen sind oft zwischen dem Laub nicht zu sehen. Viele *Thuja*-Arten verfärben sich im Winter oder werden nach dem Verpflanzen braun. Sie erhalten ihre ursprüngliche Farbe jedoch im Frühjahr oder nach dem Anwachsen wieder zurück. Wenn sie zu trocken stehen, sind sie auch sehr empfindlich gegen Frost. In dem kalten Winter 1984/85 gab es viele Ausfälle bei *Thuja,* die zu trocken gestanden hatten, oder in besonders »sauberen« Gärten standen, wo keine schützende Laubdecke das tiefe Eindringen des Frostes in den Boden verhinderte.

Standort und Verwendung: Es gibt viele Arten und Sorten, die ziemlich schnell wachsen und als Heckenpflanzen gut geeignet sind. Sie haben auch den großen Vorteil, nicht so leicht braun zu werden und zu verkahlen, wenn sie auf dem richtigen Standort stehen. Sie brauchen volle Sonne und einen ausreichend feuchten Boden. Im Halbschatten gedeihen sie auch noch zufriedenstellend. Viele niedrig bleibende Arten sind für kleine Gärten oder Steingärten geeignet, wo man sie als Solitär verwenden sollte. Schneiden ist fast überhaupt nicht nötig.

Boden: Frische, durchlässige Sand- oder Lehmböden.

Vermehrung: Die Arten durch Aussaat, die Gartenformen durch Stecklinge.

Thuja occidentalis. Der Abendländische Lebensbaum kann 20 m hoch werden. Er ist schmalwüchsig, pyramidal, die Zweige stehen waagerecht ab. Die Nadeln dunkelgrün in glänzenden, flachgedrückten Schuppen, im Winter bronzegrün. Sie duften beim Zerreiben aromatisch, Zapfen in Massen anfallend, hellbraun, im ersten Jahr reifend. Von *Thuja occidentalis* gibt es zahlreiche Sorten. Wir haben sie hier nach Wuchshöhe geordnet. Niedrige Formen: 'Danica' wächst dichtbuschig, kugelig und wird in 10 Jahren nur 30 cm hoch. Die schuppenartigen Nadeln sind frischgrün, im Winter etwas bräunlich. 'Globosa' ist ähnlich, hat noch dichteren Wuchs und im Winter graugrüne Nadeln. 'Holmstrup' wächst langsam, gedrungen kegelförmig, bis 2 m hoch, die Nadeln sind frischgrün, auch im Winter. 'Little Gem' hat einen flach kugelförmigen Wuchs, mehr in die Breite als in die Höhe gehend. Die Zweige sind fein, etwas gedreht, Nadeln dunkelgrün. 'Pygmaea' ist eine Zwergkonifere mit dichtem, unregelmäßigem Wuchs, eher hoch als breit. Nadeln flach angedrückt, glänzend grün. 'Recurva

Nana' ist eine sehr verbreitete Sorte, die 60–100 cm hoch wird, und ganz gleichmäßige Kegel bildet. Zweigspitzen überhängend, Nadeln im Sommer mattgrün, im Winter braun. 'Rheingold' wächst in der Jugend langsam, breitkegelförmig, später kräftiger. Nadeln goldgelb, im Austrieb fast rosa, im Winter bräunlich. 'Smaragd', gedrungen, schmal kegelförmig, langsam wachsend, Höhe 2,5 m, wahrscheinlich höher. Nadeln ganzjährig frischgrün, glänzend. 'Woodwardii' wird 2 m hoch und wächst ziemlich schnell. Es ist ein kugelförmiger Busch mit grünen, im Winter bräunlichen Nadeln.

Höhere Formen: 'Aurea', bis 15 m hoher, breit kegelförmiger Baum mit goldfarbenen Nadeln, die sich im Winter bronzegelb verfärben. 'Columna' hat säulenförmigen Wuchs, Stamm geht bis zur Spitze durch, Äste sehr dicht und kurz. Höhe bis 10 m, glänzend dunkelgrüne Nadeln, die auch im Winter grün bleiben. 'Elegantissima' ist schnellwüchsig und entwickelt sich zu einem 5 m hohen Kegel. Die Nadeln sind glänzend dunkelgrün, nur an den Spitzen hellgelb. Im Winter Verfärbung ins Braune. 'Europe Gold' wächst aufrecht pyramidal, wird jedoch nicht so hoch. Die Nadeln sind goldgelb, im Winter mehr orangegelb. Eine schöne, auch im Winter grüne Sorte ist 'Hetz Wintergreen'. Sie ist schnellwüchsig und fällt durch ihr stets dunkelgrünes Laub auf. 'Semperaurea' wächst breit-aufrecht und wird bis 10 m hoch, sehr kräftige Sorte, das glänzendgrüne Laub hat gelbe Punkte. 'Spiralis' hat eine besondere Wuchsform, sie entwickelt sich pyramidenförmig, die einzelnen Zweige sind jedoch gedreht und farnartig angeordnet. 'Warena' ist eine schnellwüchsige, pyramidale Form mit blaugrünen Nadeln.

Speziell für Hecken sind geeignet: Die oben erwähnten Sorten 'Columna' und 'Smaragd', ferner 'Malonyana', die einen dichten, kegelförmigen Wuchs hat und stets gleichbleibend grüne Belaubung. 'Rosenthalii' wächst etwas breiter, jedoch aufrecht, grüne Nadeln. 'Techny' ist eine neue Sorte für dunkelgrüne Hecken.

Th. occidentalis ist die wichtigste und widerstandsfähigste aller bei uns verbreiteten Thuja-Arten.

Thuja orientalis. Langsam wachsende, dicht eirundlich wachsende Lebensbäume, die bis 8 m hoch werden. Sie werden weniger häufig gepflanzt, da sie in strengen Wintern Frostschäden erleiden können. Wegen ihrer aparten, fächerförmigen Verzweigung werden sie an geschützten Stellen jedoch gerne gesetzt. 'Aurea Nana' ist eine häufig verwendete Zwergform, im Sommer gelb, im Winter bronzefarben. 'Elegantissima' kann 5 m hoch werden, wächst kegelförmig, hat gelbes Laub, das im Winter goldbronzefarben ist.

Thuja plicata. Dies sind schnell wachsende, hohe Lebensbäume mit senkrecht durchgehendem Stamm. Die Äste sind wenig verzweigt, fast waagerecht abste-

Thuja orientalis 'Elegantissima'

Thuja plicata

Thuja plicata 'Rogersii'

hend. Die schuppigen Nadeln sind glänzendgrün und an der Unterseite etwas weiß. Die Zapfen haben 10–12 Schuppen. 'Excelsa' ist eine aufrechte, säulenförmige Konifere, raschwachsend, bis 15 m hoch. Nadeln schuppenförmig, dicht stehend, dunkelgrün. 'Variegata', breit kegelförmige, 10 m hohe Form, Zweige abstehend, Spitzen später überhängend. Die Nadeln sind schuppenförmig, an den Spitzen der Zweiglein gelblich, auch weißlich gestreift. 'Rogersii' ist eine sehr niedrige Form, wird nur 1 m hoch. Sie wächst eiförmig. Die Nadeln sind im Innern des Busches grün, an den äußeren Spitzen gelb, es ist sehr dicht, eignet sich gut als Schnittgrün. 'Variegata', bis 10 m hohe, breitkegelförmig wachsende Pflanze. Belaubung abwechselnd gelbgrün und weiß gestreift. Aparte Solitärpflanze.

Thuja standislin. Ein 15 m hoher Baum mit rötlicher, abblätternder Rinde. Kronenaufbau locker, Zweige hängen bogig über. Nadeln frischgrün, unterseits gelblich gefleckt.

Tilia platyphyllos

Tilia

Linde

Stattliche, sommergrüne Bäume, die so groß werden, daß wir sie nur in großen Gärten, Parks oder in der freien Landschaft verwenden können. Die Blätter sind langgestielt, meist herzförmig und wechselständig. Die Blüten duften süßlich und geben reichlich Nahrung für die Bienen. Die Früchte der Linden sind kugelförmig, klein. Linden verankern den Boden mit ihren Wurzeln, sind widerstandsfähig gegen Wind und wachsen ziemlich schnell. Ein Nachteil ist, daß einige Arten sehr unter Rußtau leiden, d. h. sie werden von Läusen befallen, auf deren Ausscheidungen wachsen schwarze Rußtaupilze. Am wenigsten anfällig dafür sind die Arten *T. cordata, T. euchlora, T. platyphyllos* und *T. tomentosa.*

Standort und Verwendung: Linden brauchen einen sonnigen oder leicht beschatteten Platz und gut dränierten Boden. Sie werden so groß, daß sie nur in Parks oder an Straßen zu gebrauchen sind oder als schattenspendender Baum in einem Bauernhof. Linden können sehr alt werden.

Boden: Normale Gartenerde.

Vermehrung: Die Arten durch Aussaat, die Sorten durch Steckholz oder Veredelung.

Tilia × euchlora. Kreuzung zwischen *T. cordata* und *T. dasystyla.* Im Winter leicht an der gelbgrünen Rinde zu erkennen, Äste in zunehmendem Alter stark hängend. Blätter glänzendgrün, spitz gezähnt, lange am Baum haftend. Blüten gelblich, im Anschluß an *T. cordata.*

Tilia platyphyllos. Bis 30 m hohe Sommerlinde, die Krone ist rundlich-kegelförmig, die Blätter sind groß, lebhaft grün, auf der Unterseite weich behaart. Austrieb im Frühjahr sehr zeitig, Blütezeit ist die frühste von allen Linden, schon Ende Juni. Blüten gelblichweiß, Früchte dickschalig, behaart, lange haftend.

Tilia tomentosa, die Silberlinde. Sie ist ein 25 m hoher Baum für trockene Lagen. Zweige aufrechtwachsend. Blätter herzförmig, oben dunkelgrün, unterseits weißfilzig behaart. Blüte spät, Herbstfärbung goldgelb.

Tilia × vulgaris syn. *T. europaea, T. × intermedia,* die holländische Linde. Ist eine Kreuzung aus *T. cordata* und *T. platyphyllos,* sie wird 35 m hoch. Blätter schief herzförmig, dunkelgrün und scharf gesägt. 'Pallida', die Königslinde, hat besonders im Winter auffallend rötliche Zweige und Knospen. Blätter groß, frischgrün.

Tilia × vulgaris

Tsuga canadensis 'Pendula'

Tsuga

Hemlockstanne

Wintergrüne, sehr zierlich und dekorativ wachsende Koniferen, einige aus Nordamerika, andere aus Japan stammend. Sie lieben windgeschützte, leicht schattige Lagen. Die Art *T. canadensis* wird sehr hoch, es gibt jedoch auch niedrigere Gartenformen, die sich für kleine Gärten gut eignen. Die Nadeln sind kurz und weich, die Zapfen klein, ähnlich denen der Lärche.

Standort und Verwendung: Hübsche Solitärpflanzen für halbschattige Plätze. *T. canadensis* und *T. heterophylla* können auch als Hecken verwendet werden, da sie nach dem Schneiden gut wieder austreiben, selbst aus altem Holz. Die Gartenformen benötigen keinen Schnitt.

Boden: Frische, humose, leicht saure Böden.

Vermehrung: Arten aus Samen, Sorten durch Stecklinge im Sommer.

Tsuga canadensis. Ein 15–20 m hoher, lockerkroniger Baum. Zweige hellbraun, leicht behaart, Zweigspitzen zierlich überhängend. Nadeln 15 mm lang, dunkelgrün, unterseits mit 2 weißen Streifen. 'Jeddeloh' ist eine

Tsuga mertensiana

Zwergform ohne Mitteltrieb, Äste ausgebreitet, 50 cm hoch und doppelt so breit. 'Macrophylla', 2 m hoch, langsamwachsend, Zweige schräg aufstrebend, Nadeln zweizeilig, dunkelblaugrün, relativ groß. 'Nana' wächst sehr langsam, Äste sparrig niedergedrückt, bis 1 m Höhe. Nadeln 2 cm lang, oben glänzend grün, unten mit 2 weißen Bändern. 'Pendula' kann 2−3 m hoch werden und 4 m breit, Äste allseits bogenförmig überhängend.
Tsuga heterophylla. Kann in seiner Heimat bis 60 m hoch werden, bei uns nur 10−15 m. Der schmale Baum hat behaarte, braune Zweige und stumpfe, graubraune Knospen. Die Nadeln sind 2 cm lang, überall gleich breit und tragen auf der Unterseite breite weiße Streifen, auf der Oberseite sind sie glänzend grün. Zapfen 2,5 cm groß, auf den Zweigen sitzend. 'Conica' ist ein prächtig ebenmäßig wachsender Baum von 3−4 m Höhe. Die Zweige stehen dicht beieinander, die Zweigspitzen hängen leicht über.
Tsuga mertensiana. Wird 30 m hoch und 12 m breit und wächst sehr langsam. Die Zweige sind dicht behaart und tragen 2,5 cm lange, stumpfe, blaugrüne Nadeln, die allseits von den Zweigen abstehen und beidseits mit Spaltöffnungen versehen sind. Zapfen bis 8 cm lang.

Ulmus glabra 'Camperdownii'

Ulmus

Ulme, Rüster

Beliebte, raschwüchsige Bäume mit sommergrünen, an der Basis häufig schief angesetzten Blättern. Blüte unscheinbar vor dem Laubaustrieb, die Früchte sind rundgeflügelt und fallen früh ab. Ende der zwanziger Jahre trat in Europa erstmals eine Ulmenkrankheit auf, die durch einen Pilz verursacht und vom Ulmensplintkäfer verbreitet wurde. Durch Fällen der kranken Bäume und Bekämpfen des Käfers konnte man sie eindämmen. Neuerdings trat aber ein noch agressiverer Pilz auf, dem viele Bäume zum Opfer fielen. Mit Hilfe der Infrarotfotografie konnte man die kranken Bäume aufspüren. Die Züchter haben sich bemüht, gegen das Ulmensterben resistente Klone zu züchten, z.B. *Ulmus × hollandica* 'Groeneveld', 'Lobel', 'Plantijn' und 'Dodoens'.
Standort und Verwendung: Die meisten Ulmen werden sehr groß und sind deshalb nur als Straßen- oder Parkbaum zu verwenden. Trauerformen finden wir gelegentlich neben alten Bauernhäusern. Die Goldulme wächst recht langsam, wird auf die Dauer aber doch 9 m hoch, so daß wir sie nicht in ganz kleine Gärten pflanzen sollten.

Boden: Tiefgründige, nahrhafte, feuchte, aber nicht nasse Böden.

Vermehrung: Die Arten aus Samen, die Sorten durch Steckholz, Absenker oder Veredelung.

Ulmus × elegantissima. Schwachwüchsiger, ausläuferbildender Strauch, der in 10 Jahren 2 m hoch wird. Die Blätter sind elliptisch, 2–3 cm lang, doppelt gesägt und rauh behaart. Sie stehen in 2 Reihen nebeneinander. Dieser Klon wird auch unter dem Namen 'Jacqueline Hillier' geführt und ist gut geeignet für kleine Gärten.

Ulmus glabra syn. *U. campestris, U. montana, U. scabra.* Die Bergulme ist ein geradstämmiger, 30-–40 m hoher Baum. Zweige und Knospen dunkelbraun, behaart. Krone sehr breit ausladend. Die Blätter sind sehr groß, bis 16 cm lang, grob gesägt und gehen unten auffallend schief in den sehr kurzen Stiel über. Eine eigenwillige Wuchsform hat 'Camperdownii', sie wird etwa 5 m hoch und die Äste breiten sich dachförmig aus, hängen herab und bilden einen Raum wie eine Laube, welche abgedeckt wird durch die dicht an den Zweigen anliegenden Blättern. Ähnlich ist 'Horizontalis', die jedoch größer wird und deren Blätter nicht die Zweige bedecken.

Ulmus × hollandica. Eine Kreuzung zwischen *U. glabra, U. minor* und *U. plotii.* Ähnelt *U. glabra,* hat jedoch längere Blattstiele. Hiervon gibt es einige Klone, die gegen das Ulmensterben ziemlich resistent sind. 'Commelin', lockerkroniger Baum, 20 m hoch, Blätter herzförmig, grob gesägt, guter Alleebaum. 'Plantijn' wächst schnell bis 15 m hoch, Zweig graugrün. Straff aufrecht aber etwas breiter wachsend: 'Dodoens' und 'Lobel'. 'Groeneveld' bleibt niedriger und bildet eine dichte, regelmäßige Krone.

Ulmus minor syn. *U. campestris, U. carpinifolia, U. foliacea,* die Feldulme. Der einheimische, 20 m hohe Baum hat eine graue, tiefrissige Rinde. Er bildet Wurzelbrut und ist daher zur Befestigung von Böschungen und Ufern, besonders im Küstenraum, geeignet. Blätter vielgestaltig, eilänglich mit gesägtem Rand. Blüten von Februar/März, grüngelb. 'Dampieri' wächst säulenförmig, wird im Alter breiter. Blätter rauh gewellt, gegen die Zweige gedrückt. 'Wredei', die Goldulme ähnelt der vorigen, nur sind die Blätter goldgelb. 'Sarniensis' wird 9 m hoch und 6 m breit, sie wächst breitpyramidal mit nach oben gerichteten Zweigen. Herbstfärbung schön gelb. Anfällig für die Ulmenkrankheit.

Ulmus parviflora. Baum mit breiter, kugelförmiger Krone, 12 m hoch, Blätter eiförmig, 2–5 cm lang. Blüte spät, im August/September. Es gibt einige Zwergformen mit sehr kleinen Blättern. Widerstandsfähig gegen das Ulmensterben.

Ulmus minor 'Sarniensis'

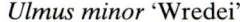

Ulmus minor 'Wredei'

Vaccinium corymbosum

Vaccinium vitis-idaea 'Koralle'

Vaccinium

Heidelbeere, Preiselbeere

Diese laubabwerfenden oder wintergrünen Sträucher gehören zur Familie der Heidekrautgewächse. Sie tragen wechselständige, ganzrandige oder gezackte Blätter, becherförmige Blüten und rote oder blaue, manchmal bereifte Früchte. In unseren Gärten sowie auf großen Plantagen ist die blaufrüchtige Kulturheidelbeere eingeführt. Die anderen Arten finden wir überwiegend wild in Mooren und Heiden. Aus Amerika kommt die niedrig wachsende, rotfrüchtige Cranberry zu uns, deren große Früchte im Geschmack denen von Preiselbeeren ähneln. Man kann sie zu Wein oder Marmeladen verarbeiten.

Standort und Verwendung: Blaubeere und Kulturheidelbeere bevorzugen sonnige Standorte, die rotfrüchtigen Arten gedeihen im Halbschatten bis Schatten besser. *Vaccinium corymbosum* ist ein hübscher Strauch, der als Ziergehölz gepflanzt werden kann, aber auch im Gemüsegarten ansprechend wirkt. Die anderen Arten bleiben niedrig und sind gute Bodendecker, vor allem die wintergrünen. Für eine gute Entwicklung brauchen die Pflanzen ausreichend Feuchtigkeit.

Boden: Alle Arten stellen hohe Ansprüche an den Boden. Dieser sollte durchlässig, humos-sandig und sauer sein. Eventuell den Boden mit Torf oder Nadelerde verbessern.

Vermehrung: Durch Aussaat, Teilen, Absenken oder Stecklinge.

Vaccinium corymbosum. Aus Amerika stammende, großfrüchtige Heidelbeere, wird 2 m hoch, hat kahle, gelbgrüne Zweige und elliptische hellgrüne Blätter, die sich im Herbst orange verfärben. Blüten weißlichrosa, urnenförmig in dichten Büscheln. Die Früchte reifen ab Ende Juli, sind blau, bereift und sehr wohlschmeckend. Es sind mehrere Sorten im Handel, die sich in Fruchtgröße, -farbe und Reifezeit unterscheiden. In Katalogen werden sie als Kulturheidelbeere meist bei den Obstgehölzen geführt.

Vaccinium myrtillus. Auf sauren Böden bei uns heimische Blau- oder Heidelbeere. Sie wird 50 cm hoch, hat kantige grüne Zweige und eiförmige, 3 cm lange, glatte grüne Blätter. Im Mai erscheinen die grünweißen Blüten, im Juli die wohlschmeckenden blauen Früchte.

Vaccinium vitis-idaea, die heimische Preiselbeere. Wintergrüne Art, die Ausläufer bildet. Die behaarten grünen Zweige werden nur 30 cm hoch und tragen glänzende, dunkelgrüne Blätter. Blütezeit von Mai bis Juni, die weißen Bütentrauben werden gefolgt von leuchtend roten Beeren, eßbar. 'Koralle' ist eine hübsche Sorte mit besonders großen Früchten.

Viburnum

Schneeball

Diese umfangreiche Pflanzengattung umfaßt sommer-grüne und wintergrüne Arten, die wegen ihres hübschen Blattes, ihrer Blüten, Früchte oder Herbstfärbung gepflanzt werden. Der richtige, runde Schneeball ist *V. opulus sterile,* alle anderen Arten haben weniger runde Blütenbälle.

Standort und Verwendung: Schneeball gedeiht auf son-nigen und halbschattigen Plätzen. Die wintergrünen Arten sollten wir gegen Wintersonne und austrocknende Winde schützen. Sie brauchen auch etwas feuchtere Böden, als die sommergrünen. Die starkwüchsigen, sommergrünen *Viburnum* vertragen sehr viel Schatten, sie können jedoch gut als Unterpflanzung in schattigen Bereichen verwendet werden. *V. plicatum* ist ein ausge-zeichnetes Solitärgehölz, *V. farreri* blüht im Herbst und milden Winter und braucht deshalb einen Platz, an dem er um diese Zeit auffällt. Die wintergrünen Schneebälle sind eigentlich Einzelgehölze, können aber auch in Gruppen gepflanzt werden. Die immergrünen *Viburnum* brauchen wir nicht zu schneiden, die sommer-grünen können wir regelmäßig verjüngen.

In strengen Wintern leidet *V. rhytidophyllum,* auch *V. × burkwoodii* verliert dann seine Blätter. Die laubabwer-fenden Arten leiden nur, wenn auf milde Winter ein strenger Spätwinter folgt, d. h. wenn die zu weit entwik-kelten Knospen zu starken Frost bekommen.

Boden: Nährstoffreich, gut dräniert. Wintergrüne Arten lieben humose, etwas saure Böden.

Vermehrung: Durch Aussaat, Absenker oder Steckholz.

Viburnum × bodnantense. Entstanden aus einer Kreu-zung zwischen *V. farreri* und *V. grandiflorum.* Am häu-figsten gepflanzt wird die Sorte 'Dawn', die 2,5 m hoch wird und bereits im November, manchmal auch im Februar/März blüht, je nachdem wie kalt Herbst und Winter waren. Die duftenden weißrosa Blüten stehen in kleinen Büscheln zusammen, die Blätter sind 10 cm lang.

Viburnum × burkwoodii. Aus einer Kreuzung zwischen *V. utile* und *V. carlesii* entstanden. Es ist ein prächtiger halbimmergrüner Strauch mit überhängenden Zweigen und 10 cm großen, ovalen Blättern mit weißfilziger Unterseite. Die rosa Blüten im März/April, werden im Verblühen weiß. Sie stehen in leicht gewölbten Dolden zusammen und duften angenehm.

Viburnum × carlcephalum. Diese Kreuzung entstand aus *V. carlesii* und *V. macrocephalum.* Sie wächst kräftig, bis 2 m hoch, die Blätter und die stark duftenden Blüten sind größer als bei *V. carlesii.* Blätter graugrün, im Herbst oft rötlich gefärbt.

Viburnum × burkwoodii

Viburnum × carlcephalum

Viburnum opulus

Viburnum plicatum 'Mariesii'

Viburnum carlesii. Wird nur 1,5 m hoch und ebenso breit. Blätter graugrün, schwach gezähnt, im Herbst teilweise orange gefärbt. Die wohlriechenden, weißen Blüten sind außen rosa, sie blühen von April bis Mai.

Viburnum davidii. Wintergrüner, niedriger Strauch, der nur 40 cm hoch wird. Leider ist er recht frostgefährdet und erreicht deshalb bei uns selten seine volle Breite von 80 cm. Das Blatt ist 12 cm lang, oval mit 3 Nervenstreifen über die ganze Länge. Im Juni erscheinen die weißen, schirmförmigen Blütendolden. Um die dekorativen blauen Beeren zu bekommen, muß man männliche und weibliche Pflanzen zusammensetzen. Hübscher Bodendecker für geschützte, luftfeuchte Lagen.

Viburnum farreri syn. *V. fragrans.* Straff aufrechtwachsender, 2–3 m hoher Strauch, dessen Rinde rotbraun ist und dessen Blatt rotbraun austreibt, später vergrünt. Fällt auf wegen seiner extrem frühen Blütezeit, die entweder noch im November oder bereits im Februar liegt. Weißrosa Blüten in endständigen kleinen Rispen, sehr wohlriechend.

Viburnum lantana. Der wollige Schneeball ist ein 3–5 m hoher Strauch mit starken, graufilzig behaarten Zweigen und dunkelgrünen, unterseits behaarten Blättern. Blüten im Mai/Juni, weiß, in 6–10 cm breiten Trugdolden. Später rote Früchte, die sich nach und nach schwarz färben. Verträgt viel Schatten und Trockenheit.

Viburnum opulus. Schnellwüchsiger, 3–4 m hoher, aufrechter Strauch mit frischgrünen, 3–5lappigen Blättern, die sich im Herbst schön rot färben. Die weißlichen Blütenschirme erscheinen im Juni, innen mit fertilen Blüten, umgeben von einem Kranz steriler Blüten. Eine besondere Zierde sind die korallenroten Früchte, die lange am Strauch haften. Sie sind giftig. 'Sterile' ist der echte Schneeball, die Blütenbälle, von Mai bis Juni, sind zunächst grünlichweiß, dann weiß und im Verblühen rosa. *V. opulus* benötigt feuchte Böden, sonst verlausen die Pflanzen.

Viburnum plicatum syn. *V. tomentosum.* Bis 3 m hoher Strauch mit waagerecht übereinanderstehenden Zweigen. Blätter elliptisch, kerbig gesägt, im Herbst violett bis rot gefärbt. Blüten weiß in flachen Trugdolden, die von sterilen Randblüten umgeben sind. 'Mariesii' hat tellerförmige Blütenstände, die in 2 Reihen auf den Zweigen stehen. 'Sterile' ist ein etwas niedrigerer Strauch mit 6–8 cm dicken, rahmweißen, gefüllten Blütenbällen entlang der Triebe. Braucht einen etwas geschützten Standort.

Viburnum rhytidophyllum. Ein 3–4 m hoher, lockerer Strauch mit behaarten Zweigen und runzligen wintergrünen Blättern. Sie sind oberseits glänzend dunkelgrün, unterseits gelblichgrau und filzig behaart, bis 25 cm lang. Blüten rahmweiß, in 10–20 cm breiten flachen Dolden. Früchte elliptisch, erst rot, dann schwarz.

Vinca

Immergrün

Sehr robuste und hübsche wintergrüne Bodendecker mit dicht stehendem Laub und auffallenden Blüten im Frühling. Das lederartige, ungeteilte Blatt ist gegenständig, die achselständigen Blüten haben eine waagerecht ausgebreitete Blütenkrone. *V. major* ist weniger winterhart als *V. minor* und braucht in strengen Wintern Schutz gegen Kälze und austrocknende Winde. Wenn es sehr kalt wird, können auch die Blätter von *V. minor* leiden. Die Pflanze treibt jedoch aus den unterirdischen Sproßteilen wieder aus und bald sieht man ihr den Schaden nicht mehr an.

Standort und Verwendung: Besonders *Vinca minor* ist ein ausgezeichneter Bodendecker, auch Einfassungspflanze, die sehr dicht schließt, so daß auf die Dauer keine Unkräuter mehr aufkommen können. *Vinca major* wächst lockerer und macht längere Triebe, so daß sie bevorzugt in Kübeln, an Mauerkronen oder in Hochbeeten gepflanzt wird. Beide Arten bevorzugen schattige oder halbschattige Plätze, allerdings läßt der Blütenreichtum um so mehr nach, je dunkler die Pflanzen stehen. Vor dem Pflanzen darauf achten, daß der Boden frei von Wurzelunkräutern ist.

Boden: Durchlässiger, humoser, nicht zu trockener Boden.

Vermehrung: Durch Teilen oder Stecklinge.

Vinca major. Bis 40 cm hoher Halbstrauch, der zweierlei Triebe ausbildet. Die Blütentriebe werden 30–40 cm lang und die nicht blühenden bis zu 1 m lang. Wenn sie auf dem Boden liegen, treiben sie Wurzeln. Die Blätter sind eirund, glänzendgrün. Die Blüten violettblau, 4 cm breit, erscheinen von April bis Mai. 'Variegata' ist schnellwüchsig. Die Blätter haben goldgelbe Ränder und Flecken.

Vinca minor. Bleibt niedriger als die vorige Art. Die Triebe sind teils niederliegend, teils aufrecht, an letzteren bilden sich im Mai/Juni die leuchtend violettblauen Blüten. Die bis 4 cm langen glänzend dunkelgrünen Blätter haben eine etwas hellere Unterseite. Oft blüht *Vinca minor* im September noch einmal nach. 'Alba' wächst etwas schwächer und hat weiße Blüten, nicht ganz so zahlreich wie bei der Art. 'Plena Alba' hat gefüllte weiße Blüten und 'Atropurpurea Compacta' macht nur wenig Ausläufer und hat violettrote Blüten, ähnlich wie 'Rubra'. Es gibt auch Immergrün mit bunten Blättern, z.B. 'Aureovariegata' mit gelbgefleckten und 'Argenteovariegata' mit weißbunten Blättern, beide mit blauvioletten Blüten und 'Alba Variegata' mit weißen Blüten und weißbunten Blättern.

Vinca major 'Variegata'

Vinca minor

Vitis coignetiae

Vitis vinifera

Vitis

Wein

Laubabwerfende Kletterpflanzen, die sowohl wegen ihrer herrlichen Früchte als auch wegen des hübschen Blattes, das sich im Herbst kräftig färbt, sehr beliebt sind. Wenn es Ihnen auf einen reichen Fruchtertrag ankommt, müssen Sorte und Standort sorgfältig ausgesucht werden. Geht es allein um eine dekorative Verkleidung einer Mauer oder Pergola, dann brauchen Sie nicht so strenge Maßstäbe anzulegen. Wein hat mehr oder weniger tief gelappte und gezähnte Blätter, er hält sich mit Hilfe von Ranken, die gegenüber von den Blättern stehen, an Klettergerüsten oder Drähten fest.

Standort und Verwendung: Der Wein braucht einen sonnigen, vor Wind geschützten Platz an einer Südwand etwa oder in einem Innenhof. Reichen Fruchtertrag bekommen wir nur, wenn regelmäßig geschnitten wird. Wir können den Weinstock U-förmig ausbilden und in jedem Jahr eine Etage höher wachsen lassen. Die Blüten bilden sich an den Seitentrieben der vorjährigen Zweige. Um große Früchte zu bekommen, müssen die überflüssigen Haupt- und Nebentriebe herausgeschnitten werden. Wenn Sie sich entschließen einen fruchttragenden Wein zu pflanzen, sollten Sie sich jedoch genau über die richtigen Schnittmethoden informieren.

Boden: Nährstoffreich und kalkhaltig. Besonders, wenn Sie die Pflanzen an eine Hauswand setzen, sollten Sie eine sehr große Pflanzengrube ausheben und diese mit Kompost, verrottetem Mist und organischem Dünger wieder füllen.

Vermehrung: Absenker, Steckholz oder Veredeln.

Vitis amurensis. Kräftig wachsende Kletterpflanze mit frischgrünen, breit-eirunden Blättern, die sich im Herbst gelbrot färben. Blüte unscheinbar, grün.

Vitis coignetiae syn. *V. labrusca.* Dieser Wein wächst sehr stark und kann bis 15 m hoch werden. Zweige braun behaart, Blätter eirund und 3−5lappig mit graunbrauner Unterseite. Sehr schöne Herbstfärbung. Blütezeit Juni/Juli, die schwarzen Früchte sind nicht eßbar.

Vitis vinifera. Starkwüchsiger Wein, bis 15 m hoch. Junge Zweige und Blätter behaart, später kahl. Die Blätter sind rundlich und meist 3lappig. Nach der Blüte im Juni/Juli entwickeln sich die Früchte, die gelb, grün oder blau sein können. Eine widerstandsfähige gelbe Sorte ist 'Früher Malingre'. Der 'Weißer Gutedel' ist eine gute weißfrüchtige Sorte, die nahrhaften Boden braucht und 'Früher Blauer Burgunder' ist weniger anspruchsvoll an Boden und Lage, er trägt schwarzblaue, bereifte Früchte. Für reichen Ertrag sollten alle Weinstöcke regelmäßig im zeitigen Frühjahr gedüngt werden.

Weigelia

Weigelie

Sommergrüne Sträucher, die mit Geißblatt verwandt sind. Die kurzgestielten und gesägten Blätter sind gegenständig. Die Blüten erscheinen am vorjährigen Holz, sie sind trichterförmig und von weißer, rosa oder roter Farbe. Die Hauptblütezeit liegt im Juni, jedoch erscheinen bis in den September hinein Nachblüten.
Standort und Verwendung: *Weigelia* gedeiht auf sonnigen und auch halbschattigen Plätzen. Es sind schöne Gruppensträucher in einer Gehölzpflanzung, bei freier Entwicklungsmöglichkeit jedoch als Einzelstrauch dekorativ.
Boden: Nährstoffreich und frisch.
Vermehrung: Durch Steckholz.

Weigelia floribunda. Bis 3 m hoher Strauch mit behaarten Zweigen und eirund zugespitztem Blatt, das unten dicht, oben fein behaart ist. Die Blüten sitzen dicht auf den Zweigen, meist nur einzeln, Blütezeit Juni, weiß bis hellrot. Bei 'Grandiflora' sind die Blüten besonders groß.
Weigelia florida syn. *W. rosea.* Ein 2 m hoher Strauch mit gelbbraunen Zweigen und oval zugespitztem Blatt, bis 10 cm lang, unterseits dicht behaart. Im Mai/Juni erscheinen die röhrenförmigen rosa Blüten, die auf der Innenseite deutlich heller sind. Sie stehen immer zu dritt oder zu viert zusammen. 'Pupurea' wird nur 1,5 m hoch und hat tief braunrote Blätter. In hübschem Kontrast dazu heben sich die dunkelrosa Blüten ab, die von Mai bis Juni blühen.
Weigelia-Hybriden. Diese Gruppe umfaßt Sträucher, die 1,5–2 m hoch werden und deren Blütezeit zwischen Mai und Juli liegt. 'Bristol Ruby', Blüte karminrot, Höhe über 2 m; 'Eva Rathke', leuchtend dunkelkarmin, Höhe bis 1,5 m; 'Newport Red', violettrot, Höhe 2 m; 'Boskoop Glory', große, altrosa Blüten, Höhe 2 m; 'Bouquet Rose', Blüten karminrosa mit hellem Saum, Höhe 2 m; 'Styriaca', leuchtend karminrosa, Höhe 2 m; 'Ideal', dunkelrosa mit heller Innenseite, Höhe 2 m; weißblütige Sorten sind: 'Bristol Snowflake' und 'Candida', letztere benötigt leichten Winterschutz.
Weigelia middendorffiana. Kleiner Strauch, der 1,5 m hoch und etwa ebenso breit wird. Die Blätter sind eirund zugespitzt, die Blüten, von Mai bis Juni, sind gelb, auf der Innenseite orange gefleckt.
Weigelia praecox. An den kahlen Zweigen dieses 2 m hohen Strauches wachsen grüne, an der Unterseite dicht behaarte Blätter. Die Blüten sind dunkelrosa, innen gelb, sie öffnen sich bereits Ende Mai. 'Bailey' ist eine reichblühende Sorte, deren Blüten in kurzen Trauben am Strauch hängen.

Weigela florida 'Purpurea'

Weigela-Hybride 'Ideal'

191

Wisteria sinensis

Wisteria

Blauregen Glyzinie

Laubabwerfende Schlingpflanze mit langen Trauben blauer oder weißer Blüten. Sie benötigen eine Kletterhilfe, an der sie sich mühelos 10 m und höher hinaufwinden. Glyzinien sind giftig.

Standort und Verwendung: *Wisteria* braucht einen sonnigen, warmen Standort, damit sie reich blüht. Wenn sie das nicht tut, kann es an der Sorte liegen. Man kann die Blühwilligkeit auch fördern, indem man im August die langen Triebe einkürzt und darüberhinaus mit Stickstoffdüngern spart.

Boden: Nährstoffreich und durchlässig.

Vermehrung: Durch Veredeln, Absenken oder Steckholz.

Wisteria floribunda. Bis 8 m hoher, rechtswindender Schlinger mit violetten, duftenden Blütentrauben im Mai/Juni. 'Macrobotrys' hat 60 cm lange Blütentrauben.

Wisteria sinensis. Linkswindender, starkwüchsiger Schlinger mit blauvioletten, 30 cm langen, duftenden Blütentrauben vor dem Blattaustrieb, April/Mai. 'Alba' hat weiße Blütentrauben.

Zelkova abelicea

Zelkova

Laubabwerfende Bäume und Sträucher, die zur Familie der Ulmengewächse gehören. Sie haben einen glatten Stamm und wechselständige Blätter, die sehr grob gezähnt sind.

Standort und Verwendung: Hübsche Solitärgehölze für einen sonnigen, freien Platz, aber auch im Halbschatten entwickeln sich die Zelkovien noch sehr gut.

Boden: Nährstoffreiche Böden.

Vermehrung: Durch Aussaat oder Absenker.

Zelkova abelicea syn. *Z. cretica.* Bis 10 m hoher und 6 m breiter Baum mit aufrecht wachsenden Zweigen, einem glatten Stamm und eiförmiger Krone. Auffallend ist die schöne Herbstfärbung.

Zelkova carpinifolia. Wird 25 m hoch und bildet eine wenig verzweigte Krone aus, Blätter 7 cm lang, spitz.

Zelkova serrata. Die bekannteste Art mit kurzem Stamm und aufstrebenden Zweigen. Das dunkelgrüne Blatt ist 3−9 cm lang, zugespitzt und scharf gezähnt und im Herbst bronzerot gefärbt.

TABELLEN

Gehölze für
vollbesonnte Standorte

Abelia × grandiflora
– triflora
Abies
Acer (die meisten Sorten und
  Arten)
Amorpha
Araucaria araucana
Berberis 'Bunch O'Grapes'
– thunbergii
– wilsoniae
Betula
Buddleja
Campsis radicans
Carpinus betulus
Caryopteris
Catalpa
Ceanothus
Cedrus
Cercis siliquastrum
Chamaecyparis
Cladrastis kentukea
Clerodendrum trichotomum
Cotinus
Crataegus
Cytisus
Datura suaveolens
Davidia involucrata
Deutzia
Empetrum nigrum
Erica cinerea
Escallonia Hybriden
Eucalyptus niphophila
Exochorda giraldii
– racemosa
Fagus sylvatica
Ficus carica
Forsythia
Fraxinus
Genista
Ginkgo biloba
Gleditsia
Gymnocladus dioicus
Hebe
Hibiscus syriacus
Indigofera
Koelreuteria paniculata
Kolkwitzia amabilis

Larix
Lavandula angustifolia
Lavatera olbia
Liriodendron tulipifera
Lithodora diffusa
Magnolia
Metasequoia glyptostroboides
Nothofagus antarctica
Nyssa sylvatica
Ostrya
Paeonia
Pernettya mucronata
Perovskia atriplicifolia
Phellodendron amurense
Photinia villosa
Picea
Pinus
Platanus × hispanica
Populus
Prunus
Pseudotsuga menziesii
Pyrus
Quercus
Rhus
Robinia
Rosa
Salix
Sciadopitys verticillata
Sequoiadendron giganteum
Sinarundinaria nitida
Sophora japonica
Syringa
Tamarix
Taxodium distichum
Taxus
Thuja
Tilia
Tsuga
Ulmus
Vitis
Weigela
Wisteria
Zelkova

Gehölze für
halbschattige Standorte

Acer
Actinidia
Aesculus
Ailanthus altissima
Akebia

Alnus
Amelanchier
Aralia elata
Aristolochia macrophylla
Aronia
Arundinaria
Aucuba japonica
Berberis (die meisten Sorten
  und Arten)
Broussonetia papyrifera
Buxus
Callicarpa bodinieri var.
  giraldii
Calluna vulgaris
Calycanthus
Camellia japonica
Carpinus betulus
Castanea sativa
Celastrus
Cephalotaxus harringtonia
Ceratostigma
Cercidiphyllum japonicum
Cestrum
Chamaedaphne calyculata
Choenomeles
Choisya ternata
Clematis
Clethra
Colutea
Cornus
Corylopsis
Corylus
Cotoneaster
Cryptomeria japonica
× Cupressocyparis leylandii
Cydonia oblonga
Daboecia cantabrica
Daphne
Decaisnea fargesii
Dipelta
Elaeagnus
Enkianthus campanulatus
Erica (die meisten Sorten und
  Arten)
Euonymus
Fagus sylvatica
Fallopia aubertii
Fothergilla
Fuchsia magellanica
Gaultheria
Halesia carolina
Hamamelis
Hedera

Hippophäe rhamnoides
Holodiscus
Hydrangea
Hypericum
Ilex
Jasminum nudiflorum
Juglans
Juniperus
Kalmia
Kerria japonica
Laburnum
Lespedeza
Leycesteria formosa
Ligustrum
Liquidambar styraciflua
Lonicera
Mahonia
Morus alba
Osmanthus
Pachysandra
Parthenocissus
Paulownia tomentosa
Philadelphus
Picea
Pieris
Poncirus trifoliata
Potentilla fruticosa
Pseudosasa japonica
Pterocarya
Pyracantha coccinea
Quercus
Rhododendron
Ribes
Rubus
Sambucus
Skimmia
Sorbaria
Sorbus
Spartium junceum
Spiraea
Staphylea
Stephanandra
Stranvaesia davidiana
Symphoricarpos
Vaccinium
Viburnum
Vinca

Gehölze für
schattige Standorte

Acer campestre
Berberis verruculosa

193

Hedera
Hydrangea anomala
Ilex
Ligustrum
Lonicera
Mahonia
Pachysandra
Prunus laurocerasus
– lusitanica
Sarcococca humilis
Vaccinium
Vinca

Gehölze, die Trockenheit vertragen

Ailanthus altissima
Berberis koreana
Betula (die meisten Sorten
  und Arten)
Clematis montana
– vitalba
– viticella
Cytisus ardoini
– decumbens
Daphne cneorum
Gleditsia
Lavandula angustifolia
Lespedeza
Perovskia atriplicifolia
Pinus
Robinia
Spartium junceum

Gehölze, die Feuchtigkeit lieben oder vertragen

Acer palmatum
– pensylvanicum
Amorpha
Arundinaria
Betula ermanii
– jacquemontii
– nana
– nigra
– pubescens
Cercidiphyllum japonicum
Chamaedaphne calyculata
Choenomeles japonica
– speciosa
Cornus amonum
– sericea

Dipelta floribunda
Dipelta ventricosa
Erica cinerea
– × darleyensis
Fothergilla gardenii
– major
Gaultheria
Hydrangea aspera ssp. sargen-
  tiana
– macrophylla
Kalmia
Liquidambar styraciflua
Mahonia aquifolium
Rhododendron
Rubus
Salix
Taxodium distichum
Vaccinium

Gehölze, die gegen starke Winde geschützt werden müssen

Abelia
Acer japonicum
– palmatum
– saccharinum
Alnus incana
Araucaria araucana
Camellia japonica
Campsis radicans
Ceanothus
Celastrus orbiculatus
– scandens
Enkianthus campanulatus
Eucalyptus niphophila
Exochorda giraldii
– racemosa
Ficus carica
Fothergilla gardenii
– major
Gingko biloba
Gleditsia
Hamamelis
Hebe
Hibiscus syriacus
Ilex
Jasminum nudiflorum
Kolkwitzia amabilis
Liquidambar styraciflua
Magnolia
Mahonia

Morus alba
Paulownia tomentosa
Poncirus trifoliata
Pseudosasa japonica
Rhododendron (die meisten
Sorten und Arten)
Robinia

Gehölze, die in strengen Wintern Schutz benötigen

Abelia
Acer palmatum
Araucaria araucana
Arundinaria pumila
– simonii
Aucuba japonica
Berberis 'Bunch O'Grapes'
– darwinii
– linearifolia
– wilsoniae
Broussonetia papyrifera
Buddleja davidii
– Nanhoensis-Hybriden
Callicarpa bodinieri var.
  giraldii
Camellia japonica
Campsis radicans
Caryopteris
Catalpa
Ceanothus
Ceratostigma
Cercis siliquastrum
Cestrum
Chamaecyparis obtusa
Cytisus ardoini
– decumbens
– purpureus
Daboecia cantabrica
Daphne cneorum
– laureola
– pontica
Datura suaveolens
Erica ciliaris
– cinerea
Escallonia-Hybride
Eucalyptus niphophila
Exochorda
Ficus carica
Fuchsia magellanica
Genista lydia
Hebe

Hydrangea macrophylla
Hypericum calycinum
Indigofera
Jasminum nudiflorum
Lavandula angustifolia
Lavatera olbia
Lespedeza
Ligustrum quihoui
Liquidambar styraciflua
Lithodora diffusa
Lonicera nitida
– × tellmanniana
Paeonia suffruticosa
Paulownia tomentosa
Pernettya mucronata
Prunus laurocerasus
– lusitanica
– subhirtella
– × yedoensis
Pseudosasa japonica
Rhododendron (die meisten
  Sorten und Arten)
Sarcococca humilis
Sequoiadendron giganteum
Skimmia
Spartium junceum
Viburnum davidii
Wisteria

Gehölze, die im Winter grün bleiben

Arundinaria
Aucuba japonica
Berberis buxifolia
– candicula
– darwinii
– gagnepainii var. lanceifolia
– × hybridogagnepainii
– julianae
– linearifolia
– × stenophylla
– verruculosa
Buxus
Calluna vulgaris
Camellia japonica
Cestrum (einige Sorten und
Arten)
Chamaedaphne calyculata
Choisya ternata
Cotoneaster dammeri
– salicifolius

Cotoneaster simonsii
Daboecia cantabrica
Daphne acutiloba
– cneorum
– laureola
– pontica
Elaeagnus × ebbingei
– pungens
Empetrum nigrum
Erica
Euonymus fortunei
– japonica
Gaultheria
Hebe
Hedera
Ilex
Kalmia
Ligustrum amurense
Lithodora diffusa
Lonicera nitida
– pileata
Magnolia grandiflora
Mahonia
Osmanthus
Pachysandra
Pernettya mucronata
Pieris
Prunus laurocerasus
– lusitanica
Pseudosasa japonica
Pyracantha coccinea
Rhododendron
Sarcococca humilis
Sinarundinaria nitida
Skimmia
Viburnum davidii
Vinca

Koniferen-Arten, die in diesem Buch beschrieben sind

Abies
Araucaria
Cedrus
Cephalotaxus
Chamaecyparis
Cryptomeria
× Cupressocyparis
Juniperus
Larix (nicht wintergrün)
Metasequoia
Picea

Pinus
Pseudotsuga
Sciadopitys
Sequoiadendron
Taxodium
Taxus
Thuja
Tsuga

Bodendeckende Gehölze

Arundinaria pumila
Berberis × media 'Parkjuweel'
Calluna vulgaris
Ceratostigma plumbaginoides
Choenomeles speciosa
Cotoneaster adpressus
– dammeri
Cytisus ardoinii
– decumbens
Empetrum nigrum
Erica
Euonymus fortunei
– japonicus
Gaultheria
Hedera helix
Hypericum calycinum
Juniperus chinensis
– conferta
– horizontalis
– sabina
– squamata
– virginiana
Lithodora diffusa
Pachysandra
Stephanandra
Vaccinium vitis-idaea
Viburnum davidii
Vinca

Gehölze, die für Hecken geeignet sind

Acer campestre
Berberis buxifolia
– × media
– × ottawensis
– × stenophylla
– thunbergii
– vulgaris
Buxus

Carpinus betula
Chamaecyparis (die meisten Sorten und Arten)
Cornus mas
Cotoneaster simonsii
Crataegus
× Cupressocyparis leylandii
Cytisus × praecox
Elaeagnus multiflora
– pungens
– umbellata
Escallonia-Hybriden
Euonymus fortunei
Fagus sylvatica
Ilex × altaclarensis
– aquifolium
– crenata
Juniperus communis
Larix kaempferi
Ligustrum obtusifolium
– ovalifolium
– vulgare
Lonicera nitida
– pileata
Mahonia
Potentilla fruticosa
Prunus laurocerasus
Pyracantha coccinea
Ribes alpinum
Sinarundinaria nitida
Spiraea × vanhouttei
Symphoricarpos
Taxus (die meisten Sorten und Arten)
Thuja

Schling- und Kletterpflanzen

Actinidia
Akebia
Aristolochia macrophylla
Campsis radicans
Celastrus
Cestrum (einige Sorten und Arten)
Clematis (einige Sorten und Arten)
Euonymus japonicus
Fallopia aubertii
Forsythia suspens
Hedera

Hydrangea anomala
Jasminum nudiflorum
Lonicera (einige Sorten und Arten)
Parthenocissus
Pyracantha coccinea
Vitis
Wisteria

Gehölze, die zur Einzelstellung geeignet sind

Abies koreana
– lasiocarpa var. arizonica
Acer cappadocicum
– griseum
– japonicum
– palmatum
– pensylvanicum
– platanoides
– pseudoplatanus
Aesculus
Ailanthus altissima
Aralia elata
Araucaria araucana
Betula
Buddleja
Calycanthus floridus
– occidentalis
Camellia japonica
Castanea sativa
Catalpa
Cedrus
Cercidiphyllum japonicum
Cercis siliquastrum
Chamaecyparis
Cladrastis kentukea
Clerodendrum trichotomum
Clethra alnifolia
– barbinervis
Cornus (die meisten Sorten und Arten)
Coylus avellana
– maxima
Cotinus coggygria
– obovatus
Cotoneaster salicifolius
– Watereri-Hybriden
Crataegus
Cryptomeria japonica
Davidia involucrata
Decaisnea fargesii

Eucalyptus niphophila
Exochorda giraldii
– racemosa
Fagus sylvatica
Fothergilla gardenii
– major
Fraxinus
Fuchsia magellanica
Gaultheria shallon
Ginkgo biloba
Gleditsia
Gymnocladus dioicus
Halesia carolina
Hamamelis
Hibiscus syriacus
Holodiscus
Hydrangea macrophylla
– paniculata
Ilex
Indigofera
Juglans
Juniperus chinensis
– communis
– recurva
Juniperus sabina

– squamata
– virginiana
Koelreuteria paniculata
Kolkwitzia amabilis
Larix
Lavatera olbia
Ligustrum obtusifolium
Liquidambar styraciflua
Liriodendron tulipifera
Magnolia
Mahonia
Malus (die meisten Sorten und Arten)
Metasequoia glyptostroboides
Nothofagus antarctia
Nyssa sylvatica
Ostrya
Paeonia
Paulownia tomentosa
Phellodendron amurense
Philadelphus
Photinia villosa
Picea
Pieris japonica
Pinus

Platanus × hispanica
Poncirus trifoliata
Potentilla fruticosa
Prunus
Pseudosasa japonica
Pyrus
Quercus
Rhododendron
Rhus
Robinia
Salix
Sciadopitys verticillata
Sequoiadendron giganteum
Sinarundinaria nitida
Sophora japonica
Sorbaria
Staphylea
Stranvaesia davidiana
Taxodium distichum
Taxus (die meisten Sorten und Arten)
Thuja (die meisten Sorten und Arten)
Tilia
Tsuga

Ulmus
Weigela
Zelkova

Gehölze, bis 5 m hoch, die für kleine Gärten geeignet sind

Acer ginnale
– japonicum
– palmatum
Aralia elata
Betula pendula 'Youngii'
Broussonetia papyrifera
Chamaecyparis lawsoniana (einige Arten und Sorten)
Cydonia oblonga
Koelreuteria paniculata
Malus (einige Arten und Sorten)
Photinia villosa
Poncirus trifoliata
Prunus (einige Arten und Sorten)
Rhus

Gehölze mit Besonderheiten beim Schnitt

a) Kleine Sträucher, die schnell von unten kahl werden und deshalb jedes etwa zweite Jahr zurückgeschnitten werden sollten: *Erica*- und *Calluna*-Sorten, außerdem noch *Daboecia* und *Lavandula*.

b) Höhere Gehölze, die in jedem zweitem oder drittem Jahr zurückgeschnitten werden müssen, allerdings werden dann nur jeweils die ältesten Zweige herausgenommen, man sagt auch, der Strauch wird verjüngt. Notwendig ist dies z. B. bei den laubabwerfenden *Berberis*, bei *Cornus alba* und *Cornus sericea*, bei *Cotinus, Exochorda, Forsythia, Hydrangea macrophylla* und allen Kletterrosen.

c) Gehölze, deren abgeblühte Zweige kurz über einem jungen Seitentrieb abgeschnitten werden sollten: *Buddleja alternifolia, Ceratostigma, Clematis alpina, Clematis montana*, alle *Cytisus, Deutzia, Dipelta, Philadelphus, Ribes,* die frühjahrsblühenden *Spiraea, Weigelia.*

d) Gehölze, die in jedem Frühjahr eine Handbreit über dem Boden abgeschnitten werden sollten: *Buddleja davidii* und *Buddleja-Nanhoense*-Hybriden, *Campsis radicans, Caryopteris, Ceanothus, Clematis flammula, C. jackmannii, C. tangutica, C. vitalba, und C. viticella, Escallonia*-Hybriden, *Fuchsia magellanica, Hydrangea arborescens, Hydrangea aspera* ssp. *sargentiana, Hydrangea paniculata*, alle *Hypericum, Indigofera, Lavatera olbia, Lespedeza, Leycestria formosa, Perowskia atriplicifolia*, alle Polyantha- und Edelrosen, *Sorbaria, Spartium junceum, Spiraea bumalda, Spiraea japonica.*

REGISTER

Viel Freude am eigenen Garten – mit Ratgebern von BLV

Rob Herwig

350 Gartenpflanzen in Farben

Dieses Buch zeigt Ihnen, wie Sie Ihren Garten durch artenreiche Bepflanzung verschönern können: 350 Gartenpflanzen werden in Wort und Bild und alphabetisch geordnet vorgestellt, insgesamt über 1000 Arten und Sorten beschrieben – von der Alpenrose bis zur Zierquitte. Zugleich erhalten Sie wichtige Tips zur Pflanzenauswahl, zu den Pflanzzeiten, zu Vermehrung und Pflanzenschutz. Und in einer praktischen Tabelle finden Sie auf einen Blick die für sonnige, halbschattige oder schattige Standorte geeigneten Pflanzen – einjährige und zweijährige Pflanzen, Stauden, Zwiebelblumen, immergrüne und laubabwerfende Sträucher, Bäume, Koniferen und Kletterpflanzen.

199 Seiten, 370 Farbfotos

BLV Gartenberater

Wolfram Franke

Gartenanlage Schritt für Schritt

Alle, die gerne im eigenen Garten gestalten und dabei ein perfektes Ergebnis erzielen wollen, erhalten in diesem Buch die notwendigen Informationen und Tips. Schrittweise Anleitungen und zahlreiche Bildserien erklären das Vorgehen bei der Bodenbearbeitung, bei der Anlage von Terrassen, Stollenwänden und Anlehngewächshäusern, bei der Gestaltung von Pergola, Teich, Treppenanlage und Wegen. Mit den vielen Bepflanzungsanregungen und der Übersicht über alle monatlich anfallenden Pflegearbeiten bringen Sie Ihren Garten garantiert zum »Blühen und Grünen«!

183 Seiten, 83 Farbfotos, 144 s/w-Fotos, 24 Zeichnungen

BLV Gartenberater

Martin Stangl

Stauden im Garten
Auswahl · Pflanzung · Pflege

Wer sich an der Blütenpracht seiner Stauden jahrelang erfreuen möchte, muß ihre Eigenheiten kennen und die fachgerechte Pflanzung und Pflege beherrschen. Dieser Ratgeber erläutert Ihnen die richtige Vorgehensweise bei Bodenpflege und Düngung, Pflanzenschutz, Schnitt und Winterschutz. Er beschreibt Ihnen detailliert die einzelnen Staudenarten, zeigt Ihnen beispielhafte Pflanzpläne und verdeutlicht durch einen Arbeitskalender die erforderlichen Pflegemaßnahmen im Jahreslauf.

203 Seiten, 206 Farbfotos, 1 s/w-Foto,
8 zweifarbige Zeichnungen, 10 farbige Pläne

BLV Verlagsgesellschaft München